2016年度入試用

首都圏 公立中高一貫校ガイド

目次

首都圏公立中高一貫校20校プロフィール

首都圏公立中高一貫校

2015年度の結果から2016年度を予想する

安田 理
（安田教育研究所代表）

安田教育研究所代表。東京都生まれ。早稲田大学卒業後、(株)学習研究社入社。雑誌の編集長を務めた後、受験情報誌・教育書籍の企画・編集にあたる。2002年安田教育研究所を設立。講演・執筆・情報発信、セミナーの開催、コンサルティングなど幅広く活躍中。

首都圏公立中高一貫校の２０１６年度入試がどうなっていくかを、２０１５年度入試の結果をもとに、安田教育研究所の安田理代表に分析してもらいました。

19校中受検者が増えたのは2校だけ

まず、２０１３年度（平成25年度）からの受検者数の推移を見てみましょう。**表1**を見ていただくと一目瞭然なのですが、公立中高一貫校の受検者数は２０１３年度に増えた以降、徐々に減少しています。

２０１３年度は都内の公立中高一貫校11校のうち**小石川中等教育**、**武蔵高校附属**、**九段中等教育**を除く８校で受検者が増えました。一方、神奈川、千葉、埼玉の公立中高一貫校７校では、増えたのは**平塚中等教育**１校だけで、ほかの６校はみな減りました。都内と近県では対照的な結果となりました。

２０１４年度（平成26年度）は、東京で増えたのは小石川中等教育、**両国高校附属**、九段中等教育の３校だけで、それ以外はすべて減少しました。残り３県の公立中高一貫校はすべて減でした。この年新設された**川崎市立川崎高校附属**も男女合わせて８５３名の受検者にとどまりました。

ただ、**横浜市立南高校附属**、**相模原中等教育**、**千葉県立千葉**はそれでも１０００名を超える受検者がいる

【表1】公立中高一貫校　受検者数推移

学校名	募集人数	受検者数 2015年	受検者数 2014年	受検者数 2013年
■東京				
桜修館中等教育	男80女80	1081	1404	**1410**
大泉高校附属	男60女60	862	934	**1101**
小石川中等教育	男80女80 男女計約5	827	**934**	911
立川国際中等教育	男65女65 男女計30	805	836	**862**
白鷗高校附属	男80女80 男女計約16	1065	1154	**1295**
富士高校附属	男60女60	612	657	**749**
三鷹中等教育	男80女80	1110	1135	**1181**
南多摩中等教育	男80女80	874	994	**1161**
武蔵高校附属	男60女60	**557**	538	695
両国高校附属	男60女60	998	**1047**	**942**
千代田区立九段中等教育	A男40 A女40 B男40 B女40	910	**1011**	813
■神奈川				
相模原中等教育	男80女80	1102	1224	1444
平塚中等教育	男80女80	749	856	**880**
横浜市立南高校附属	男80女80	1250	1265	1520
川崎市立川崎高校附属	男女計120	580	853	
■千葉				
県立千葉	男40女40	909	1007	1067
千葉市立稲毛高校附属	男40女40	**734**	717	797
■埼玉				
伊奈学園	男女計80	534	591	704
さいたま市立浦和	男40女40	486	518	575

＊太字は前年より受検者増を示す。
＊小石川中等教育、立川国際中等教育、白鷗高校附属の男女計は特別枠の人数。

ので、厳しい入試であったことはまちがいありません。

全体的に受検者が減ったのは、難度があがったため、塾などに通って対策をきちんと行わなければ受からないということが浸透し、受検者がしぼられてきているからです。

しかしその一方で、適性検査当日の欠席者や、合格後の辞退者が増えていることから、私立との併願者が増えていることがわかります。

2015年度(平成27年度)は都内でも増えたのは**武蔵高校附属**だけでした。武蔵はこれまで男女とも最も受検者が少なかったので、ねらい目ととらえられたようです。他県でも、8校のうち増えたのは**千葉市立稲毛高校附属**だけで、公立中高一貫校は軒並み受検者が減りました。

ちなみに都立10校の当日の欠席者は、男子が157名、女子が183名の計340名となっています。同じく合格後の辞退者は男子が43名、女子が41名の計84名となっていま

【表2】３大模試における公立中高一貫校の位置づけ(男子)

偏差値	四谷大塚	日能研	首都圏模試
70			県立千葉
69			
68			
67			△小石川
66			
65	▼県立千葉	県立千葉	△市立南
64	小石川		△両国
63		小石川	△桜修館、△武蔵
62			△区立九段
61	武蔵		△市立稲毛、▼白鷗
60	△桜修館、△両国	武蔵	△立川国際、△富士、△三鷹、△相模原
59	△市立南	△両国	市立浦和、△大泉、△南多摩
58	△相模原	△桜修館	
57	市立浦和、白鷗、大泉、		
56	富士、南多摩、三鷹	△市立南	伊奈学園
55	立川国際	△三鷹	△平塚、市立川崎
54	平塚	市立浦和、区立九段	
53	市立稲毛	△市立稲毛、相模原、△大泉	
52	伊奈学園	△白鷗	
51			
50			
49			
48			
47		伊奈学園	

【表3】３大模試における公立中高一貫校の位置づけ(女子)

偏差値	四谷大塚	日能研	首都圏模試
71			県立千葉
70			
69			
68			
67	県立千葉		
66			
65		県立千葉	小石川、△市立南
64	小石川、武蔵		
63			両国、△桜修館、△武蔵
62	両国、桜修館	△小石川	白鷗、△区立九段
61	△市立南	武蔵	
60	△区立九段、相模原	△桜修館	△市立浦和、△市立稲毛、△富士、△三鷹
59	白鷗、大泉	△両国	△大泉、△立川国際、△南多摩、△相模原
58	市立浦和、富士、南多摩、三鷹		
57	立川国際		
56		△市立南	伊奈学園、市立川崎
55	市立稲毛	△市立浦和、△三鷹	
54	△伊奈学園、平塚	区立九段	平塚
53		△市立稲毛、▼大泉、立川国際、富士、▼相模原	
52		▼白鷗	
51			
50			
49			
48			
47		伊奈学園	

す。学校でいうと、小石川中等教育、**桜修館中等教育**、武蔵高校附属などむずかしいところほど多くなっています。

今年は5校で男子が多くなる

公立中高一貫校の受検者は、女子の方が多いことがふつうです（市立川崎高校附属は男女別の数字は公表していません）。

しかし、例年、難しい小石川中等教育、武蔵高校附属、県立千葉の3校は男子の方が多く、さらに今年はこのほかに両国高校附属とスポーツが盛んな**三鷹中等教育**も男子の方が多くなりました。

概して女子の方が多い理由としては、

1．小学校の報告書の成績（5年と6年）を合否判定の資料に用いる（九段中等教育は4年も）

2．適性検査に読解や記述など女子の得意な内容が多い

ことがあげられます。

ただ、近年は学校側が適性検査問題に理数系の要素を強めている傾向が見られ、男子に有利になる可能性があります。

一口に「適性検査」といっても、公立中高一貫校ごとに傾向がちがいますから（神奈川・千葉の県立の2校は同一問題）、目標校に合わせてきちんと対策を立てることが必要です。

模擬試験における公立中高一貫校の位置づけ

ではつぎに各校のレベルについて探ってみましょう。中学入試における3大模試の2015年度結果偏差値（3ページ**表2・表3**）を手がかりにします。

△は前年より偏差値が上昇していること、▼は下降していることを表しています。また、すべて一般枠についてのものです（九段は区外枠）。

3つの模試それぞれが19校すべての結果偏差値をだしているわけではありません。なぜならば、偏差値を引くだけの母数がない場合があるからです。

位置づけで見てみると、男子では、小石川中等教育、武蔵高校附属、両国高校附属、県立千葉が3模試とも高いことは共通していますが、あとは模試によりバラつきがあります。

このほかでは桜修館中等教育が比較的高く、市立南高校附属が首都圏模試では極めて高くなっています。男女でもかなりちがいます。四谷大塚では男子は60以上は5校しかありませんが、女子では8校もあるといったぐあいです。このように、模試によりまったくちがうことに注意する必要があります。

2015年度の偏差値表を作成していて初めに気がついたことは、前年より偏差値が上昇した公立中高一貫校の数が増えたことです。前年度は3模試合計で上昇した学校は男子が6校、女子が7校しかありませんでしたが、今年度は上昇が男子で25校、女子で22校と大幅に増えました。先に見たように受検者数は減っていますが、それにともなってやさしくなっているわけではなく、難度は逆に上昇していますので、より対策が必要ということです。

また、公立中高一貫校の適性検査問題は教科別の問題ではないので、私立の入試問題を意識して作問されている模擬試験とは単純に比例するわけではないと考えた方がいいでしょう。偏差値はあくまで参考程度に考えてください。

偏差値以上に、適性検査問題は学校ごとに個性があるので、東京のように学校がいくつかある場合は、自分がどの学校の適性検査問題ならよくできるかといったことの方が、学校選択の際の目安になるでしょう。

東京の適性検査問題の「共同作成」はどうなったか

都立の公立中高一貫校10校では、今年から、適性検査の「共同作成」が始まりました。大きな変化だったので、これについてクローズアップしましょう。これまでは各校が独自に作成していた適性検査問題でしたが、都立高校の入試問題のグループ作成の動向と同様、今年度から、共同作成による共通問題が導入されました。一方、各校それぞれにほしい生徒像というものがありますから、完全な「共通問題」ではなく、一部に各校独自の問題もだすことができるというかたちになりました。初年度はどう行われたのでしょうか。

共同作成の仕組み

まず、共同作成の仕組みについて説明しておきましょう。

今回から、都立10校のすべてにおいて、与えられた文章をもとに的確でまとまりのある文章を書く力をみる「適性検査Ⅰ」（問題1からなる）と、

【表4】2015年度入試　都立中高一貫校独自問題出題状況

学校名	出題状況
桜修館中等教育	適性検査Ⅰ：独自問題、適性検査Ⅱ：①のみ独自問題、②③は共通問題
大泉高校附属	適性検査Ⅰ：共通問題、適性検査Ⅱ：３題とも共通問題、適性検査Ⅲを実施
小石川中等教育	適性検査Ⅰ：共通問題、適性検査Ⅱ：②のみ独自問題、適性検査Ⅲを実施
立川国際中等教育	適性検査Ⅰ：独自問題、適性検査Ⅱ：３題とも共通問題
白鷗高校附属	適性検査Ⅰ：独自問題、適性検査Ⅱ：３題とも共通問題
富士高校附属	適性検査Ⅰ：共通問題、適性検査Ⅱ：３題とも共通問題、適性検査Ⅲを実施
三鷹中等教育	適性検査Ⅰ：独自問題、適性検査Ⅱ：①のみ独自問題、②③は共通問題
南多摩中等教育	適性検査Ⅰ：独自問題、適性検査Ⅱ：３題とも共通問題
武蔵高校附属	適性検査Ⅰ：共通問題、適性検査Ⅱ：②のみ独自問題、適性検査Ⅲを実施
両国高校附属	適性検査Ⅰ：独自問題、適性検査Ⅱ：３題とも共通問題、適性検査Ⅲを実施

与えられた資料をもとに課題を発見し解決する力をみる「適性検査Ⅱ」（問題1・2・3からなる）の2種類を実施しています。

また、各校で独自に作成する「適性検査Ⅲ」を実施することも認められています。適性検査ⅠおよびⅡは10校による共同作成ですが、全4問のうち2問までは、各校で作成した独自問題に差し替えることができ、適性検査Ⅲを実施する場合にはⅠまたはⅡの差し替えは1問以内と定められています。

独自問題の実施状況

今回、都立10校のなかで、共通問題だけで適性検査を実施した学校は1校もありませんでした。すべての学校が、なんらかのかたちで独自作成問題を入れています。

独自問題の出題状況をまとめると、**表4**のようになります。

10校のなかで、これまで唯一「作文」を実施してきた桜修館中等教育ですが、適性検査Ⅰを独自出題として、これまでと同じく作文にしています。

大泉高校附属と**富士高校附属**は適性検査Ⅰ・Ⅱともすべて共通問題を使用したのですが、両校とも適性検査Ⅲを実施することで独自色をだしました。

こうしてみると、適性検査Ⅰで独自問題を実施した学校が6校と多く、適性検査Ⅲを実施した学校が5校となっています。（両国高校附属だけ両方を実施）適性検査Ⅱでは、共通問題の3問中2問を差し替えた学校はなく、1問のみ差し替えた学校も4校だけでした。

来年はどうなるか？

今年、大泉高校附属、両国高校附属、富士高校附属に適性検査Ⅲが加わりました。来年は桜修館中等教育、**立川国際中等教育**、**白鷗高校附属**、三鷹中等教育、**南多摩中等教育**のいずれかで加わる可能性があります。情報に注意していてください。

私立の「適性検査型入試」はどのくらい集まっているのか?

公立中高一貫校を受ける人にとって受験しやすいのが、私立の「適性検査型入試」（公立中高一貫校対応入試、ＰＩＳＡ型入試など名称はさまざま）です。

この適性検査型入試、実際に各学校にどのくらいの受験生がいたのか調べてみました（**表5**）。

「適性検査型入試」が東京以外にも広がる

「適性検査型入試」はこれまで東京だけにかぎられていましたが、２０１５年度入試では埼玉（**聖望学園**）、千葉（**聖徳大附属女子**）、神奈川（**横浜**）にも広がりました。

この３県では今後、公立中高一貫校の開校が予定されていることが大きいでしょう。

東京でも表を見ておわかりのように新たに始めたところが多数にのぼります。

公立中高一貫校は２０１５年度入試では受験者が減少したところが多かったのですが（都内で増えたのは武蔵高附属のみ）、私学との併願は増えています。その併願先として「適性検査型入試」を選ぶケースが増えているということでしょう。いっぽうで「適性検査型入試」でも受験者が減少した学校もあり、「適性検査型入試」にも二極化の傾向が見えてきました。

日程については、2月1日の午前・午後が圧倒的に多くなっています。

２０１６年度入試でも、適性検査型入試の実施校がさらに増えます。これまでは東京西部が多かったのですが、東京北部にも広がってきています。

私立の難関校のなかには「思考力」「記述力」が必要とされる問題を多く出題するところもありますが、ほとんどの私立はこれまでの勉強の成果として、知識量を見る問題が依然として多い傾向にあります。ですから、公立中高一貫校が第1志望で、その対策を主としてきた受験生は、多くの私立の入試では得点が取れないものです。

そうした受験生のために「適性検査型入試」はあります。併願するための私立を探しているのであれば、こうした入試を行っている私立を選ぶといいでしょう。

意外に多い「辞退」

公立中高一貫校は第1志望者が多いため、合格したあとに辞退する人はいないと思われがちですが、実際にはかなりの辞退者があります。都立の中高一貫校はその数を公表していますので、ここで紹介しておきましょう。

都立中高一貫校は募集人員ちょうどしか合格人員を発表しません。ですから、辞退した人数分を繰りあげることになります。その人数ですが（手続き締切日に手続きしなかった人数。前年→今年）、小石川中等教育31→20名（男子20→9名、女子11→11名）、桜修館中等教育17→20名（男子9→11名、女子8→9名）、武蔵高校附属16→16名（男子9→8名、女子7→8名）、三鷹中等教育10→13名（男子2→8名、女子8→5名）、両国高校附属7→11名（男子5→6名、女子2→5名）、大泉高校附属12→7名（男子6→5名、女子6→2名）、南多摩中等教育3→7名（男子2→3名、女子1→4名）、立川国際中等教育7→5名（男子5→3名、女子2→2名）、白鷗高校附属10→4名（男子5→0名、女子5→4名）、富士高校附属8→4名（男子3→2名、女子5→2名）、となっています（九段中等教育学校は公表していません）。

例年、小石川中等教育、桜修館中等教育、武蔵高校附属は辞退者が多い３校です。

10校合計の辞退者数は、前年→今年で１２１名→１０７名（男子66→55名、女子55→52名）と、昨年３割以上も増加したものが減っています。前年は男子が11名も多かったのですが、今年は男女差は縮まっています。

公立中高一貫校の新規開校予定

今後の首都圏における公立中高一貫校の開校は、２０１６年度に**千葉県立東葛飾高校**が併設型の中学校（１３４ページで紹介記事を掲載）を、翌２０１７年度（平成29年度）に**横浜市立横浜サイエンスフロンティア高校**が併設型の中学校を開校することになっています。

そのほかでは、**さいたま市立大宮西高校**を中高一貫化する計画があります。

【表５】「適性検査型入試」2015年度受験者数状況

学校名	名称	日程	男子	女子	合計
宝仙理数インター	公立一貫対応	2/2	171	171	541
	公立一貫対応(特待)	2/4	100	99	
安田学園	先進特待１回午前	2/1	184	151	335
聖徳学園	適性検査型	2/1	133	103	236
○東京純心女子	適性検査型SSS	2/1		133	133
○佼成学園女子	１回Ａ＜PISA＞	2/1		109	122
	１回Ｂ＜PISA＞	2/1PM		13	
開智日本橋学園	適性検査型	2/1	41	77	118
聖望学園	３回適性検査型	1/13	53	53	106
○文化学園大杉並	Ａ型１回適性検査	2/1		65	94
	Ａ型２回適性検査	2/2		29	
○聖徳大附属女子	適性検査型	1/20PM		79	79
郁文館	適性検査型特別奨学生	2/1	33	27	73
	適性検査型	2/2	10	3	
○トキワ松学園	適性検査型	2/1		65	65
●横浜	適性検査型	2/1	62		62
○神田女学園	**適性検査型１回**	2/1		41	51
	適性検査型2回	2/1PM		10	
○共立女子第二	適性検査型	2/1PM		51	51
上野学園	S日程	2/1PM	17	29	46
○藤村女子	適性検査	2/1		30	30
●京華	適性検査型	2/2	29		29
東海大菅生	１回B	2/1PM	19	8	27
○駒沢学園女子	1回適性検査型	2/1		20	20
目黒学院	１回適性検査	2/1	10	7	19
	3回適性検査	2/2PM	1	1	
○玉川聖学院	適性検査型	2/2		18	18
啓明学園	適性検査型	2/1	9	5	14
○千代田女学園	適性検査型A	2/1PM		11	11
	適性検査型B	2/10PM		0	
東星学園	2回	2/1PM	3	0	3
駒込	2回Sアドバンス	2/1PM	*153	*85	*238
多摩大聖ヶ丘	3回	2/2	*50	*55	*105
武蔵野東	1回午前	2/1	*40	*38	*78
	1回（特別選考）	2/11	*2	*1	*3
共栄学園	4回チャレンジ	2/7	*25	*24	*49
○文華女子	2回適性試験	2/1PM		*16	*16
○白梅学園清修	1回午前	2/1		*14	*14
○東京女子学院	1回午後	2/1PM		*4	*4

太字の学校・入試回は2015年度に新設。開智日本橋学園は共学化で男子新設。●＝男子校、○＝女子校、無印＝共学校
＊印の受験者数は４科ないし２科ないし国算基礎などと適性検査型の受験者数の合計。

公立中高一貫校と併願して

お得な私立中学校

森上 展安
（森上教育研究所所長）

森上教育研究所所長。1953年、岡山県生まれ。早稲田大学卒業。進学塾経営などを経て、1987年に「森上教育研究所」を設立。「受験」をキーワードに幅広く教養問題をあつかう。近著に『入りやすくてお得な学校』『中学受験図鑑』などがある。

公立中高一貫校が実施している適性検査に似た入試を、公立入試直前に行い「予行演習や腕試し」を兼ねてもらおう、というタイプの私立中入試が増えています。この欄では『公立中高一貫校と併願してお得な私立中学校』と題して、そんな私立の適性検査型入試を受験する意義を森上展安氏にお話してもらいます。

一気に増えてきた私立の適性検査型入試

私立中学における「公立中高一貫校の適性検査タイプ」の適性検査型入試は、２０１４〜２０１５年度入試で大きくその数を増し、この春の２０１５年度入試では30校が実施、その受験者数は、のべで２８７４人、1校あたりの受験者数も平均82人と、急速にその存在感を増しました。

実際に私立中学で適性検査型入試を実施したのは２０１４年度入試で22校、２０１５年度入試で30校、その多く(49%)が、2月1日午前入試として実施しており、最大の受験者数は、安田学園の３３５人、これに次ぐのが聖徳学園の２３６人、そして東京純心女子が１３３人、佼成学園女子が１２８人、前二者は共学ですが、東京純心女子、佼成学園女子は女子校です。それがこれだけの受験者を数えているのです。

入試規模で最大なのは宝仙学園理数インターで、2月2日午前の３４２人。同校は、２０１４年度入試で３５１人とやはり最大の受験者数を残しており、２０１５年度入試では若干減少したものの、依然として首都圏最大の適性検査型入試になっています。

ほかにも2月1日午後の駒込が２３８人、そして2月4日午前では宝仙学園理数インターが１２９人と驚くほどの受験者数になっています。

男子校でも、日本学園が2月1日午前に実施して１５１人、神奈川の横浜が62人、千葉の聖徳大学附属女子が79人、茨城の土浦日大で２１０人となかなかの人気ぶりです。

新しく開校した開智日本橋学園も１１８人、あるいは前年対比で大きく受験者数が増えたトキワ松学園では37人(２０１４年度)から65人(２０１５年度)という伸長。また、神奈川学園では16人(２０１４年度)から41人(２０１５年度)と、やはり大きく増加しました。

このように私立の適性検査型入試は、この2年で一種の大きなブームとなっており目を見張るものがある、ということになります。

本誌では、数年来、公立一貫校と併願してお得な私立適性検査型入試を取りあげてきましたが、ここにきて、急速な盛りあがりをみせてきたことに改めて注目しています。

一方で公立中高一貫校は人気が沈静化の方向へ

ではなぜこうしたブームになっているのでしょうか。

一方で、公立中高一貫校の受検者数が2年連続して減少傾向をしめしたことはおさえておきたいところです。とくに２０１５年度入試は、総数で前年減のべ１５３７人、昨年対比91・6%で1割弱の大きな減少となりました。

ただ、受検生が減少したといっても実倍率は高く、6倍強の平均であり、またのべでの不合格者数は1万６０００人になんなんとする、その多さは変わりません。

国立大附属の受験者数は大きく変わっておらず、公立一貫校の大幅な受検者数の減少と、私立適性検査型入試の大幅な増加は好対照をなしています。

もうひとつおさえておきたいのは、私立中学の一般入試は、この間、じつはほとんど伸びていない、ということです。

こうしたことから、かねてより本欄では指摘してきましたが、合格が読みにくい公立一貫校の適性検査に対して私立の適性検査型入試は、倍率がほぼ1倍台で合格しやすいこと、それに対して適性検査特有の〝特別な〟入試対策を必要としない学力試験である、ということです。

そもそも公立一貫校は前記したとおり平均実倍率が6倍もあり大人気です。

それは第一に費用の安さ、第二に高校受験がなく、出口の大学実績も都立トップクラス並みによい、そして第三に、受験準備にコストが多くはかからない、ということがあげられるはずです。

ただし、難点はそれがゆえに人気で、実倍率は高く、かつ、問題が私立の一般入試のように答えがひとつでなく複数あり、総合問題、記述式解答である、などという「とっつきにくさ」。加えて、学力をこの検査だけでなく、小学校の内申も参考にして選考することになっているため、余計に合否の見通しが立てにくいという事情があります。

これに対して私立の適性検査型入試はどうでしょうか。

公立のメリットである費用の安さは、たとえば最大受験者数のある宝仙学園理数インターの2月4日は、特待生制度も組みあわせています。成績優秀であれば特待生になれるという特典が加わっているのです。宝仙学園理数インターのみならずそういったことは私立の場合、制度として用意されていますから、私立の費用の高さといっても、気にならない受験生もいることでしょう。

また、なんといっても決め手は、合格の見通しが公立と私立ではまるでちがうことです。

公立一貫校はあくまで選抜試験でなく学力検査だ、としていますから、適性検査で「選抜」してはならないというのがアドミッションポリシー（入学者受け入れ方針）です。

それは公立中高一貫校が、入試過熱をあおるようなことがあってはならないという公共性からの要請として、法的に定められていることです。

これに対して私立は、あくまで選抜試験です。倍率も1倍台で合格可能性が大きく、かつ、解答は公立のそれのように多数の解答がある、というような設問ではありません。あったとしても選抜試験である以上おのずから制限があり、合格答案を書きやすい、という特徴があります。

公立は、たとえ答案がよく書けていても、内申というもうひとつの選考が加わります。つまり公立の入試には、一に答案の正否、二に内申の壁というふたつがあり、かつ、検査の倍率が平均6倍と高い（低いところでも3～4倍）という事実です。つまり、とても合否の見通しが立てにくいのです。

さらに公立一貫校は私立校との協定で、各都県ごとに同日での統一入試が定められているため、1校しか選べないということがあります。

そうするとせっかく、公立の適性検査に備えても、私立中入試のように複数回もしくは他校併願ができないのです。

ここは大きな難点で、1校だけの高い倍率の入試なので、勉強した成果も失敗に終わる公算の方が大きい。それがなんといっても小学生の場合、あまり好ましいとはいいにくいことです。

やはり受験させる以上、そのことがなんらかの成果を生まなければ、小さな心にも未達感が残ります。トラウマというほどではないにせよ、失敗経験だけを積ませるということはあまりよいこととは思われません。そこは私立との併願をして、がんばっただけのことはあった、と小さな心に成功体験として入試を位置づけることが適切だと思われます。

適性検査型入試は新大学入試制度につながる

さて、ここまでは私立中の適性検査型入試の、いわば消極的な併願のすすめでした。しかし、２０１４年度、２０１５年度と連続して私立の適性検査型入試受験生が増加したのはそれだけが要因ではないでしょう。

じつは筆者は、もうひとつ積極的な理由があると考えています。

それは、やがていまの小学生と中1生が受験することになる大学受験への対応です。

報道されているとおり、いまの中1生から大学入試は変わります。そのことが明らかに方針としてだされたのは２０１４年度入試の時点からです。そしてその新しい大学入試制度では、いまの大学入試センター試験に替わるものとして、大学入学希望者評価テストという試験があり、これが「合教科総合形式」での試験になる、とされたのです。

詳細は、この夏にもだされる、文部科学省の「高大接続システム改革会議」中間報告で明らかにされることになっていますが、少なくとも文科省の改革方針は、これまでの大学入試センター試験のような、1点差での評価はしない、逆にいえば、集団準拠の相対評価でなく、一定の学習の達成度を測る評価をする、というものです。その形式として合教科もしくは総合形式が考えられているのです。またこの答案には、記述式も当然入るだろう、といわれています。

このようなテストの考え方は、公立の適性検査や私立の適性検査型入試と同じ考え方です。中学入試では公立一貫校開校以来、すでに広く行われてきたものです。

中高一貫校の出口である大学受験が、こういったテストになるなら、入口の中学入試が同様なやり方での選抜になることも理に適います。

公立中高一貫校は、このような適性検査のやり方で生徒をとり、出口は私立上位校並みの大学実績をだしています。適性検査の場合、通常の一般入試との最大のちがいは、まさに1点差で合否は決まらない、というところです。

じつは、この達成度をどう評価していくかはなかなかむずかしく、偏差値で評価する相対評価ほど簡単ではありません。また、一般的な私立中入試は、その受験生集団の相対評価ですから、偏差値そのものです。しかし、受験生の多くは適性検査をする学校の難度も、模試などで偏差値がついて表示されることをなんの不審感もなく見ていることと思います。

あれはしかし、考えると変なのですね。ましてや、私立向けの模試の受験者集団は、公立一貫校の受験者集団のごく一部をなしているだけで私立中学ほどには受験生のサンプルはないはずなのです。

つまり本来、適性検査は問題の設定する評価基準はあっても、いわゆる偏差値とは似て非なるものです。

したがって、あえて偏差値で序列づけようとしてもそこには無理があります。実際、この適性検査のよさは、あまり中学入試の受験勉強をしていない層もじゅうぶんに戦える入試だ、というところに意味があり、私立の適性検査型入試受験層はその実際においても公立一貫校同様幅広い学力層が受験しています。

おそらく２０１４～２０１５年度入試でそのことが広く知られるようになっている、ということもブームの数字には含まれていることでしょう。

時代の要請に応えて適性検査型入試も変貌する

これからの適性検査はかなり大学入試を意識したものに変化していくことでしょう。たとえば宝仙学園理数インターからは、これまでの公立一貫校対応のプレミア版のような総合科型入試を実施する意向が伝わってきています。もちろん、大学入試の変容が少し明確になる8月ごろからでないと詳細設計はむずかしいと思いますが、秋にはさまざまな大学入試対応の動きが各私立中学からだされることでしょう。そういう意味では来年２０１６年度の適性試験はほんとうの意味でブームの年となるかもしれません。

ちなみに、公立中高一貫校は、千葉の県立東葛飾中学校が開校しますし、２０１７年度入試では市立横浜サイエンスフロンティアも附属中学校を新設します。

こうした公立中学の新設があると、神奈川、千葉の私立でも適性検査型入試が増える、ということになるでしょう。

また、神奈川は県立の相模原中等教育学校が東大合格者を5名もだしましたから神奈川北部の公立一貫校人気、ひいては適性検査熱が高まるだろうと思われます。

もっとも、ひと口に適性検査といっても公立の場合は、大きく分けて2とおりがあり、千葉の市立稲毛と神奈川県立は、基礎的な学力を確認する適性検査であり、東京のそれは、小石川中等教育学校に代表されるややハイレベルのものから、三多摩の都立中適性検査のように基礎レベルのものまで多様にあります。

その点、私立の適性検査型入試では、これまでは基礎的な問題が中心に出題されてきていますので、たとえばアメリカンスクールなどのインターナショナルスクールで日ごろ勉強してきたかたにも受けやすい入試だといえました。

ただ、今後、私立中学にもハイレベルな適性検査型入試が増えていくことも考えられます。

もともと難関校の入試問題は、総合的な領域の出題が少なくないので、仮にそのような適性検査型問題がつくられるなら難関校受験生もじゅうぶんに挑戦しがいのあるものになることでしょう。

公立中高一貫校と併願してお得な私立中学校

駒《こま》込《ごめ》中学校

駒込でグローバルマインドを育てよう!

3年前から適性検査型入試を取り入れている駒込中学校。導入の背景には、グローバル化が進むこれからの時代に対応できる生徒を育てるための、確固とした教育方針があります。

これから求められる能力を見る駒込の適性検査型入試

グローバル化が急速に進みつつある現代社会においては、社会にでた際に求められる能力もこれまでとはまったくちがってきています。

河合孝允校長先生は「これからは、単純作業はすべて機械がやってくれる時代になっていきます。ホワイトカラーの仕事もなくなっていきます。そうなったときに、どういう仕事が人間の仕事として残っていくかということを考えられる力を持っていなければなりません。

そのためには、自己肯定感をしっかりと持ち、自分自身に誇りを持って生きていける人間になる必要があります。本校はこういう時代のなかで、基礎学力をきっちりと与え、かつ、時代に対応できるグローバルマインドをつくれる教育を行っています」と話されます。

駒込中学校（以下、駒込）は、1682年（天和2年）に了翁禅師によって創立された「勧学講院」に端を発する伝統校です。仏教の教えのもと、自由で伸びやかな校風の学園として政財界、スポーツ界、芸能界など多彩な分野にさまざまな卒業生を送りだしてきました。

そうした伝統校でありながら、「温故知新」の言葉どおり、これまでの蓄積を大切にしながらも、時代を先取る教育を実施していくことにもためらいはありません。その一環として、2016年度（平成28年度）からは東京外国語大、国際教養大、国際基督教大（ICU）、早慶上智といった難関大の国際教養・国際関係・外国語学部への進学などを視野に入れた、高校からの「国際教養コース」もスタートします。

そんな駒込は、2013年度（平成25年度）入試から適性検査型入試を導入しています。

これからの時代に必須となる、自ら課題を見つけ、考え、答えを探して解決できる能力を持った生徒に向けたこの入試は、公立中高一貫校を第1志望と考えている受験生にとっても、併願校として最適だといえるでしょう。

また、駒込の適性検査型入試の特徴は、思考表現、数的処理、理社総合という3つの独自問題を出題している部分にあります。公立中高一貫校の適性検査Ⅰ・Ⅱ・Ⅲの傾向にそれぞれ対応しているのです。

適性検査型入試を経て入学してくる生徒も多く、受験生や保護者にとって、たんなる併願校で終わらない魅力的な教育内容が評価されている駒込中学校です。

森上's eye

多種多様な生徒が集い高めあえる環境が魅力

多種多様な生徒が伸びのびと学生生活を謳歌《おうか》しているところに大きな魅力があります。進学先についても、東京大をはじめとする最難関大学合格者がいる一方で、東京芸大に進む生徒もいるなど、生徒それぞれが自分の将来をしっかりと考え、お互いに刺激を受けながら希望の進路に向けてまい進できる環境が整っています。

School Data　駒込中学校

所在地　東京都文京区千駄木5-6-25
TEL　03-3828-4141
URL　http://www.komagome.ed.jp/
アクセス　地下鉄南北線「本駒込」徒歩5分、地下鉄千代田線「千駄木」・都営三田線「白山」徒歩7分

入試説明会　要予約	
8月25日（火）	10：00～12：00
9月13日（日）	10：00～12：30
10月10日（土）	10：00～12：00
10月31日（土）	10：00～12：30
11月21日（土）	10：00～12：00
12月19日（土）	10：00～12：00
1月10日（日）	10：00～12：00

個別相談会	
10月31日（土）	13：00～16：00
11月7日（土）	9：00～16：00
11月14日（土）	9：00～11：00
11月22日（日）	9：00～16：00
11月28日（土）	9：00～16：00
12月5日（土）	9：00～11：00

文化祭入試個別相談会	
9月26日（土）	10：30～15：00
9月27日（日）	9：00～15：00

郁《いく》文《ぶん》館《かん》中学校

受験生に寄り添った入試を実施

生徒一人ひとりの夢の実現を手厚くサポートしている郁文館中学校は、今春から適性検査型入試を導入しました。この入試は、公立中高一貫校を志望する受験生に寄り添った形式をとっています。

夢を語れる郁文館生

創立から125年余を数え「しっかりとした個性を持ち、何事も自分の頭で考え、行動できる人間を育てる」という建学の理念を持つ郁文館中学校（以下、郁文館）。

郁文館独自のキャリア教育「夢教育」を行うことで、生徒それぞれに具体的な夢、目標を持たせ、そのためにどのような進路を選ぶべきか、どのような学びが必要なのかを考えさせていきます。

「夢教育」には、夢について考えるきっかけづくりの機会を与える「きっかけプログラム」、その夢の実現に向けて行動する「行動プログラム」、確かな学力を養成する「学力プログラム」、「見直しプログラム」、生徒を支える「バックアッププログラム」など、さまざまなプログラムが用意されています。

中高生にとっては、そもそも「まだ夢なんて持っていない」という人や、あったとしても「夢を人の前で語るなんて」という感覚があるのは当然かもしれませんが、郁文館生たちは、「夢教育」をとおして、夢について考え、語ることが当たり前になっていきます。それが推進力となり、学力の伸長や、海外の大学への積極的な進学へとつながっています。

GL特進クラスを設置

そんな郁文館は、2015年度（平成27年度）から従来の特進クラス、一般クラスに加えてGL（グローバルリーダー）特進クラスを設置しました。このクラスは、2020年（平成32年）の大学入試改革も見据えたアウトプット型の学習スタイル（ディスカッション、論文執筆など）を取り入れ、さらに郁文館グローバル高等学校（以下、郁文館グローバル高校）との連携、ネイティブスピーカーの副担任配置、中3次の海外短期留学など、充実のグローバル教育も行われています。

郁文館グローバル高校の土屋俊之教頭先生は、「大学入試制度改革が2020年に迫るなかで、ほんとうに必要な思考力というものを醸成していくにはどうしたらいいかということから、GL特進クラスはスタートしました」と説明されます。

GL特進クラスが設置されたのは今年度からですが、さまざまな知識の応用や柔軟で論理的な思考力を磨く必要性を感じていた郁文館にとっては、公立中高一貫校が実施している適性検査型入試は「時宜《じぎ》を得ている」（土屋教頭先生）と感じられるものでした。

そうして2015年度入試から導入されたのが適性検査型入試です。

郁文館の適性検査型入試はここがちがう

既存の入試と併用するかたちで行われる適性検査型入試は、地域性を考え、近隣の公立中高一貫校と問題傾向や試験実施時間などを同一にすることで、公立中高一貫校を第1志望にしている受験生にとって受けやすい環境を整えています。出願はインターネットでも可能です。

さらに特筆すべきは、当日の試験の「答案フィードバック」を行っていることです。

「本校の適性検査型入試は、受験生のみなさんのお役に立つためにはどうしたらいいかという視点で始めているため、フィードバックがなければ、結局受けっぱなしになってしまうということでこのかたちを取り入れました」と土屋教頭先生。

入試当日の夕方に学校で受け取るか、もし学校まで足を運べない場合でもFAXで送付するという徹底ぶりで、2015年度入試では受験者の8割程度がフィードバックを受け、そのうえで3日の公立中高一貫校受検にのぞんだということです。

郁文館の入学試験ではありませんが、公立中高一貫校への入学を希望する受験生に対してのサポートもしたい、という気持ちが伝わったのか、試験後に実施したアンケートでは、こちらも8割を超える受験生が「本番に近い環境で緊張感を持った試験

GL特進クラスのディスカッション型授業のようす

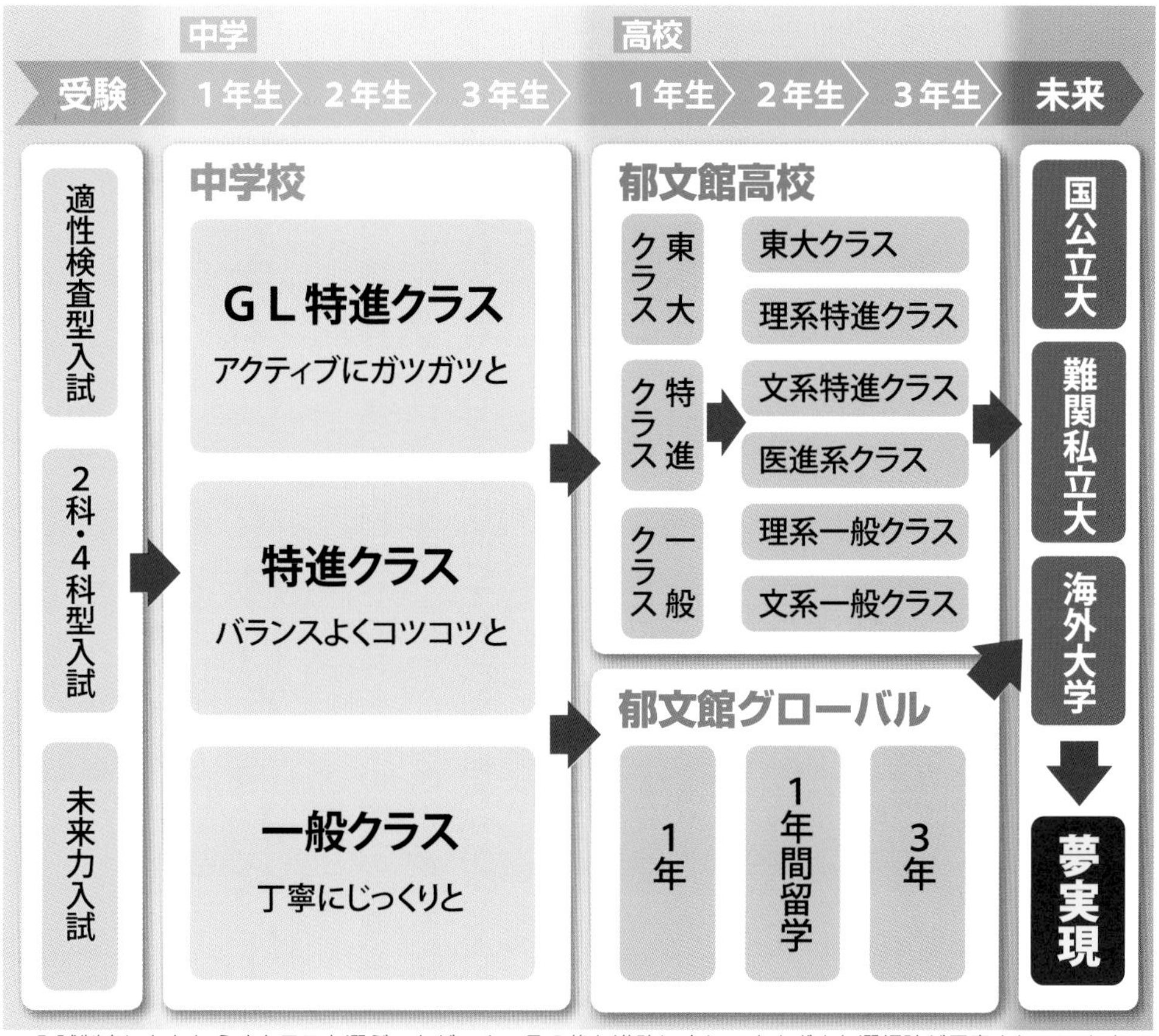

入試制度にかかわらずクラスを選ぶことができ、その後も進路に応じてさまざまな選択肢が用意されています

ができた」、「問題難易度はちょうどよかった」、「試験当日の答案フィードバックは参考になった」と答えています。本番さながらの緊張感のなかで、志望している学校と似た傾向の問題と向きあえ、答案に対してアドバイスも受けられる。郁文館の適性検査型入試は、まさに「併願してお得な学校」と言えるでしょう。

2016年度はさらに受けやすくなる

また、同校が取り組んでいる思考力や発想力を育む教育内容、とくにGL特進クラスは、公立中高一貫校を受検しようとしているご家庭にとっては親和性が高いため、適性検査型入試の「受験生のために」というサポート姿勢とも相まって、残念ながら、第1志望の公立中高一貫校への入学がかなわなかった場合にも、前向きな選択肢として入学してくる生徒が多かったそうです。

「当初は私立に入学させる予定はなかったけれども、せっかくここまでがんばったし、本校の教育であれば入学させてもいいのでは、と思っていただけたようです」と土屋教頭先生はうれしそうに話されます。

このように、導入初年度から受験生の好評を得た郁文館の適性検査型入試。2016年度（平成28年度）の入試では、2回だった受験回を2月1日午前・午後、2月2日午前の3回に増やします。さらに2万円の受験料で3回すべてに出願できるように変更されるため、公立中高一貫校を第1志望とする受験生にとっては、より受験のメリットが大きい入試になりました。

もちろん、適性検査型入試を経て入学する場合も、GL特進クラス、特進クラス、一般クラスの3つのクラスすべてに入学可能で、高校進学時も、郁文館高校（東大クラス、特進クラス、一般クラス）、2年次に1年間海外留学をする郁文館グローバル高校のどちらにも進むことができます。

ここまで見てきたように、公立中高一貫校入学希望者に寄り添った適性検査型入試を実施している郁文館中学校。来春の入試でも満足度の高い併願校として注目を集めそうです。

森上's eye

受験のしやすさが魅力 併願校にうってつけ

確かな進学指導が定評の郁文館高校と、郁文館グローバル高校ですが、その成果はなによりグローバル高校の海外大学実績にあらわれています。そのディプロマポリシーを反映したカリキュラムポリシー。さらにこれを反映したアドミッションポリシーで受験・進学を動機づけしやすく、また、主体的な学びを促すよさを持つ学校です。

School Data　郁文館中学校

所在地　東京都文京区向丘2-19-1
TEL　03-3828-2206
URL　http://www.ikubunkan.ed.jp/
アクセス　地下鉄南北線「東大前」徒歩5分、地下鉄千代田線「根津」・「千駄木」・都営三田線「白山」徒歩10分

学校説明会
8月22日（土）
9月12日（土）
10月24日（土）
11月14日（土）
12月12日（土）

GL特進クラス体験授業
8月22日（土）

郁秋祭（文化祭）
10月3日（土）
10月4日（日）

理事長説明会
10月3日（土）
10月4日（日）
11月7日（土）
12月5日（土）

藤村女子中学校《ふじむらじょし》

意欲を引き出し、主体性を育む6年間

建学の精神「知・徳・体」に基づく人間教育と女性としての未来の確立を教育目標として、日々進化を続ける藤村女子中学校。今年度から中学・高校ともに新たなコース制が導入されるなど、2020年に向けて新しい取り組みが始まっています。

中学で新たなコース制導入

藤村女子の創設者、藤村トヨ先生は女子教育・女子体育教育の草分け的な存在として知られており、開校にあたり、建学の理念を「女子の心身の育成と徹底した徳性の涵養《かんよう》」におきました。その精神は今日まで脈々と引き継がれており、知識ばかりに偏らず、健康的な心身の発達と個性の伸長を重視し、社会で必要な日本女性の育成を目指して、「知・徳・体」の調和のとれた全人教育が実践されています。

今年度より中学では、2020年度の大学入試改革に対応するため、「特選コース」と「特進コース」の2つのコース制を導入しています。

「特選コース」は、高校から入学してくる生徒と混ざることなく中高6ヵ年一貫のカリキュラムで進められ、中学3年から高校課程の学習内容に入る、いわゆる先取り授業を行います。中学1年では、すでに数学と英語でそれぞれ毎週プラス30分の学習時間を設け、普段の授業とは違った観点から学習に取り組んでおり、「できるようになる」喜びや「わかるようになる」楽しさを感じてもらうことを大切にしています。そして、これまで蓄積してきた進路指導のノウハウをもとに、大学入試に必要な力を基礎から応用・実践へと段階的に身に付け、超難関国公立大学や難関私立大学への進学を目標にしています。

EP Daysでの街頭インタビュー

「特進コース」は、部活動や主体的な参加が求められる学校行事も毎日の学校生活に位置づけた上で、しっかりとした学習習慣を築き上げていくことを目指しています。多くのことに取り組まなければならない時期だからこそ、生徒たちには自分で考え、目標を持って、計画的に取り組んで欲しいと考えています。そしていろんなことにチャレンジしたいという気持ちを大切にしながら、難関大学進学に必要な総合力を段階的に育成していきます。

「特進コース」の生徒は、高校から入学してくる生徒と混合のクラス編成となりますが、高校には、「S特」を始めとして「特進」「進学」「総合」「スポーツ科学特進」「スポーツ科学」といった多彩な全6コースがあるので、自分の進路希望に合わせたコースを選択できるのも魅力の1つになっています。

藤村進化宣言により躍進中!

これまでの様々な学校改革が実を結び、難関大学の合格実績が近年飛躍的に伸びています。特に中学から入学した6ヵ年一貫生の伸びが著しく、2015年度入試では東京学芸大などの国公立大を初めとして、ほとんどの卒業生が難関大学へ進学しています。これはフィールドスタディを重視している藤村女子の教育が、少しずつですが着実に真の学力形成につながっている証と言えます。

また、この進学実績の躍進には「学習センター」の存在が大きく係わっています。「学習センター」は自分から進んで勉強する生徒のための学習スペースです。専任教諭や東大生チューターなどが常駐し、生徒の質問に答えたり、学習方法のアドバイスをもらえたりするので、学習効果が各段にアップします。また、部活後も、平日は20時30分、土曜日は20時まで利用できるため、学校内で予習・復習ができ、メリハリのある学校生活が送れます。さらに「学習増強通信」で、学習計画や勉強方法、使用テキストなどのアドバイスをうけることができ、合格した先輩たちの勉強方法なども知ることができます。

藤村女子は、今後の短期目標として国公立大学10名、早慶上理・GMARCH40名を設定し、目標に向かってさらに進化して行きます。

適性検査入試の現状と効果

適性検査入試の現状や来年度入試について、昨年度から校長に就任された矢口秀樹先生と入試委員長廣瀬真奈美先生に伺いしました。

——適性検査入試の受験者は何名ぐらいですか。

矢口校長「本校が適性検査入試を始めた3年前にくらべるとかなり他校との競争が激しくなっていますが、毎年40名前後の受検者で推移しています」

——適性検査入試で入学した生徒さんの様子を教えて頂けますか。

矢口校長「適性検査入試で入学して頂いた生徒は、みなさんそのクラスのリーダー的存在になっています。担任からの報告によれば、適性検査入試のための勉強が生徒本人の自信に繋がっているようです。今年度、特選クラスに入学した生徒などは、すでに自分の進路目標をしっかり持っており、他の生徒たちにも良い影響を与えているようです」

矢口 秀樹校長

——都立中高一貫校の併願先はどのような学校ですか。

廣瀬先生「以前は桜修館が多かったのですが、今年度は、桜修館、三鷹、立川国際、大泉、富士などいろいろな都立一貫校との併願が多くなっています」

——来年度の適性検査入試の概要を教えて頂けますか。

廣瀬先生「試験日は2月1日の午前で、出題形式は今年度入試と変わりません。

適性検査Ⅰ（45分）は、身近で起きた社会現象や自然現象に関する会話文を読み、総合的に分析し、論理的に思考して自分の言葉で表現する問題です。会話文の内容をふまえて基本的な計算をし、答えを導き出す問題も予定しています。

適性検査Ⅱ（45分）では、物語的文章や説明的文章を読み取り、登場人物や筆者の考えを指示された文字数で記述する問題を考えています。また、本文の内容をふまえた上で、自らの体験談をその具体例を交えながら自分の考えを書く問題なども予定しています」

——適性検査入試に臨むにはどんな勉強をすればいいですか。

廣瀬先生「身近にあるいろいろな問題に疑問を持ち、それを解決するための知識と情報を自ら積極的に収集することが大切です。12月の『適性検査入試解説会』では、適性検査の勉強方法、過去問の解説や来年度入試の出題方針などを詳しくご説明しますので、ぜひ一度ご参加ください」

——奨学生制度が変わるようですね。

矢口校長「昨年度まで実施していたプレミアム制度は少し分かりづらかったので廃止することにし、それに替えて全入試回で成績上位者に対して奨学金を出すことにしました。適性検査入試も対象となります。詳しくは入試要項をご覧ください」

——最後に、藤村女子を受験しようと考えている受験生に、メッセージをお願いします。

矢口校長「これからの皆さんの舞台は『世界』です。自分の可能性に向かい、何かを見つけ、何かにチャレンジする、そんな皆さんを私たちは歓迎し応援します。ぜひ一度藤村女子に足を運んでみてください。」

理科の実験

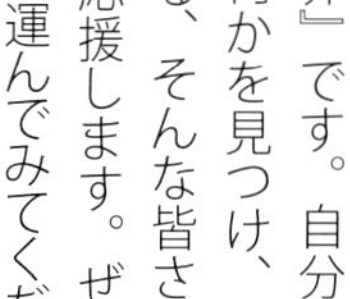

森上's eye

建学の精神を基に新しい教育にチャレンジ

藤村女子は、ここ数年、着実に難関大学への進学実績を伸ばしています。また、部活動の活躍は目覚ましく、大変活気のある学校です。私学教育をよく知る矢口新校長を迎え、中学の新コース制導入や高校の新コース設置など、次々と新しい学校改革にチャレンジしている大変楽しみな学校です。

School Data

藤村女子中学校

所在地 東京都武蔵野市吉祥寺本町2-16-3
TEL 0422-22-1266
URL http://www.fujimura.ac.jp/
アクセス JR線・京王井の頭線・地下鉄東西線「吉祥寺」徒歩5分

学校説明会（予約不要）
第3回10月24日（土）【体験あり】
第4回11月14日（土）
第5回12月12日（土）【問題解説あり】
第6回 1月 9日（土）
第7回 2月27日（土）【4・5年生対象】
全日程14:00～

演技発表会
9月17日（木）14:00～

文化祭
9月26日（土）・27日（日）
9:00～16:00

日《に》本《ほん》文《ぶん》華《か》学《がく》園《えん》 文《ぶん》華《か》女《じょ》子《し》中学校

社会で役立つ女性の育成を目指し百年

女性の社会での自立を目的に設立されてから百年を迎える文華女子中学校は、二十一世紀の国際社会で「生きる力」を育てています。

二〇二〇年大学入試改革で試される力

世界に通用する人材を輩出するために、大学が急速にグローバル化を進めています。入学試験から、従来の知識型・記憶型の学力でなく、どんな世界でも自分の力で道を切り開ける「問題解決能力」や「行動力」さらにあらゆる人と協力して活躍できる「協働力」や「表現力」を見ようとしています。このような力は一～二年で身につくものではありません。中高一貫六年間をかけて、伝統女子校ならではのノウハウで、世界に通用する確かな能力を育てます。

「豊かな感受性」と「コミュニケーション能力」の育成

他者の心を理解できる豊かな感受性が、国際社会で生きる力になります。全国に類のない「家庭教育寮宿泊体験合宿」や「礼法」の授業を通じて、生活の中での人とのつながりを大切にして、どのような環境でも順応できる「心豊かな生活人」を育成します。

また、中学では総合的な学習の時間に、大学入試につながる幅広い学習を実施しています。体験型学習を多く取り入れ、グループで調べ学習を行い、研究発表を行います。「行動力」「思考力」「表現力」を協働で身につけさせます。

一流企業で勤務される方を講師に招く「出前授業」もあり、キャリア教育も充実しています。

充実の「特待認定制度」

頑張る生徒への応援制度として、入学時には入試の成績により三段階の特待認定を定めています。入試合計点80％以上で一年間の学費全額免除。75％以上で入学金・施設費免除。70％以上で入学金が免除されます。

さらに、中二以降の在学生には、前年度の成績優秀者一割が奨学生として認定され、学費が半額免除になります。

「伸びる力」を診る適性試験

文華女子の適性検査試験は知識を問う問題ではありません。これから伸びる力、すなわち、好奇心・最後まであきらめない粘り・自分を素直に表現できる感受性を試験します。

文華女子で伸ばす、伸ばしたい生徒を募集しています。

森上's eye

いつまでも熱く広がる友情 心豊かな女性を育む教育

文華女子は、少人数の良さを活かし、授業に部活に、また、さまざまな行事にみんながかかわり推し進めていく学校です。それだけに仲がよく、大学受験に向かっても教員と生徒が一丸となって向かっていきます。中高時代に培った友情が連綿とつづく、そんな生徒と人生を育む学校です。

School Data　文華女子中学校

所在地 東京都西東京市西原町4-5-85
TEL 042-463-2903
URL http://www.bunkagakuen.ac.jp
アクセス 西武新宿線「田無」から西武バス7分「文華女子中学高等学校前」下車、西武池袋線「ひばりヶ丘」から西武バス15分「文華女子中学高等学校前」下車、JR中央線「武蔵境」から西武バス24分「文華女子中学高等学校前」下車

学校説明会
11月14日（土）10:00～

体験学習
8月29日（土）14:00～「エンジョイ　ミニブック」
12月13日（日）10:00～「入試体験会」

入試問題解説会
10月17日（土）14:00～
1月24日（日）10:00～

適性試験入試
2月1日（月）15:00～（14:30集合）
適性試験Ⅰ・Ⅱ（各50分・各100点）特待生制度あり
願書受付　1月20日～2月1日（土・日含む）
入学手続き 2月11日（木・祝）16:00まで

公立中高一貫校と併願してお得な私立中学校

文《ぶん》化《か》学《がく》園《えん》大《だい》学《がく》杉《すぎ》並《なみ》中学校

A型（適性検査型）入試で『BUNSUGI×GLOBAL』を推進

すべての生徒が熱中できることを見つけ、そこから得られる「感動体験」を大切にしています。日本と海外、２つの卒業資格が取得できる「ダブルディプロマコース」で海外進学も身近になります。

「わかる授業」で伸ばす学校

難関大学から併設大学まで幅広く選べる進路、生徒自らが運営する盛んな学校行事、全国大会で活躍する多くの部活動…。一人ひとりが輝ける、そんな引き出しをたくさん持っているのが文化学園大学杉並です。

さらに今年度からは、カナダ、ブリティッシュコロンビア州より海外校として認可が下り、『ダブルディプロマコース』がデビュー。

中学校では、『難関進学〈グローバル〉コース』と『総合進学〈シグネット〉コース』の2コース制で生徒の学力向上を後押しします。

『難関進学〈グローバル〉コース』は、ハイレベルな先取り授業を展開しながら、同時に定評ある英語教育を最初の3年間で「英語によるレポート、論文記述」レベルまで引き上げていきます。後半3年間は国公立大学をメインターゲットにする『難関進学コース』と、日本と海外両方の高校卒業資格が得られる『ダブルディプロマコース』のいずれかに続いていきます。

高校課程に新設される『ダブルディプロマコース』は、海外大学への進学も、国内難関大学への「帰国生入試」による進学も可能にする先進のプログラムを備え、日本社会のグローバル化をリードする人材を輩出するのが目的です。

中高一貫の6年間

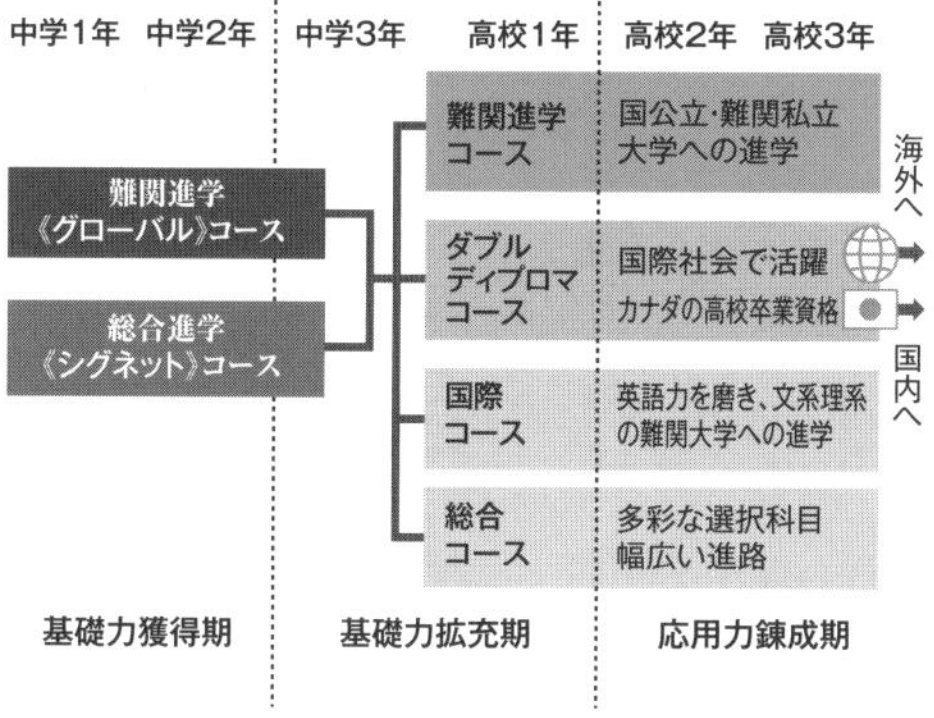

『総合進学〈シグネット〉コース』は、科目によって先取り授業を入れつつきめ細やかな「わかる授業」を展開します。同時にさまざまな検定合格、フランス語や中国語、服飾やデザイン、陶芸や華道、箏曲など多様な選択科目を導入して、学力の幅をより広いものにしていきます。併設の文化学園大学をはじめ、多種多様な他大進学を可能にします。

全普通教室には電子黒板機能付きプロジェクターとWi-Fiを完備し、「わかる授業」の徹底を図ります。またタブレット端末を用いたアクティブラーニングで協働型学習を行い思考力型の学力を育成していきます。

行事も部活動も生徒が主役となって主体的に行動することができる、「輝き続ける女性の育成」を実践しているのが本校の特色です。

文化学園大学杉並では5年前から『A型（適性検査型）入試』を導入し、教科の受験勉強に取り組んでこなかった受験生でもチャレンジできるようになっています。公立中高一貫校をめざす方にも取り組みやすい入試です。

森上's eye

「わかる授業」大展開で進学実績ぐんぐんと上昇

ユニークな系列大学を持つ「半進学校」ですが、いま他大学進学実績がぐんぐんと上昇、さまざまな進路に応えられる学校となりました。とくに日本初の教育プログラムである「ダブルディプロマコース」は、日本とカナダの高校卒業資格を同時に得ることができ、難関大学への挑戦とともに海外大学にまで進路が広がる予感です。

School Data　文化学園大学杉並中学校

所在地　東京都杉並区阿佐谷南3-48-16

TEL　03-3392-6636

URL　http://bunsugi.jp/

アクセス　JR中央線・総武線・地下鉄東西線「阿佐ヶ谷」、JR中央線・総武線・地下鉄東西線・丸ノ内線「荻窪」徒歩８分

学校説明会
9月12日(土) 10:00～
10月17日(土) 10:00～
10月30日(金) 19:00～

文化祭
10月３日(土) 10:00～
10月４日(日) 9:00～

A型入試説明会
12月５日(土) 14:00～

A型入試体験会
１月16日(土) 14:00～

〔予約不要・見学随時OK〕

開智《かいち》日本橋《にほんばし》学園《がくえん》中学校

公立中高一貫校の併願に最適な学校

今春4月に共学化し、校名変更した開智日本橋学園中学校は、昨年度、受験生が激増した学校の1つとして、また新しい教育を行う学校として今後を注目されている中高一貫校です。

1期生として入学した期待の新1年生は男子65名、女子70名、合計135名でその約2割が公立中高一貫校との併願者です。さらに授業料が全額免除される特待生の内1・5割が公立中高一貫校との併願者です。公立中高一貫校の志望者には非常に魅力的な学校です。

来春の適性検査型入試受験料は5000円

この開智日本橋学園が来春2月1日に行う適性検査型入試の受験料を5000円にするというビッグニュースが飛び込んできました。

宗像副校長に伺うと「適性検査型の入試に合格して入学してきた生徒は、学力が高いだけではなく、私たちが目指している探究型の学習に対しての取り組みが積極的で、創造力や発信力、コミュニケーション力が高い。もっと多くの公立中高一貫校との併願者に受験してほしいと考えたからです。また、2月1日は午前と午後に適性検査型入試を行い、受験者の7割程度の合格者を出します。さらに合格者の1・5割を特待生合格とします」と受験生に嬉しい話をしてくれました。

「フィールドワーク」「探究テーマ」生徒主体の探究型・創造型学習

「ハーバード、ケンブリッジ、MIT、東大・京大・早慶…。6年あるから夢じゃない」を合言葉にスタートした開智日本橋学園。埼玉県の進学校「開智学園」の教育と、国際的に著名な教育プログラムをコラボレーションした新しい教育を推進すると評判で、新入生は早くも探究型の授業やフィールドワーク、哲学対話といった21世紀型の授業や学びに取り組んでいます。

その探究型学習の1つである「フィールドワーク」やプロジェクト型「探究テーマ」研究学習は、生徒が自ら疑問を見つけ、解決の仮説を立て、仮説を検証するための調査、観察、実験を行い、それらを考察してまとめ、発表します。中1の磯の探究、中2里山探究、中3の生徒が行く先を決める国内探究、高1の首都圏探究と続き、高1で探究したテーマを英語の論文にまとめ、高2の海外探究で海外の大学で発表し、英語でディスカッションします。

「探究型授業」は、教師がトリガークエスチョン（探究の引き金になる有益な問い）となる疑問や課題を提起します。それを基に生徒は既存の知識の確認を行い、ブレインストーミング（集団で自由に様々な意見や考えを出し合う）し、それをまとめて予測や仮説を立てます。

その予測や仮説がどのような手段・方法で解決できるか調査、観察、実験等の仕方を考えて、探究を開始します。この調査や観察、実験等で得た情報、結果をマインドマップ（考えや情報などを地図のようにつなげ図にしてまとめる方法）など様々な方法で整理してまとめ、結論を出して発表します。

この学びを通して、生徒が自ら考え、友達と考えあい、討論し「なぜ」や様々な課題を解決していくことで、創造力・探究力・発信力・コミュニケーション力が大きく伸びていきます。

グローバル化に対応した使える英語教育

開智日本橋学園の特徴に世界標準を目指した英語教育があります。使える英語をモットーにネイティブの教師5名と日本人教師が中心となって英語の授業を中1から週8時間行うだけでなく、他の教科と連携し、すべての教科で毎回の授業で関連する英単語を2つ程度学びます。

宗像副校長は「授業だけではなく、夏休みには『丸々英語合宿』『海外英語研修』『海外フィールドワーク』『大学キャンパスでの英語漬け学習』などの行事、またグローバルリーディングクラス（帰国子女・インターナショナルスクール生主体のクラス）との交流による学校内留学制度などの英語のみの環境につかる時間を多く用意しました。また講習や英語の朝読書などを含め、卒業までの6年間に2500時間以上英語の学習を行い、全員が英検二級以上、グローバルリーディングクラスでは一級合格を目指し、グローバル化に対応したオールマイティな英語力を育てます」と詳しく話してくれました。

予備校を越える進学指導で世界や日本の難関大学へ

最後の特色は、学校のみの授業と講習、大学進学講座で、世界の大学、東大他、日本の難関大学へ合格できる進学教育を導入します。

すでに兄弟校の開智中学校は、東大や国立医学部をはじめとした難関大学に進学実績があります。1期生から今春卒の13期生までの東大現役合格者全員が予備校に通わず学校だけの学びで合格するという素晴らしい実績を上げています。

開智日本橋学園では中1から高1までに高校2年生の学習を、授業と夏期講習、冬期講習、春期講習と放課後の補習で習得させ、基礎学力をしっかりと定着させます。高2・高3の2年間は大学進学に向けた勉強を徹底し、高3の学習とそれまでの学習の総まとめを行います。授業とは別にアメリカの大学進学希望者のためのSAT（アメリカ大学適性試験）対策も含め、日本の難関大学向けの志望校対策講座を高校3年生では放課後2~3時間行います。

待望のデュアルランゲージクラス新設

宗像副校長は、「学校内で大学受験対策をすべて完結できる学校は東京にはほとんどありません。開智日本橋学園の大学対策講座は放課後に毎日3時間行いますが、費用はかかりません。予備校以上の質の高い内容です」と5年後の計画を披露してくれました。

グローバルな人材を育成する6年一貫のクラス編成

開智日本橋学園は、学習歴や学習の目的により多彩なクラス編成を行っています。宗像副校長にその詳しい内容について伺いました。「中1から高1までの4年間は、4つのクラスを設定します。まずグローバルリーディングクラスは、帰国子女や英語力の特に高い生徒が海外トップレベルの大学を目指すクラスです。日本の学びに加え、中1から高2までは国際的に著名な中等教育プログラムを、高2・3は国際的に著名な大学進学プログラムで学び、SATに対応した特別講座を行います。

デュアルランゲージクラスは、小学校での英語授業の経験しかない生徒が、英語に最も力を入れた学習を行い、国内・海外の大学進学を目指します。リーディングクラスは、中学受験の勉強をしっかりしてきた生徒のためのクラスで、日本のトップレベルの大学を目指し、探究型・協働型の授業としっかりとした知識と学力を定着させるため、習得型の授業、反復型の学びを行います。

アドバンストクラスは、ある程度の中学受験の勉強をしてきた生徒のクラスで、日本の難関大学を目指し、探究型・協働型の授業とともに、基礎から発展レベルの内容までしっかりとした知識と学力を確実に身につけるために、習得型の授業、反復型・繰り返しの学びを行います」と各クラスの説明をしてくれました。

また、「高2・高3は大学進学を視野に入れ、国際クラス、国立理系クラス、医学部クラス、国立文系クラス、私大文理クラスの5クラス制で難関大学進学を目指します」と付け加えてくれました。

最高の教師陣

1期生を担当する教師陣は、東大出身で開智で10年以上の指導歴を持つ社会科の1学年主任。国語は早稲田大卒で開智での探究型国語の第一人者。数学は名古屋大学大学院を修了し、開智で中1から大学受験生まで幅広い指導力を持った教師。英語は上智大に留学しバージニア大を卒業したネイティブスピーカー。理科は大阪大学の博士号を持つ教師など、優秀な教師陣です。

来春も素晴らしい教師がみなさんを待っています。

森上's eye

教師の教育力と未来志向の学力育成が一番の魅力

スタートしたばかりの学校ですが、驚異的な教師力が「凄い」の一言。さらに、探究型の学びと、英語教育にかける情熱も内容も非常に魅力的です。学力水準もかなり高い生徒が入学しており、6年後が非常に楽しみな学校です。数年後には埼玉の開智中学のような進学校になるのではないでしょうか。

School Data　開智日本橋学園中学校

所在地　東京都中央区日本橋馬喰町2-7-6
アクセス　JR総武線・都営浅草線「浅草橋」徒歩3分、JR総武快速線「馬喰町」徒歩5分、都営新宿線「馬喰横山」徒歩7分
TEL　03-3662-2507
URL　http://www.kng.ed.jp

学校説明会

8月29日（土）10:00～ ※授業体験会あり
9月12日（土）14:00～ ※授業体験会あり
9月26日（土）10:00～
10月24日（土）10:00～　14:00～
※14:00からは授業体験会あり
11月22日（日）10:00～ ※授業体験会あり
12月 5日（土）10:00～
12月20日（日）10:00～
1月16日（土）10:00～
1月24日（日）10:00～

イブニング説明会

11月6日（金）18:00～

文化祭

10月10日（土）10:00～
10月11日（日）10:00～
※両日とも個別相談会あり

佼成学園女子中学校《こうせいがくえんじょし》

PISA型入試の先駆者

京王線「千歳烏山駅」から徒歩5分、閑静な住宅街の一角に佼成学園女子中学校（以下、佼成女子）はあります。昨年度、文部科学省からスーパーグローバルハイスクール（SGH）の指定をうけ、さらなる高みを目指して新しい学校改革に取り組んでいます。

「英語の佼成」から「グローバルの佼成」へ

ワンランク上の進学校へ

「英語の佼成」と言われるように、きめ細かな英語コミュニケーション授業、美術・音楽を英語で行うイマージョン授業（英語漬け）、また全校あげて行われる「英検まつり」やイングリッシュサマーキャンプなど、英語教育を軸に大学合格実績を毎年着実に伸ばしてきた佼成女子ですが、今春（2015年度）の大学合格実績が、過去10年のなかで最高の伸び率となりました（下記グラフ参照）。昨年度、SGHに指定されたことが高いモチベーションとなり、教員と生徒が一丸となり頑張った結果が、この進学実績に表れたようです。

今年度、中学校では現状に満足することなく、全体の学力の底上げを図るための様々な取り組みが行われています。例えば、基礎学力の徹底のため月曜日から土曜日までの毎日、自習室において卒業生チューターによる生徒に寄り添った学習指導（ピュアサポート）を行っています。また、成績上位者に対しては、長期休暇を利用し、特別講習による英語と数学の学力強化を図ります。

〈難関大学合格実績〉

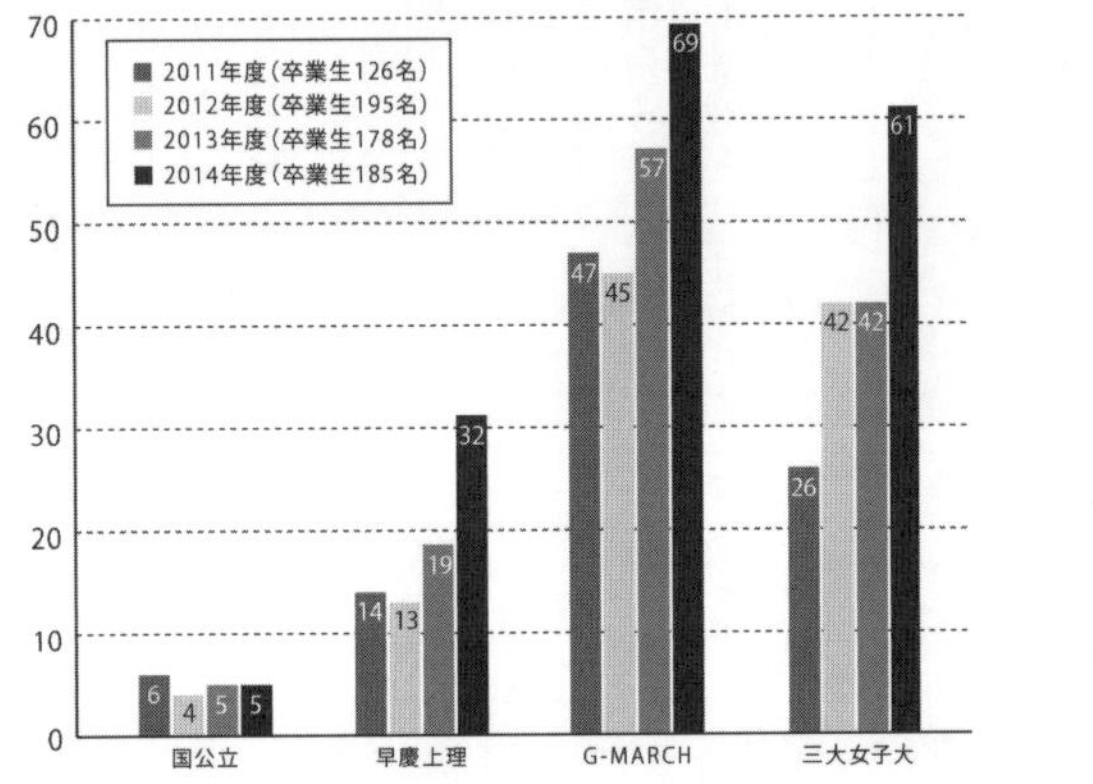

高校では、スーパーグローバルクラスと特進留学クラスを中心とした短期・長期の海外留学制度の充実、特進文理コースでは強化プロジェクトを立ち上げカリキュラムや講習の見直しを行うなど、今よりさらにワンランク上の進学校を目指して新しい取り組みが始まっています。

SGHは、「将来国際的に活躍できるグローバルリーダーの育成を図る」教育機関として文部科学省から指定されます。これは佼成女子の設立理念である「国際社会で平和に貢献する人材育成」とまさに一致しています。これまでの「英語の佼成」だけではなく、世界へ羽ばたく「グローバルの佼成」へと変革を遂げる時代が訪れています。

「PISA型入試」

全国の私学に先駆けて実施

「PISA型」と言えば「佼成女子」と言われるほど、すっかり定着した佼成女子のPISA型入試。中学入試を扱う週刊誌やテレビでも盛んに取り上げられ、話題を呼んでいます。PISA(Programme for International Student Assessment)とは、OECD加盟国を中心に進められている「学習到達度調査」のことです。この形態を基に行われる佼成女子のPISA型入試とは、簡単に言えば、公立中高一貫校で実施されている「適性検査」と同じタイプの問題で合否を決める入試のことです。つまり、「学校学習での教科の理解度や定着度」で合否を判断するのではなく、「将来、社会生活のなかで発揮できる力（思考力・判断力・表現力）をどの程度身につけているか」をみる試験なのです。

出題形式も公立一貫校とほぼ同じように適性検査Ⅰ（国語系の問題・作文）・適性検査Ⅱ（社会・理科・算数の融合問題）で行われますが、佼成女子ではこれ以外に基礎算数と基礎国語の試験を実施して、公立中高一貫校では見極めきれない子どもたちの基礎学力を見ていくところに、独自性と佼成女子ならではのキメの細かさを感じます。

2015年度PISA型入試では、125名の応募者があり、その内の122名が受験しました。40校を超える私立中学校が適性検査型入試を導入する中、100名を超す受験生を集めているのはなぜなのか。それは伝統的な英語力の強さとSGHに指定された多彩な教育プログラムに裏付けされた進学実績の伸長が大きな要素です。そして、公立中高一貫校の適性検査に十分に適応できる腕試し受験の機会として高く評価されているからです。

中学受験時の入り口の偏差値で言えば入りやすいのに、出口の大学合格実績や英検1級合格者の複数輩出などにみられるように「入ったら伸ばしてくれるお得な学校」、それが佼成学園女子中学校です。

江川教頭先生に聞く

「PISA型入試」はここがポイント

ここで、際だつ佼成女子の入試改革を先導してきた江川昭夫教頭先生に、特に「PISA型入試」について聞いてみました。

―PISA型入試の導入経緯と、今後の展望についてお聞かせください。

江川先生「国際学力調査であるPISAは、いまや学力調査のグローバルスタンダード（世界標準）となっています。すでに国際化教育では先へ進んでいた佼成女子にとって、このPISAの理念を活かした入試は〝最適〟と考えたからです。また、2020年度の大学入試改革で導入される「大学入学希望者学力評価テスト（仮称）」では、知識や技能ではなく、思考力・判断力・表現力を総合的に評価することになりました。これはまさに、PISAを意識した方向付けですから、私たちの考えの追い風になると期待しています」

―佼成女子の「PISA型入試」の内容は、都立中高一貫校の出題とよく似ていますね。

江川先生「実は、都立中高一貫校の適性検査Ⅰ、Ⅱという選抜方法は、PISAを強く意識したつくりになっていますから、本校のPISA型入試と似た内容となるのは当然なのです。ですから、受験生は、本校のこの入試問題に歩調を合わせることで、都立の中高一貫校の適性検査への対応がしやすくなります」

―従来と同じ形式の入試も実施されていますが、なぜ、いろいろな種類の入試を用意しているのですか。

江川先生「同じタイプの生徒が集まるよりも、さまざまな能力を持った生徒が学校にいた方がお互いを高めあうことができるのではないかと考えているからです。

1教科に秀でている生徒もいれば、応用力がある生徒、総合力がある生徒など、それぞれ違ったタイプの能力が集まり、相乗効果ともいうべき刺激を互いに与えあうことで、真の学力を身につけることができます。それが学校として最適の環境だと信じているからです。ですから、本校のPISA型入試では、適性検査だけではなく、〝基礎算数・基礎国語〟という試験も行い、さらに受験生の力を見定めようと努力しているのです」

江川昭夫 教頭先生

―昨年度入試から「答案分析」を配布していますね。

江川先生「はい。入試翌日2月2日の10時からお渡ししています。今年度入試では122名の受験者中、100名の方に受取りに来て頂きました。受験生からは大変好評を頂いていますので、来年度入試でも実施する予定です」

―その「答案分析」とはどんな内容なんですか。

江川先生「例えば適性検査Ⅱでは大問が3題ありますから、答案分析表では三角形のレーダーチャートで全受験者平均と自分の点数とを比較できるようになっています。また、大問ごとに100字程度のコメントも入れてますし、解答分析をお渡しする際に10分ほどの解説もさせて頂いています」

―これから佼成女子を目指そうという受験生、また同じような入試形態の公立中高一貫校を目指す受験生にメッセージをお願いします。

江川先生「PISA型入試も公立中高一貫校入試も思考力を活かした発想の転換や問題解決能力、そして自分の考えを簡潔に文章にして人にわかるように説明する表現力が必要になってきます。

佼成女子はこのPISA型入試のフロントランナーとして、さらに研究を重ねてまいります。PISA型入試や公立中高一貫校入試にご興味のある受験生は、ぜひ佼成学園女子中学校の受験もご検討ください」

森上's eye

見逃せない 難関大学合格実績の伸び

佼成女子は近隣の都立中高一貫校が旗揚げする前から「PISA型入試」を立ち上げ、そのニーズに応えてきました。その努力の結果、受験生が毎年増え続け、この入試で入学した生徒が学年のリーダー役に育っているのも見逃せません。また、難関大学合格実績の伸びには目を見張るものがあります。

School Data　佼成学園女子中学校

所在地 東京都世田谷区給田2-1-1
TEL 03-3300-2351
URL http://www.girls.kosei.ac.jp/
アクセス 京王線「千歳烏山」徒歩6分、小田急線「千歳船橋」バス15分、「成城学園前」バスにて「千歳烏山駅」まで20分

学校説明会
10月10日（土）14：00～
11月15日（日）10：00～
12月13日（日）10：00～
1月 9日（土）14：00～

乙女祭
9月19日（土）12：00～
9月20日（日） 9：30～

オープンスクール
8月29日（土）9：30～ 要予約

PISA型入試問題学習会
12月 5日（土）14：00～ 要予約

出願直前個別相談会
1月16日（土）10：00～

修徳《しゅうとく》中学校

君の熱意を必ず未来につなげます

修徳独自のプログレス学習が実を結び、今春の大学合格実績が大幅に向上しました。昨夏に大学受験専用学習棟「プログレス学習センター」が完成し、進学校として新しいスタートを切りました。

大学合格実績の向上

修徳中学校は、特進クラスと進学クラスで募集が行われ、高校入学時に生徒の進路目標に合わせて、国公立大・難関私立大などを目指す特別進学コース、難関私立大などを目指す進学コース（文理選抜クラスと文理進学クラス）に分かれます。

ここ数年で確実に定着してきた修徳独自のプログレス学習や昨夏完成したプログレス学習センターで行われる受験指導・進路指導などの効果により、平成27年度大学入試において、難関国公立大・早慶上理・GMARCHなどに31名、日東駒専などに40名が合格し、4年制大学の合格者が卒業生全体の90％になりました。

他の進学校と比べると、この実績はまだまだの数字ですが、学内・学外に公表することで、進学校となるための学校改革に対する学校側の強い意志が感じられます。

修徳のプログレス学習とは

修徳が行う「プログレス」とは、自学自習の習慣を確立させ、大学受験に必要な学習内容を学校内でしっかりと定着させるための一連の学習システムのことです。

学力向上期待者講習

たとえば、月曜日から土曜日の毎朝8時20分から、英・国・数のいずれか1科目の確認小テストを週3科目ずつ行う朝プログレスがあります。

この小テストでもう少し学習が必要だと思われる生徒には、学力向上期待者補習を行い、再テストに合格するまでプログレス担当教員が個別に丁寧に指導します。

そして、放課後プログレスでは、昨夏完成したプログレス学習センターで、毎日必ず自習することを徹底しています。専属のチューターやサポーターに納得できるまで質問できるため、多くの生徒が利用しています。

さらに土曜アウトプットとして、1週間の学習をまとめた5教科のプリントを配布し、自宅での復習を通して基礎学力の定着と応用力の向上につなげています。

その他には、新入生向けスタートプログレス、サマー・ウインター・スプリングプログレスなど、年間を通して学力を向上するための様々な取り組みが、プログレスとして計画的に行われています。

プログレス学習センター

プログレス学習センターは、大学進学希望者のための独立した学習環境と学習システムを備えた施設です。職員やチューター・サポーターが常駐しており、生徒は夜8時まで各教科の担当者に質問や学習・進学相談をすることができます。また、全生徒に個人ＩＤカードを発行し、入・退出時間や勉強時間の管理を行うことで、生徒一人ひとりの学習状況を把握し、個別指導に活用しています。

各階の概要ですが、1階（自立学習ゾーン）には、プログレスホールと呼ばれる落ち着いた雰囲気の個別ブースがあり、集中して自学自習に取り組むことが出来ます。このホールは大変人気が高く、放課後は、ほぼ毎日すぐに満席になります。また、ＰＣルームが完備されており、生徒一人ひとりの学習進度に合わせた演習としての単元別大学受験映像講座（ＶＯＤ）や進路に関する情報収集などに利用することができます。

2階（ハイレベル講習・演習ゾーン）では、教員による進路相談や進学アドバイスが行われ、特進・文理選抜の生徒を対象とした少人数のハイレベル講習・演習を行います。教室の壁面が、ブルー、イエロー、グリーンと分かれており、学年や学習進度によって使い分けられています。中学生のプログレス学習は、主にブルー教室（プログレスブルー）を利用しています。

3階（個別学習ゾーン）は、外部講師やチューターを配置した大学受験専用階です。運営サポーターにより授業と連動した個別学習カリキュラムの作成・管理を行い、生徒一人ひとりの学習指導を綿密に計画的に行います。また、希望選択制（有料）ですが生徒と先生1対1の完全対面

プログレス学習センター

プログレスホール

全員参加の英検まつり

修徳では、年3回行われる英検を学校内で受験できるため、「英検まつり」と称してさまざまな取り組みを学校全体で行っています。

毎回開講される「必勝英検対策講座」では、学年の枠を超えてチャレンジ級別に講座が開講されており、頑張って先輩に追いつこうとする下級生と追い越されまいと頑張る上級生たちが一つの教室で切磋琢磨しながら合格を目指します。

もう一つのユニークな取り組みが、夏・冬・春の休業前に学内で行われる「3日間英語漬け講座」です。生徒は、海外生活と同様に3日間英語漬けの生活を送ることで英語に対する学習意欲を高め、その後の長期休暇を利用してさらに学習を重ねて、自分の力で合格を目指します。

また、英検までの期間、校内の廊下や階段の踊り場に英検に役立つミニ知識をチェックする『関所』を設けており、生徒たちは立ち止まって暗誦したり、解説を読んでフレーズを理解したりと、楽しみながら利用しています。他には、英語教員（英検マスター）が作成した個性豊かな「英検まつりポスター」を校内や自宅の部屋などに掲示したり、受験後には各級合格者の表彰があったりと、「英検まつり」を通じて英語を学ぶことの楽しさを体験し、その後の勉強に対するモチベーションを高めます。

『ネイチャープログラム』

修徳のもう一つの魅力が「ネイチャープログラム」です。

このプログラムは、自然に触れることを通じて、科学・経済・歴史・環境などを総合的・横断的に学習するもので、授業・学校行事・クラブ活動など、様々な機会で取り入れられています。

また、小学生対象に行われる、体験型理科実験の「ネイチャープログラム体験」は、毎年、定員を上回る申込みがあり、「オオクワガタの飼育体験」、「鉄道模型入門」、「化石発掘体験」などが大変人気を集めています。家族みんなで楽しく参加できる体験型イベントですので、一度体験に訪れてみてはいかがですか。

ネイチャープログラム体験

森上's eye

プログレス学習センターで新しい型の進学校を目指す

ここ数年で確実に定着した修徳独自のきめ細かなプログレス学習を軸に、「文武一体」の新しい進学校として生まれ変わろうとしています。

大学受験専用のプログレス学習センターで行われる各種講座・講習が充実しており、今後の大学合格実績の伸びに期待がもたれます。

School Data　修徳中学校

所在地　東京都葛飾区青戸8-10-1
TEL　03-3601-0116
URL　http://www.shutoku.ac.jp/
アクセス　地下鉄千代田線・JR常磐線「亀有」徒歩12分、京成線「青砥」徒歩17分

学校説明会（予約不要）
10月17日（土）14：00～
11月 7日（土）14：00～
12月12日（土）14：00～
12月19日（土）14：00～
1月 9日（土）14：00～
※各回とも入試個別相談コーナーあり

ネイチャープログラム体験（予約制）
8月22日（土）①オオクワガタの飼育体験
②封入標本を作ろう
③鉄道模型入門
9月12日（土）①火起こし体験
②オオクワガタの飼育体験
③鉄道模型入門
10月3日（土）①化石発掘体験
②電気を作ろう！
③鉄道模型入門
各回とも14：00～16：10
(8/22のみ10：00～12：10)
※①～③のいずれか一つを選択して体験できます。

共立《きょうりつ》女子《じょし》第二《だいに》中学校

多様な生徒を温かく迎える抜群の教育環境

共立女子第二では学校活性化のために様々なタイプの受験生を求めており、早くから適性検査型入試を実施してきました。多様な価値観を持つ生徒たちが伸び伸びと成長していける、絶好の環境がここにはあります。

豊かな自然と充実した施設

共立女子第二中学校高等学校（以下、共立女子第二）は、誠実・勤勉・友愛という校訓の下、高い知性・教養と技能を備え、品位高く人間性豊かな女性の育成に取り組んでいます。豊かな自然に恵まれたキャンパスは桜やバラなどの花で色鮮やかに演出され、伸び伸びとした教育が展開されています。広大な校地には、総合グラウンド、9面テニスコート、ゴルフ練習場、大講堂などの充実した施設が設けられており、多くのクラブがその施設で活発に活動しています。

キャンパスは八王子市の郊外に立地していますが、無料のスクールバスが運行されています。路線バスとは異なり、すべて学校のスケジュールに沿ったダイヤが組まれているのでたいへん便利です。災害などの緊急時にもすぐに対応できるメリットもあります。

生徒一人ひとりに合った教育を実践

現在、大規模な教育制度改革が進んでおり、中学3年、高校1年にAPクラス（Advanced Placement Class）が導入され、難関大学進学を視野に入れて、深化・発展した授業が行われています。高校2・3年でも、進学志望を念頭においた6つのコース（高校2年は5つ）が設置され、生徒一人ひとりに合ったきめ細やかな指導を実現させています。大学受験力の強化を目的としていますが、自由度が高く、芸術系などの受験にも対応しています。

また中高一貫教育の先取り学習を中心とした新しいカリキュラムが設けられています。中学1・2年で学習の基礎を徹底し、主要5教科については中学3年の1学期で中学課程を修得します。ただし、中学3年の夏休みを「中学課程全体の振り返り・確認期間」にあてて、中学3年の2学期から高校の教育課程に入る前に、中学の内容を未消化のまま進めないようにしっかりとしたフォローを施しています。

伸びる外部大学合格実績

学校で6年間を通して行われる進路指導は、「針路プログラム」と呼ばれています。中学1年次から段階を踏み、長期的な展望の下、将来への意識を高めています。教科とも連携しながら、それぞれの学年で必要な指導を行い、総合的なキャリア教育を実践しています。

APクラスが導入されて最初の卒業生を出すこととなった今年の大学入試では、主要大学への合格者数が著しく伸びました。とくに国公立・早慶上理、およびMARCHといった大学の伸びが顕著です。生徒の頑張りはもちろんですが、教育制度の改革が形となって表れてきたことを感じます。また共立女子第二の現役進学率ですが、こちらもたいへん高く、毎年95％となっています。

■主な外部大学合格実績（現役生のみ）の推移

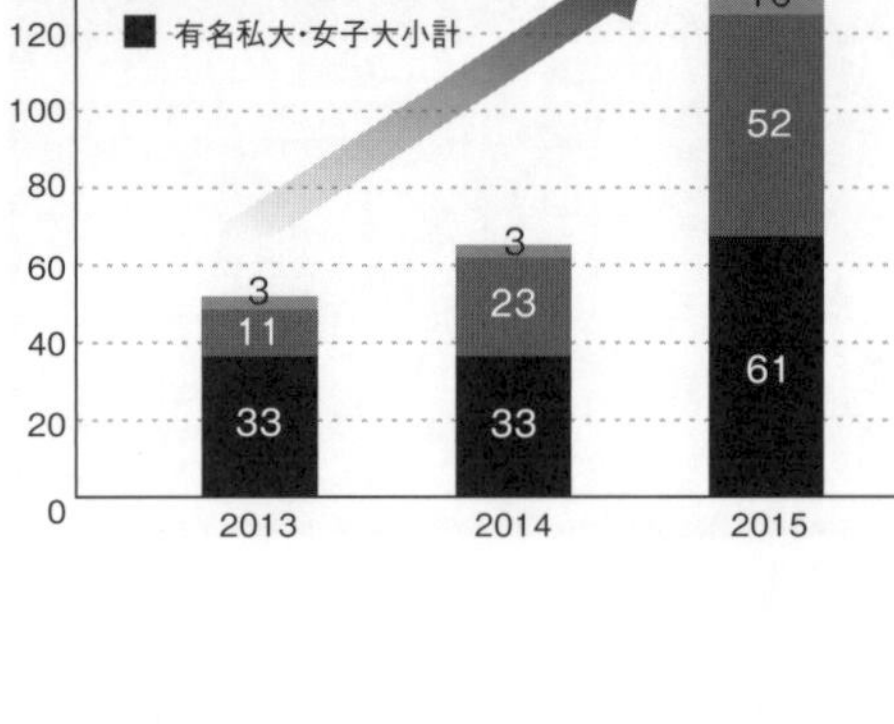

適性検査型入試

共立女子第二では様々な個性を持つ子どもたちの受験を期待し、公立中高一貫校との併願を可能とする適性検査型入試を早くから導入、特に八王子多摩地区の多くの受験生を集めています。また、入試の合計点得点率（適性検査Ⅰ・Ⅱの合計点）により奨学生を選考し、入学金・授業料などを免除する給付奨学金制度も導入しています。

例年、入学した生徒に対しアンケートを実施していますが、適性検査型入試に合格して入学した生徒の、特徴的な3人のコメントをご紹介します。

A子さん「公立中高一貫校との併願でした。公立校の方は残念でしたが、とても広々としていて伸び伸びできるし施設もすごいのでこの学校も気に入っています」

――併願の受験生の中にも、学校を気に入っていただき、実際に入学となった生徒がたくさんいます。公立校にはない価値が間違いなくありますので、その点を合わせて考えていただければと思います。

B子さん「私の場合は受験を考え始めた時期がかなり遅かったので、一般の受験は困難でした。適性検査なら受験できると思い、そういった形の受験ができる私立も含めて受験校を決めました」

――このような受験生の話もよく聞きます。受験勉強の期間は短かったかもしれませんが、まだ伸び代がたくさんあるとも考えられますし、本校では入学を歓迎します。

C子さん「本当は公立がダメなら諦めようと思っていたのですが、まさかの奨学生に選んでいただき、授業料などの免除があったため入学を決めました」

――本校では、適性検査型の入試においても給付奨学金制度を導入しており、入試の合計得点率により奨学生を選抜しています。最高で入学金、授業料、施設設備費が3年間免除となります。ぜひチャレンジしてください！

共立女子第二中学校では入試制度を工夫し、様々な受験生が受けやすい環境を整えています。どうぞご検討ください。

森上's eye

毎日、明るく元気な声が聞こえる伸び伸びとした女子校

女子教育において教育環境が果たす役割は非常に大きいものです。共立女子第二には、緑豊かな自然、整備された新校舎とその付属施設、そして併設大学の推薦合格を得て外部大学を受験可能な安心の進学システムと、その最高の教育環境が整っています。一度、八王子キャンパスに足を運んでみてはいかがでしょうか。

School Data **共立女子第二中学校**

所在地 東京都八王子市元八王子町1-710
TEL 042-661-9952
URL http://www.kyoritsu-wu.ac.jp/nichukou/
アクセス JR線・京王線「高尾」スクールバス10分、JR線「八王子」スクールバス20分

学校説明会
9月28日（月）18：00～ナイト説明会
10月10日（土）14：00～
10月30日（金）18：00～ナイト説明会
11月 7日（土）14：00～
12月 5日（土）14：00～
1月16日（土）11：00～
※それぞれの回で内容は異なります。
詳しくは公式サイトでご確認ください。

オープンキャンパス（要予約）
8月29日（土） 9：30～

適性検査型入試の学校説明会
12月19日（土）14：00～
※適性検査型入試に特化した説明を行います。

入試体験（要予約）
12月20日（日） 9：30～

2016年度 首都圏公立中高一貫校 入試日程一覧

東京

（網掛け）の部分は未発表（7/10現在）のため昨年度の内容になります。

校名	募集区分	募集人員	願書受付		検査日	発表日	手続期限	検査等の方法
			開始日	終了日				
都立桜修館中等教育学校	一般	男女各80	1/12	1/18	2/3	2/9	2/10	適性検査Ⅰ・Ⅱ
都立大泉高等学校附属中学校	一般	男女各60	1/12	1/18	2/3	2/9	2/10	適性検査Ⅰ・Ⅱ・Ⅲ
千代田区立九段中等教育学校	区分A	男女各40	1/21	1/22	2/3	2/6	2/9	適性検査1・2・3
	区分B	男女各40	1/21	1/22	2/3	2/6	2/9	適性検査1・2・3
都立小石川中等教育学校	特別	男女各80（含特別5以内）	1/12	1/18	2/1	2/2	2/2	作文・面接
	一般		1/12	1/18	2/3	2/9	2/10	適性検査Ⅰ・Ⅱ・Ⅲ
都立立川国際中等教育学校	海外帰国・在京外国人	30	1/11	1/12	1/25	2/1	2/1	面接・作文
	一般	男女各65	1/12	1/18	2/3	2/9	2/10	適性検査Ⅰ・Ⅱ
都立白鷗高等学校附属中学校	特別	男女各80（内特別区分A10程度・特別区分B6程度）	1/12	1/18	2/1	2/2	2/2	面接（区分Bは実技検査あり）
	一般		1/12	1/18	2/3	2/9	2/10	適性検査Ⅰ・Ⅱ
都立富士高等学校附属中学校	一般	男女各60	1/12	1/18	2/3	2/9	2/10	適性検査Ⅰ・Ⅱ・Ⅲ
都立三鷹中等教育学校	一般	男女各80	1/12	1/18	2/3	2/9	2/10	適性検査Ⅰ・Ⅱ
都立南多摩中等教育学校	一般	男女各80	1/12	1/18	2/3	2/9	2/10	適性検査Ⅰ・Ⅱ
都立武蔵高等学校附属中学校	一般	男女各60	1/12	1/18	2/3	2/9	2/10	適性検査Ⅰ・Ⅱ・Ⅲ
都立両国高等学校附属中学校	一般	男女各60	1/12	1/18	2/3	2/9	2/10	適性検査Ⅰ・Ⅱ・Ⅲ

神奈川

※募集区分はすべて一般枠

校名	募集人員	願書受付		検査日	発表日	手続期限	検査等の方法
		開始日	終了日				
県立相模原中等教育学校	男女各80	1/6	1/8	2/3	2/10	2/11	適性検査Ⅰ・Ⅱおよびグループ活動による検査
県立平塚中等教育学校	男女各80	1/6	1/8	2/3	2/10	2/11	適性検査Ⅰ・Ⅱおよびグループ活動による検査
横浜市立南高等学校附属中学校	男女おおむね各80	1/6	1/8	2/3	2/10	2/11	適性検査Ⅰ・Ⅱ・Ⅲ
川崎市立川崎高等学校附属中学校	120	1/6	1/8	2/3	2/10	2/11	適性検査Ⅰ・Ⅱ・面接

千葉

※募集区分はすべて一般枠

校名	募集人員	願書受付		検査日	発表日	手続期限	検査等の方法
		開始日	終了日				
千葉市立稲毛高等学校附属中学校	男女各40	12/14	12/15	1/30	2/5	2/8	適性検査Ⅰ・Ⅱ・面接
県立東葛飾中学校	男女各40	願書等 11/16 報告書・志願理由書等 1/15	願書等 11/19 報告書・志願理由書等 1/18	一次検査 12/5 二次検査 1/30	一次検査 12/21 二次検査 2/5	2/8	一次 適性検査 二次 適性検査・面接
県立千葉中学校	男女各40	願書等 11/16 報告書・志願理由書等 1/15	願書等 11/19 報告書・志願理由書等 1/18	一次検査 12/5 二次検査 1/30	一次検査 12/21 二次検査 2/5	2/8	一次 適性検査 二次 適性検査・面接

埼玉

※募集区分はすべて一般枠

校名	募集人員	願書受付		検査日	発表日	手続期限	検査等の方法
		開始日	終了日				
県立伊奈学園中学校	80	12/24	12/25	第一次選考 1/10 第二次選考 1/23	第一次選考 1/19 第二次選考 1/28	2/3	第一次選考 作文Ⅰ・Ⅱ 第二次選考 面接
さいたま市立浦和中学校	男女各40	12/25	12/26	第1次選抜 1/10 第2次選抜 1/16	第1次選抜 1/14 第2次選抜 1/20	2/3 （予定）	第1次 適性検査Ⅰ・Ⅱ 第2次 適性検査Ⅲ・面接

都立中高一貫校の適性検査問題の変更点

この春から都立中高一貫校の適性検査問題の出題方式が変更されました。以下に変更点を述べますので、よく確認しておきましょう。

共同作成問題と独自問題の組み合わせ

都立中高一貫校（全10校）の適性検査（一般枠募集）は、2015年度（平成27年度）入試から出題方式が大きく変更されました。従来の入試では各校ごとに作成した独自問題を使用していましたが、2015年度からは、各校から選ばれた教員で構成される共同作成委員が手がける「共同作成問題」と、各校が個別に作成する「各校独自問題」を組み合わせて出題しています。

適性検査は、適性検査Ⅰ・Ⅱ・Ⅲの3種類に分けられます。

適性検査Ⅰは「与えられた文章をもとに、的確でまとまりのある文章を書く力をみる」もので、適性検査Ⅱは「与えられた資料を基に、課題を発見し解決する力をみる」ものです。この2種類は全校でかならず実施し、適性検査Ⅰは1問、適性検査Ⅱは3問の計4問の構成となります。そして、このうち1～2問を各校独自問題に差し替えます。

一方で、適性検査Ⅲの実施の有無は各校の裁量にゆだねられています。実施する場合は独自問題を使用するため、そのぶん、適性検査Ⅰ・Ⅱ出題時に行う独自問題への差し替えを1問以内にしなければなりません（Ⅰ・Ⅱでの差し替えはなしでも可）。

2015年度入試で適性検査Ⅲを実施したのは、小石川中等教育、武蔵高校附属、大泉高校附属、富士高校附属、両国高校附属の計5校です。

適性検査Ⅰ・Ⅱのなかでどれを独自問題に差し替えるのか、そして、適性検査Ⅲを実施するのか否か、という判断に各校の個性が反映されています。

適性検査Ⅲを実施する学校がさらに増えるのか、など来年度入試の詳細は9月ごろ、各校のホームページで発表される予定です。

制度変更によって得られたものは大きい

このように適性検査問題の出題システムが変更されたことで、以下のようなメリットが生まれています。

・各校から選ばれた教員が問題を共同作成することで、質の高い問題を出題できるようになった。

・共同作成委員会に所属する教員が、そこで得た情報やノウハウを自校に持ち帰り、他の教員とも共有することで、各校の適性検査問題作成能力や結果分析能力が向上した。

・共同作成問題を導入したことで問題作成が効率化されたため、そのほかの教育活動に充当できる時間が増えた。

出題システムの変更から2度目の入試。今後の都立中高一貫校の動向にも注目が集まります。

※千代田区立九段中等教育は、これまでどおり独自問題で実施しています。

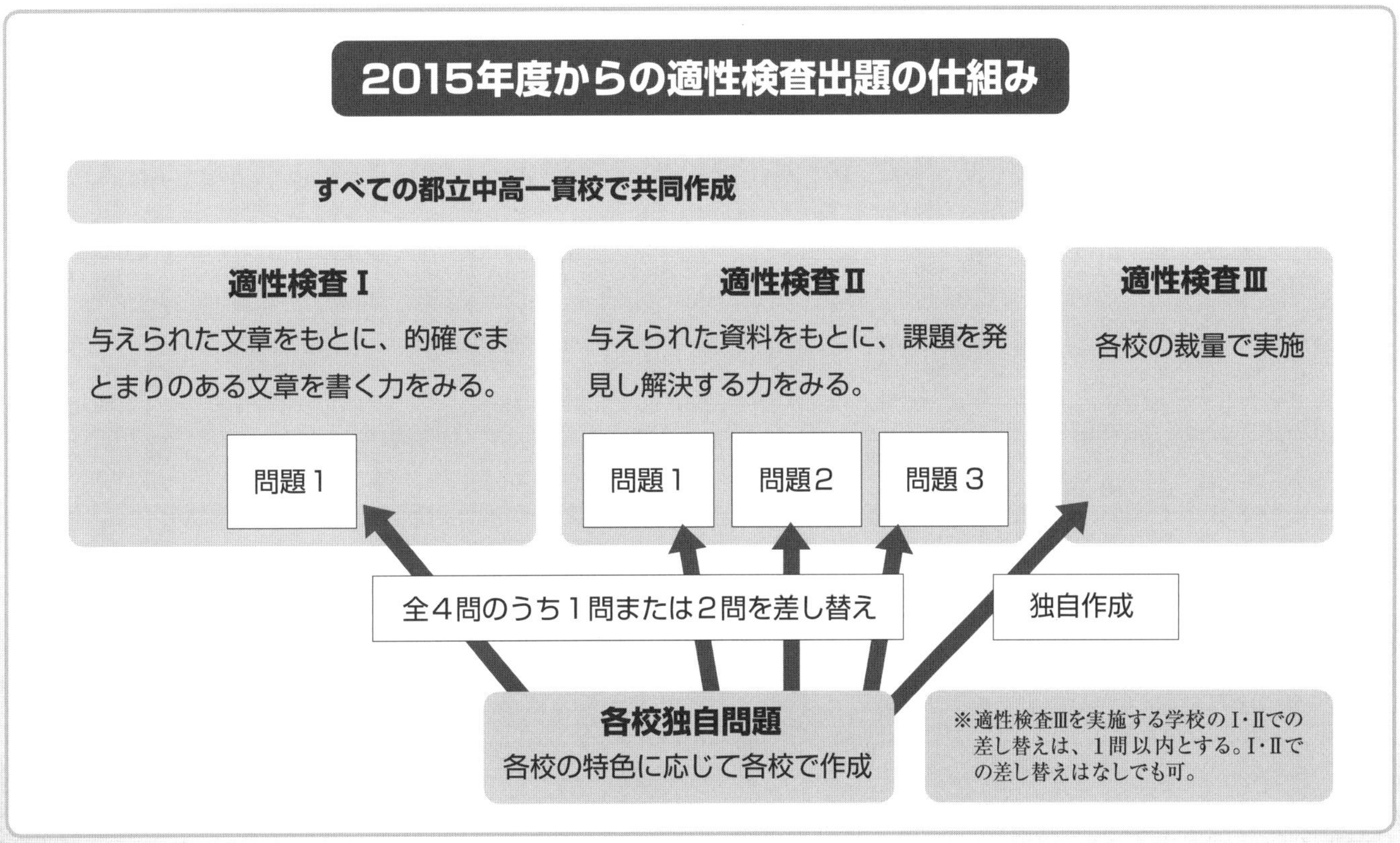
2015年度からの適性検査出題の仕組み
すべての都立中高一貫校で共同作成
適性検査Ⅰ
与えられた文章をもとに、的確でまとまりのある文章を書く力をみる。
問題1
適性検査Ⅱ
与えられた資料をもとに、課題を発見し解決する力をみる。
問題1
問題2
問題3
適性検査Ⅲ
各校の裁量で実施
全4問のうち1問または2問を差し替え
独自作成
各校独自問題
各校の特色に応じて各校で作成
※適性検査Ⅲを実施する学校のⅠ・Ⅱでの差し替えは、1問以内とする。Ⅰ・Ⅱでの差し替えはなしでも可。

※各校の独自問題差し替えについての正式発表は9月ごろを予定しているため、32ページからの都立中高一貫校の学校プロフィール（入学情報欄）では、前年度の実施要網を掲載しています。

過去問演習と模擬試験で対策する

公立中高一貫校の「適性検査」

協力：公立中高一貫校対策センター

公立中高一貫校の入学者選抜では、私立中学校を中心とした一般的な入試問題とは異なる「適性検査」が実施されます。どんな点が違い、どんな対策が必要なのでしょうか。

着実に結果を出している公立中高一貫校

２０１５年（平成27年）春、神奈川県立相模原・平塚両中等教育学校の１期生が大学入試に挑みました。

その結果は、相模原中等教育が卒業生１５２名に対し、東大５名、京大３名、一橋大４名、東工大７名、早大43名、慶大20名の合格。平塚中等教育が卒業生１４７名に対し、東大１名、一橋大１名、東工大２名、早大26名、慶大９名の合格、と期待にたがわぬ好成績でした。これは、２０１１年（平成23年）に東京都立白鷗高附属の１期生（約１６０名）が出した東大５名、一橋大２名、東工大３名、早大37名、慶大15名合格と同等の結果だったと言えます。

そしてなんと言っても、２０１５年度の大学入試結果のなかで取り上げなければならないのが、東京都立小石川中等教育学校ではないでしょうか。卒業生１５７名に対して、９名が東大、その他の大学も、京大１名、一橋大２名、東工大２名、早大56名、慶大32名と合格者を出しています。小石川中等教育は、２０１２年度（平成24年度）が１期生でした。そのときは、東大４名、京大１名、一橋大２名、早大41名、慶大12名でしたから、結果が伸びてきていることがわかります。

一般の入試問題とは異なる「適性検査」

公立中高一貫校は現在、首都圏に19校（東京都11校・神奈川県４校、千葉県２校、埼玉県２校）開校しています。また２０１６年度（平成28年度）には、20校目となる千葉県の県立東葛飾高等学校に併設型中高一貫校が開校予定です。

公立中高一貫校は、公立小学校卒業後のそれまでの進路に「新しい進路が加わる」として保護者に高い関心を呼び、各校の開校時の入学者選抜は高倍率で実施されてきました。その関心は一過性のものとの声も一部にはありましたが、首都圏を中心としてその後も入学者選抜の倍率の高さは変わらず、いまやその人気は全国的なものになった、と言えます。

しかし、公立中高一貫校に入学するには、まず高倍率の入学者選抜をクリアしなければなりません。入学者選抜は、地域や学校によって多少選抜方法は異なりますが、小学校で作成された調査書・面接・筆記試験（作文・適性検査）・抽選などから合格者を決定します。

その入学者選抜において最も影響力のある、つまり最も大きなウェイトを占めるのが筆記試験で、その筆記試験は「適性検査」と呼ばれているものですが、どのような問題によるどのような検査なのでしょうか。

適性検査問題は、私立中学校を中心とした中学入試の主流である教科（国・算・社・理）ごとの学力（知識や解法技術等を問う）問題の傾向とはかなりの違いが見られます。その違いとは、与えられた問題（ひとつのテーマで作成された題材）を自ら読み、理解し、分析し、考え、そして、指示された解答方法（選択・作図や文章などで表現）にしたがって答える、総合的な学力や問題を解決する力を見ようとする点です。

ですから、出題形式は、教科の枠にとらわれない「教科総合型（教科横断型）」の独特なスタイルになっています。大問ひとつごとに、あるひとつのテーマについて、図や資料・表・グラフなどを読み取る問題、放送（問題）を聴き取る問題、なぜそうなるのか社会的・理科的に考える問題、考えた結果を表現する作図・記述（作文）問題などが混在している形です。

また、時事（その時々の社会的な問題）に関する用語の知識や理解も必要です。新聞やテレビ、読書などでニュースに接し、その問題点を理解し、自分なりの考えを持つことが大切です。毎日の生活の中で、自分を取り巻く社会（世界）に目を向けているかが問われているのです。

作文では、課題や条件にしたがって４００～８００字程度の字数で、短時間に書かなければなりません。ですから、文章の起承転結が明確で解りやすい文、つまり構成力が必要です。

また、作文は課題文が準備されることが多いので、読解力や、正確な語句の知識（漢字・慣用句・ことわざ・熟語等）、作文の書き方（原稿用紙の使い方）などの基本的な書く力も必要になります。

じつは、このような適性検査問題の考え方及び形式は、文部科学省から発表された大学入試制度改革の〝入試〟に対する基本的な考え方と合致しているのです。大学入試は、これまでのような生徒の受動的学習により獲得された「知」を見る入試ではなく、主体的な能動的学習により獲得された「活用可能な知」を見る入試に変わります。

つまり、公立中高一貫校をめざして学習することは、大学受験につながる学力を小学生のうちに養っている、と言えるのです。

さて、実際の公立中高一貫校の受検勉強にあたっては、こうした学力の獲得だけでなく、過去に出題された問題（過去問）を解いてみることを忘れてはなりません。とくに各公立中高一貫校出題の適性問題には、それぞれに独特な傾向があり、その傾向に合わせた対策と準備が欠かせないからです。

都立中高一貫校では、２０１５年度より共通検査問題が出題されましたが、各校でそれぞれの特色を出している自校作成の問題も出題されているので、過去問を解いていたほうがよいでしょう。

模擬試験を受けてみよう

そしてもうひとつ、模擬試験を受験することも忘れてはなりません。模擬試験では、過去に出題された適性検査問題を徹底的に分析し、受検生に求められる力（学力だけでなく）を現時点で判定する問題を、複数回に分けて重複しないように出題しています。

また、年々の時事問題も出題しています。

つまり、過去問では解けない問題が、出題されるのです。ですから、模擬試験に出題された問題（内容）が、適性検査本番で出題されたことも少なくありません。

また、模擬試験の受験結果から、学力判定や合格予想だけでなく、各校の志望者動向・これからの学習に向けてのアドバイスなどが提供されます。模擬試験受験の必要性はここにもあるのです。

それでは次に、「公立中高一貫校対策センター」が２０１４年に出題した『首都圏一貫模試』の問題と、実際に実施された各公立中高一貫校の適性検査問題を比較し、その関連性について見ていきましょう。

志望校への合格を夢見る受検生のみなさんへの〝これからの学習のヒント〟＝「合格へのヒント」がきっと見つかるはずです。

3　次の文を読んで、あとの問いに答えなさい。

Aさんと Bさんは、羽田空港を午前9時30分に出発し、大阪《おおさか》の伊丹《いたみ》空港に午前10時35分に到着《とうちゃく》するJAL（日本航空）111便の飛行機に乗ります。

Aさんは家から横浜駅西口広場前まで15分、横浜駅西口広場前からYCAT（横浜シティエアターミナル高速バス乗り場）まで10分かかり、YCATから高速バスに乗り、羽田空港国内線第1旅客ターミナルまで行きます。

Bさんは家から横浜駅西口広場前まで10分、横浜駅西口広場前から横浜駅京浜《けいひん》急行電鉄（電車）乗り場まで5分かかり、横浜駅から京浜急行電鉄に乗り、羽田空港国内線ターミナル駅まで行きます。

時刻表《じこくひょう》1はYCATのバスの時刻表の一部で、たとえば、「800」「824」は、YCATを午前8時に出発した高速バスが、午前8時24分に羽田空港国内線第1旅客ターミナルに到着するという意味です。**時刻表2**は京浜急行電鉄の電車の時刻表の一部で、たとえば、「快特800」「空欄《くうらん》」「特急823」「835」は、横浜駅を快特（快速特急）が午前8時に出発し、神奈川《かながわ》新町駅は停車せずに、蒲田《かまた》駅で降《お》りて特急（特別急行）に乗り換《か》えて午前8時23分に出発し、羽田空港国内線ターミナル駅に午前8時35分に到着するという意味です。

ただし、次の条件にしたがって乗り物に乗車するものとします。

＊　その時刻で、最も早く羽田空港に到着するものに乗ります。
＊　乗り場に着いた時刻に、ちょうど発車する乗り物があるときには、その乗り物には乗車できるものとします。
＊　飛行機は、出発時刻の30分前までには空港で搭乗《とうじょう》手続き（乗るための手続き）を済《す》ませないといけません。

時刻表1　YCATのバスの時刻表

YCAT発	800	805	810	815	820	825	830	836
羽田空港着	824	829	834	839	844	849	854	900

時刻表2　京浜急行電鉄の電車の時刻表

横浜発	快特	800	普通《ふつう》	802	特急	804	特急	807	普通	809
神奈川新町発			特急	810					特急	817
蒲田発	特急	823					急行	834		
羽田空港着		835		835		835		845		848

横浜発	快特	812	特急	814	普通	816	特急	819	普通	821
神奈川新町発					特急	822			特急	833
蒲田発	急行	834			特急	836	特急	836		
羽田空港着		845		848		848		848		900

横浜発	快特	823	普通	826	特急	828	特急	831
神奈川新町発			特急	833				
蒲田発	急行	846					特急	849
羽田空港着		858		900		900		900

問題1　Aさんが午前7時55分に家を出発すると、羽田空港に到着するのは午前何時何分ですか。

問題2　Bさんが午前7時53分に家を出発すると、羽田空港に到着するのは午前何時何分ですか。

問題3　Bさんが電車の乗車時間が最も短く、待ち時間の短い乗り方は、家を午前何時何分に出発したときですか。また、そのときの乗り方を次の【例】のように表しなさい。ただし、待ち時間とは、乗り物（バス、電車、飛行機）が出発するまでに待っている時間のことです。

【例】家を午前6時55分出発、横浜駅西口広場前を午前7時5分出発、横浜駅を快速特急で午前7時10分に出発、蒲田駅を午前7時30分に急行で出発、羽田空港国内線ターミナル駅に午前7時41分に到着することを『家655→横浜駅西口前705→横浜快特710→蒲田急行730→羽田空港741』と表します。

横浜市立南高等学校附属中学校　適性検査Ⅲ 大問1

1　みなみさんは、調べ学習でさくら城《じょう》へ行きます。みなみさんがさくら城へ行くために集めた【資料1】～【資料5】を見て、あとの問題に答えなさい。

ただし、電車やバスは時刻《じこく》表どおりに運行するものとし、乗りかえの時間や待ち時間は考えないこととします。

【資料1】各駅の位置関係

・青駅は赤駅より東にある。
・黒駅は白駅と茶駅の間にある。
・白駅は青駅と黒駅の間にある。

【資料2】各場所間の所要時間

徒歩	・みなみさんの家から家の近くのバス停まで…2分 ・みなみさんの家から赤駅まで…20分 ・黒駅からさくら城まで…40分
バス	・みなみさんの家の近くのバス停から白駅まで…40分 ・白駅からさくら城まで…35分
電車	・赤駅から白駅まで…15分 ・白駅から黒駅まで…5分

【資料3】バスの時刻表

みなみさんの家の近くのバス停の時刻表（白駅方面）

8時	00	09	20	31	43	56
9時	07	19	30	43	59	
10時	04	31	47			
11時	03	19	35	51		

白駅の時刻表（さくら城方面）

8時	05	11	17	23	29	35	47	55
9時	15	32	48					
10時	04	20	41	46	52			
11時	07	21	39	53				

【資料4】電車の時刻表

赤駅の時刻表（茶駅方面）

8時	05	11	19	28	38	48	58
9時	05	11	19	28	38	48	58
10時	05	11	16	23	31	42	53
11時	05	11	16	23	31	42	53

白駅の時刻表（茶駅方面）

8時	13	20	26	34	43	53	
9時	13	20	26	34	43	53	
10時	13	20	26	31	38	46	57
11時	08	20	26	31	38	46	57

【資料5】各交通機関の料金

○バス：一回の乗車ごとに…220円
○電車：一駅進むごとに…150円
　（例）乗車駅から二つ目の駅で降車《こうしゃ》…300円、
　　　乗車駅から三つ目の駅で降車…450円

問題2　みなみさんは【資料1】～【資料5】を使って、さくら城に行く計画を立てています。次の問題に答えなさい。

（1）みなみさんが家を午前8時ちょうどに出発し、最も早く着く方法でさくら城に行くと、何時何分に着くか、時刻を答えなさい。

POINT 時刻表を使った「場合の数」の問題です。模擬試験問題も適性検査問題も、ともに問題に書かれているいくつかの条件を整理しながら、到着時刻を導き出す問題になっています。

東京都立中高一貫校共通問題 適性検査Ⅱ 大問2 問題1

図2　世代別人口の変化

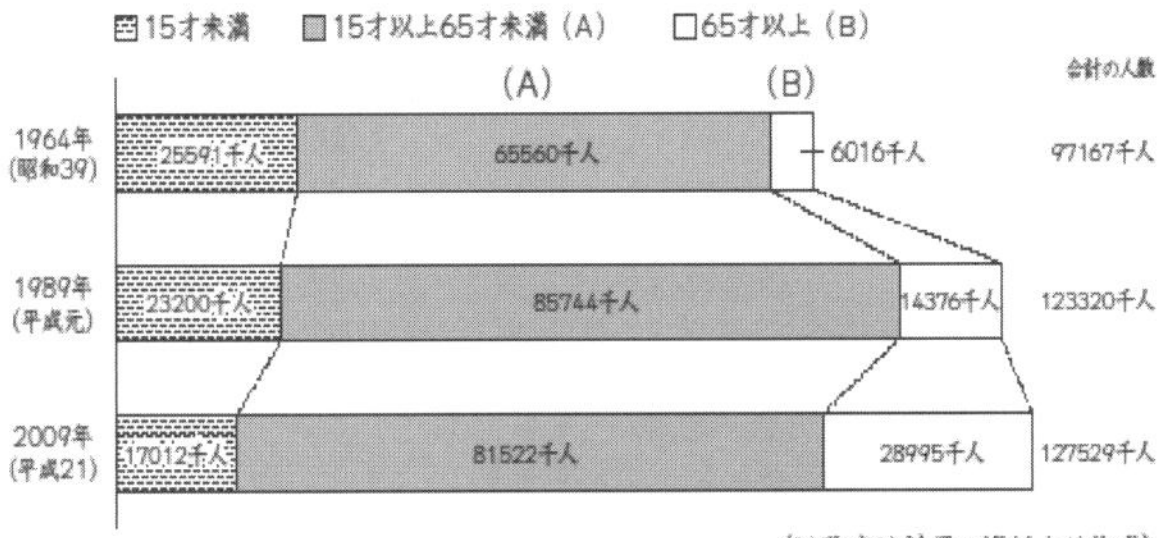

（総務省統計局の資料より作成）

（問題1）１９６４（昭和39）年、１９８９（平成元）年、２００９（平成21）年を比べたとき、日本の総人口の変化（**図1**）に対して世代別人口の割合《わりあい》がどのように変化したか、**図2**の１５才以上６５才未満（A）か６５才以上（B）のどちらかを選び、数値《すうち》を挙げてその特ちょうを説明しなさい。割合は、小数第三位を四捨五入《ししゃごにゅう》して小数第二位まで求め、百分率で表しなさい。

2014年第1回首都圏一貫模試 適性検査Ⅱ 大問1

問題2　［　②　］には、日本の人口減少の様子が入ります。資料3は日本における2010年～2060年までの年齢区分別の将来《しょうらい》人口推計を表したグラフです。2010年における日本の人口は、50年後の2060年には2010年の何％まで減少しますか。資料3を参考にして、小数第一位を四捨五入《ししゃごにゅう》して整数で答えなさい。

資料3　年齢区分別将来人口推計

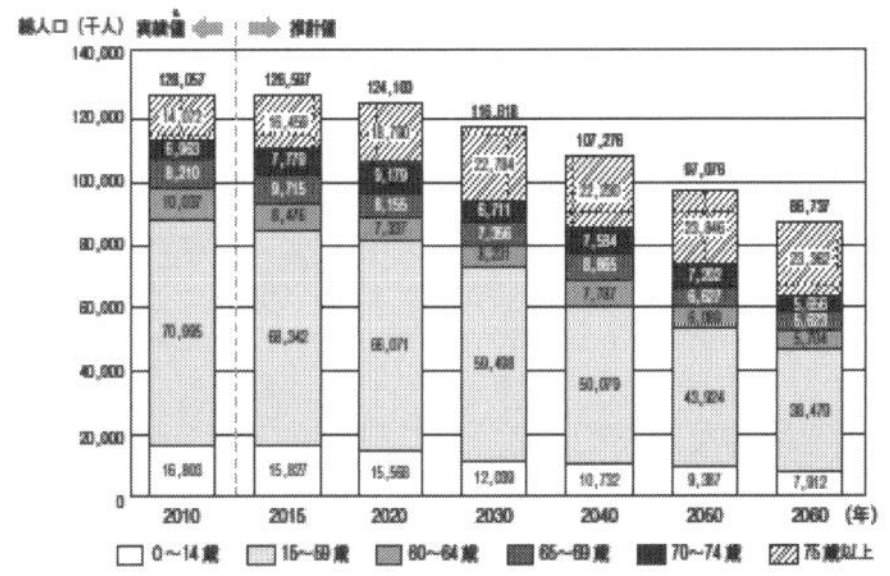

資料：2010年は総務省「国勢調査」、2015年以降は国立社会保障・人口問題研究所「日本の将来推計人口（平成24年1月推計）」の出生中位・死亡中位仮定による推計結果
（注）2010年の総数は年齢不詳を含む

（内閣府《ないかく》　平成25年版高齢《こうれい》社会白書より作成）

POINT 日本が抱える少子高齢化の問題です。模擬試験問題も適性検査問題も、ともに日本の人口の推移を表したグラフから、今後の日本の人口がどうなるのか推察する問題になっています。

東京都立 桜修館《おうしゅうかん》中等教育学校

■中等教育学校　■2006年開校

「真理の探究」のために「高い知性」と「広い視野」「強い意志」を持つ人間を育成

今年度、開校から10周年を迎える桜修館中等教育学校では、変化が激しい現代社会において、日本人としてのアイデンティティを持ち、さまざまな場面でリーダーシップを発揮できる子どもを6年間かけて育てていきます。

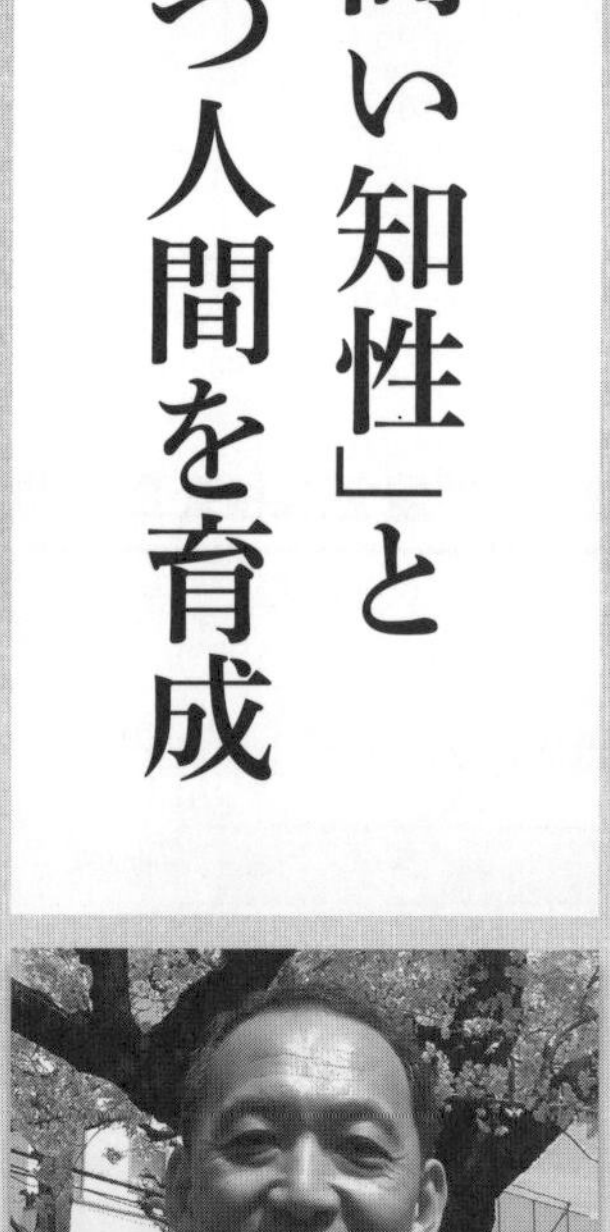

金田《かねだ》　喜明《よしあき》 校長先生

学校プロフィール

開　校…2006年4月
所在地…東京都目黒区八雲1-1-2
TEL…03-3723-9966
URL…http://www.oshukanchuto-e.metro.tokyo.jp/
アクセス…東急東横線「都立大学」徒歩10分
生徒数…前期課程 男子214名、女子258名
後期課程 男子208名、女子252名
1期生…2012年3月卒業
高校募集…なし
2学期制／週5日制（土曜授業を年間18回実施）／50分授業
入学情報（前年度）
・募集人員…男子80名、女子80名 計160名
・選抜方法…報告書、適性検査Ⅰ・Ⅱ

日本人としてのアイデンティティを

【Q】御校は真理の探究のために3つの校訓を掲げていますね。

【金田先生】本校の母体校である都立大学附属高校（2010年度で閉校）の学校目標が、「自由と自治」、そして「真理の探究」でした。

「自由と自治」というこの言葉は開校当時の時代背景が大きく関係していたと思います。現在は発達段階の異なる生徒が半分いますので「真理の探究」を取り入れ、これを校訓としています。そのために、いろいろな体験も含めて「高い知性」と「広い視野」、そして粘り強い「強い意志」の3つを校訓に掲げ、桜修館中等教育学校がスタートしたのです。

育てたい生徒像としてつぎの6項目を謳《うた》っています。

1　将来の夢や高い志を抱き、自ら進んで考え、勇気をもって決断し、責任をもって主体的に行動する生徒

2　社会の様々な場面・分野にお

いてリーダーとして活躍する生徒

3　真理を探求する精神をもち、自ら課題を発見し、論理的に解決し、適切に表現し行動できる生徒

4　生命や人権を尊重し、他者を思いやり、他者と共に協調する心をもつ生徒

5　世界の中の日本人としてのアイデンティティをもって国際社会に貢献できる生徒

6　自らの健康に留意し、体力の向上に努め、健全な精神を維持できる生徒

簡潔に言うと、自ら進んで考え、将来への志を持ち、国際社会に貢献できる日本人としてのアイデンティティを身につけていくことが必要だと考えています。

そして、6年間の中等教育学校ですので、ゆとりのある時間のなかでリーダーシップを発揮できる生徒を育てたいと思っています。

【Q】生徒に対してつねに話しておられることはありますか。

【金田先生】 自分を成長させるということは、ひとりで成長できるわけではないと言っています。

「人間はまわりの社会によって育てられている部分があり、自分が行動することによって、まわりの社会にどんな影響があるのかつねに考えられる人間になってほしい」ということです。

そのことがほんとうの意味での成長だということは、言葉を変えながらよく言っています。

【Q】御校では少人数授業は行っていますか。

【金田先生】 前期課程の2年生と3年生の英語で実施しています。後期課程でも英語の一部で少人数授業、数学で習熟度に応じた少人数授業が行われています。

5年生（高校2年生）まではほとんどの生徒が同じ科目を履修しています。

早くから文系・理系に分けてしまうと、理系だから、文系だからと言って勉強しない科目もでてきてしまいます。

ですから多くの教科を学んで、広い視野を持って自分の将来を考えた選択をしてもらいたいと考えていますし、得意、不得意で文系・理系を選ぶ必要もないと考えています。

また、あらゆることに興味と関心とを高めてもらえればと考えています。

東京

特色ある カリキュラム紹介

1 論理的な思考力の育成を目的とした「国語で論理を学ぶⅠ～Ⅲ」「数学で論理を学ぶⅠ～Ⅲ」

1年生の「国語で論理を学ぶⅠ」では、基礎として相手の話を正確に聞き取ることを意識した問答ゲームや再話などの言語技術教育を取り入れています。

「数学で論理を学ぶⅠ」では、日常生活にある身近な題材を課題として、文字、グラフ、図形を使い性質を考えたり論理的に考えたりする授業を行っています。

2年生の「国語で論理を学ぶⅡ」では、相手にとってわかりやすく説得力のある意見の述べ方や表現の仕方を学習します。

また、相手の立場になって理解し、それに対して自分の考えも筋道を立てて述べる学習や、ディベートなども取り入れた学習をしていきます。

「数学で論理を学ぶⅡ」では、図形の定理や公式を演繹《えんえき》的に証明し、また発展的な図形の問題をさまざまな方法で論理的に考えて解く授業を展開しています。

3年生の「国語で論理を学ぶⅢ」になると、これまで学習したことをさらに高めるため、さまざまな種類の文章を論理的に読解し、自分の考えを論理的に表現する学習をします。

また、弁論大会を行い、相互に批評する機会を設け、小論文の基本も学習していきます。

「数学で論理を学ぶⅢ」では、課題学習を中心に行い、数学的な見方や考え方を育成したり、特殊化・一般化について論理的に考え解く授業を行います。

特色ある独自の教育活動

【Q】御校では学校独自の教育活動をされていますね。

【金田先生】「国語で論理を学ぶ」という科目を設定しています。これは本校独自の科目で、教科書も教員が作成したものを使っています。

論理的にものごとを考えることを目的としており、1年生からは論文と称し、意見文を書いて、『研究レポート集』を作成しています。そして2・3年生になるとディベート大会も行われます。

そしてもうひとつ、「数学で論理を学ぶ」という科目も設定しています。図形やグラフ、数式を使ってパズルのようなものをあつかい、そのなかで論理性を考えていくことをしています。これによって、読売新聞社の作文コンクールで東京都教育委員会賞を受賞する生徒が、毎年でてきています。本校が独自に設定した科目によって、生徒が興味を持ってくれたことが、このような結果につながっているのだと思います。

【Q】ほかにも力を入れている教育活動があればお教えください。

【金田先生】コミュニケーション力を重視しています。1年生のときから各班でプレゼンテーションを行い、研究発表などを行っています。

また、入学してすぐに1泊2日で移動教室に行きます。ここで生徒は友だちと打ち解け、ガラッと変わって帰ってきます。

2・3年生では夏休みに希望者を対象に校外で英語合宿を行っています。ここでは起床から就寝までネイティブの指導員とグループを組み、英語のみを使って生活します。

2年生では、国際理解教育の一環として「留学生が先生」という行事も行っています。

4年生になると希望者はニュージーランドで約2週間のホームステイを行い、5年生になると修学旅行でシンガポールを訪れ、シンガポール大学の学生と班別行動を行っています。

本校はドイツ語、フランス語、スペイン語、中国語、ハングルなど、第2外国語の選択科目も設定しています。コミュニケーション力を重視しているのもおわかりいただけると思います。

年間行事

おもな学校行事（予定）

4月	入学式、移動教室（1年） 学力推移調査（1～3年）
5月	クラスマッチ、進路説明会（6年）
6月	理科実習（4年）
7月	三者面談
8月	英語合宿（2・3年、希望者） NZ 語学研修（4年、希望者）
9月	記念祭
10月	職場体験（2年）
11月	学力推移調査（1～3年） 実力テスト（4～6年）
12月	研修旅行（3年）
1月	海外修学旅行（5年） スキー教室（2年）
2月	マラソン大会（1～4年）
3月	卒業式、合唱コンクール

また、豊かな感性と想像力を育成するために学年行事として百人一首大会や伝統芸能の鑑賞教室も行っています。

【Q】進路・進学指導についてお聞かせください。

【金田先生】 本校は都立の中高一貫教育校です。入学時に学力検査を行っていませんから、ある意味では多様な生徒がおります。ですから、みんな一律に東京大をめざすということは言えない学校ですね。それがほかの学校と大きくちがうところだと思います。ただ、そういう意味で進路指導は大変なのですが、いろいろな個性ある生徒たちが集まっていることは、生徒にとってはいい環境だろうと思います。

進学指導については、きめ細かく指導しています。志望校検討会も行っています。これをもとに、三者面談で保護者に情報を提供しつつ、学習指導にも活用して進路指導体制をとっています。

【Q】適性検査についてお聞かせください。

【金田先生】 与えられたものにそのまま素直に機械的に答えるのではなく、いろいろな角度から自分で考えられるような生活習慣をつけてほしいと思っています。

学んだことをことがらとして暗記しているだけではなく、それを活用して生活にどういかしていけるのか、そういうことが適性検査では問われます。作文については、親子の会話や友だちとのふれあいなどの生活のなかで感じたいろいろなことや、体験を大事にして、題材に向かい作文を書いてほしいと思います。

【Q】開校から10周年を迎えた御校ではどのような生徒さんに来てもらいたいですか。

【金田先生】 おそらく、本校の教育方針まで全部わかって入学してくる生徒さんは、あまり多くないと思います。ですから、記念祭（文化祭）や学校説明会、学校見学など、いろいろ行事がありますが、そういうものを見て自分が「ここで勉強してみたい」と思って来てもらいたいです。

それから、地域の中学校でなく本校を選んだということは、それなりの決意を持って来ていると思いますので、勉強でも、部活動でも、行事でもよいので、なにかひとつ目標を持ってがんばってもらいたいと思います。

東京都立桜修館中等教育学校

募集区分　一般枠

入学者選抜方法　適性検査Ⅰ（45分）、適性検査Ⅱ（45分）、報告書

さくらさんとおさむ君は、ハムスターの好きな食べ物の順番に興味をもちました。二人はひまわりの種とみかんとパンとキャベツの中で、ハムスターが好きな順番について予想したことを、それぞれの**カード**にまとめました。**カード**を見ながら、さくらさんとおさむ君が話しています。

カード

ひまわりの種 いつも食べているのを見るので、 四番ではない。	みかん よく食べるので、一番か二番。
パン 食べるときもあるけど、全然食べない ときもあるから、一番ではない。	キャベツ いつも全部は食べないので、みかんや パンよりは好きではない。

さくら：この４枚《まい》のカードが全て正しいとすると、好きな食べ物の順番がはっきり定まらないわ。

おさむ：本当だ。好きな食べ物の順番に並《なら》べると、ひまわりの種、みかん、パン、キャベツの順番も考えられるし、みかん、ひまわりの種、パン、キャベツの順番も考えられるね。

さくら：<u>**カード**のどれか二つだけが正しかったら、順番がはっきり定まるかしら。</u>

〔問題２〕　さくらさんは「<u>**カード**のどれか二つだけが正しかったら、順番がはっきり定まるかしら。</u>」と言っています。好きな食べ物の順番がはっきり定まるのは、どの**カード**と、どの**カード**が正しいときでしょうか。解答用紙のひまわりの種とみかんとパンとキャベツから二つ選んで、○をつけましょう。

また、そのときの好きな食べ物の順番は、どのようになるでしょうか。解答用紙の［　　→　　→　　→　　］に合うように、好きな順番に食べ物を左から並べて書きましょう。

ただし、答えは一通りではありません。いくつか考えられるうちの二つを書きましょう。

課題や条件を正しく分析する

基本的な算数の問題でしたが、与えられた条件を正しく理解し、分析して答えを導き、さらに検証できる力をみます。

条件をもとに論理的考察力をみる

条件を整理する力、推理力を試す桜修館独特の出題です。時間をかけずに処理することも求められました。

2015年度　東京都立桜修館中等教育学校　適性検査Ⅱ（独自問題）より

1　小学６年生の**さくら**さんと**おさむ**君は、クラスで飼育している５ひきのハムスターＡ、Ｂ、Ｃ、Ｄ、Ｅについて調べています。

ハムスターＡが回転車を走る速さを調べるために、**実験**を行いました。

実験

次の**図**のように、ハムスターＡが直径21ｃｍの回転車で走っています。走った回転数をおさむ君が数え、走っていた時間をさくらさんが計って、**表１**にまとめました。

図

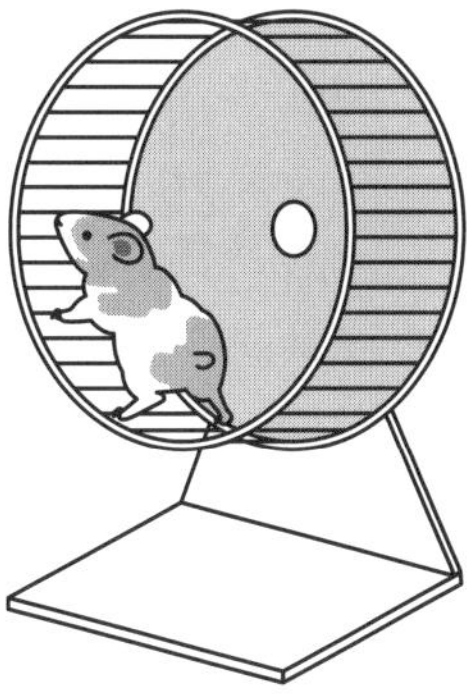

表１

	実験１	実験２	実験３	実験４	実験５	実験６
回　転　数	12回	15回	13回	25回	14回	6回
走っていた時間	7秒	8秒	10秒	16秒	10秒	4秒

〔問題１〕　次の文章は、ハムスターＡの走った速さについて書いたものです。（　ア　）（　ウ　）（　エ　）にあてはまる数値《すうち》を書き、（　イ　）には、**実験１**から**実験６**の中から一つを選んで、その実験の番号を書きましょう。なお、円周率は3．14としましょう。答えは、小数第二位を四捨五入《ししゃごにゅう》して小数第一位までの数にしましょう。

> この回転車の円周の長さは（　ア　）ｃｍで、**実験**（　イ　）でハムスターＡが走った速さは、秒速（　ウ　）ｃｍになります。
> **実験１**から**実験６**までの結果を全《すべ》て使って計算すると、ハムスターＡは、時速（　エ　）ｋｍで走ったことになります。

解 説

都立桜修館中等教育学校では、これまで適性検査と作文、報告書で入学者選抜を行ってきました。2015年度は、都立中高一貫校の共同作成問題部分が出題方針を統一したため、これまで作文と呼んでいた検査を適性検査Ⅰに、従来のⅠを適性検査Ⅱの名称に移行して他校と共通させました。配点は適性検査Ⅰ200点、適性検査Ⅱ500点、報告書を300点にそれぞれ換算し、総合成績1000点で評価しています。

作文の力が求められる適性検査Ⅰは独自問題で、７行の詩を読んで考えたことを500～600字で作文する形式でした。

適性検査Ⅱでは大問1が独自問題（上記）で以下が共同作成問題でした。与えられた課題の条件や問題点を整理し、論理的に筋道を立てて考える力、身近な生活を題材としてそのなかにある課題を自分の経験や知識で分析し、考えや意見を的確に表現する力も試しました。どれも問題文や資料が読み取れればよい問題でしたが、計算・解答では条件があり、それぞれの設問で細かい条件が多くしめされていたので、条件をていねいに確認して答えることができるかが問われました。

東京都立 大泉《おおいずみ》高等学校附属中学校

■併設型 ■2010年開校

自主・自律・創造の精神を育み 国際社会におけるリーダー育成をめざす

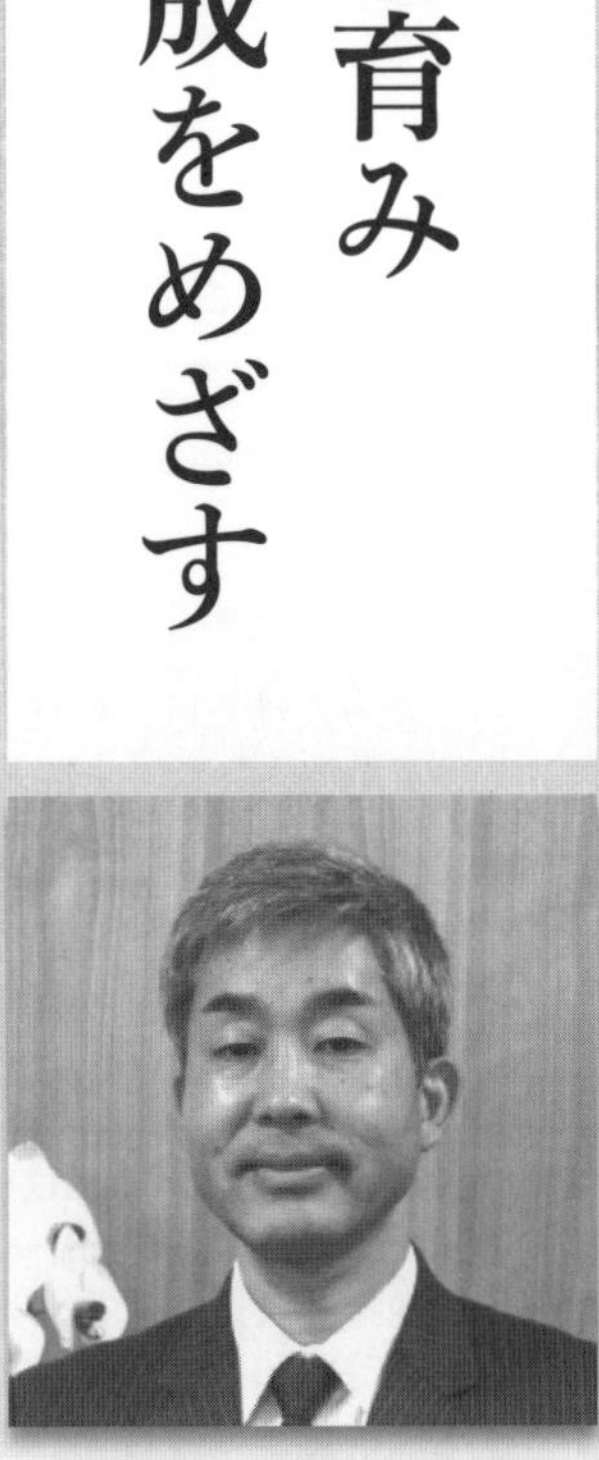

柴田《しばた》 誠《まこと》 校長先生

東京都立大泉高等学校を設置母体として誕生した東京都立大泉高等学校附属中学校。中高一貫校としての新校舎の全面改築が終わり、2013年（平成25年）には人工芝のグラウンドも完成しました。

リーダーとしての資質と行動力を育む

【Q】御校の沿革と教育方針についてお教えください。

【柴田先生】 本校は、東京都立大泉高等学校（以下、大泉高）を母体校に2010年（平成22年）に併設型中高一貫校として開校しました。1期生が今年、高3になりました。

母体校である大泉高は、1941年（昭和16年）に東京府立第二十中学校として設立されたのち、1948年（昭和23年）に東京都立大泉高等学校と改称され、今年で創立74年の伝統を誇る学校として歴史を刻んできました。

教育理念については、「学」「律」「拓」という3つの文字でわかりやすくしています。

まず、生徒の自発的な学習を重視して、幅広い教養と高い知性を身につけたいと考えて〈自ら学び、真理を究める〉「学」。

また、自己を律し、他者をよく理解して協力できる生徒を育成する〈自ら律し、他を尊重する〉「律」。

学校プロフィール

開　　校…2010年4月

所 在 地…東京都練馬区東大泉5-3-1

T E L…03-3924-0318

U R L…http://www.oizumi-h.metro.tokyo.jp/

アクセス…西武池袋線「大泉学園」徒歩7分

生 徒 数…男子165人、女子194人

1 期 生…高校3年生

高校募集…あり

3学期制／週5日制（土曜も登校日あり）／50分授業

入学情報（前年度）

・募集人員…男子60名、女子60名 計120名

・選抜方法…報告書、適性検査Ⅰ・Ⅱ・Ⅲ

最後に、厳しい現代社会のなかで自らの人生を自らで拓くために豊かな人間性を備え、社会で活躍できる資質と行動力を身につけた生徒に育成する〈自ら拓き、社会に貢献する〉「拓」。この3つの言葉です。

そして、本校では、自主・自律・創造を掲げ、6年間の一貫した教育を行うことにより、社会のさまざまな場面において、信頼を得てリーダーとなり得る人材の育成をめざしています。

自校完成型教育システムの導入

【Q】御校では、どのような教育システムで学習に取り組んでいますか。

【柴田先生】本校は、1学年3クラス、1クラス40名（男女20名ずつ）で授業に取り組んでいます。3学期制の50分授業で、月曜日から金曜日まで毎日6時限を基本としています。

そのなかで、生徒の希望進路を実現するために、「自校完成型教育システム」を導入し、学力の定着をはかっています。

「自校完成型教育システム」とは、「土曜授業」、「土曜補習」、「TIR（ティーチャー・イン・レディネス）」で展開される学習を総合したシステムのことです。

まず、「授業」では、6年間一貫したカリキュラムを編成しています。将来、さまざまな分野に進めるように高2までは共通のカリキュラムで、文科系・理科系の両方に対応する幅広い教育をめざしています。

中学時に高校で学習する内容の一部を発展的に学んだり、新学習指導要領にしめされた標準時数よりも週に1時間授業を増やして、中1で理科、中2で数学、中3で国語を多く学び、確かな学力を身につけさせます。

数学や英語においては、1クラスを2分割した少人数授業を取り入れて、きめ細かな指導を行っています。

そして、土曜日を活用して、毎月「土曜講座」を実施しています。「土曜講座」は、自然科学や社会科学など幅広い分野の講演を開き、学びへの興味や関心を高めています。

さらに、放課後の一定時間、教員等が学習支援ルームに控えて、

東京

特色ある カリキュラム紹介

1 ティーチャー・イン・レディネス（TIR）

通常の補習とは異なり、放課後に自由に学習できる学習支援ルームを設置し、生徒が自主的・主体的に自学自習に取り組めるシステムを導入しています。

授業の復習や予習サポート、計画的な利用による学習習慣の確立、教え合いをとおした学力の定着を目的に、教師等が各自の学習課題に応じた個別指導を実施し、学習支援ルームに行けばいつでも質問できるという体制を整えています。

中学1、2年は学習習慣が定着するまで、各部活動間で調整しながら計画的な利用をうながしています。

2 学びへの興味・関心を高める土曜講座

全学年の生徒を対象に、土曜日を活用して、教科の演習やキャリアガイダンスなどを実施しています。自然科学や社会科学などの幅広い分野の講座を開き、生徒の学びへの興味・関心を高めて、学習の動機づけを行っています。将来の進路選択にもつながります。

毎週4時間、学力の定着をはかる時間として、授業だけではなく演習や実験などを実施します。

また、民間企業や大学など、各界から有識者を招いた講座では、さまざまな職業に触れる機会や、進路講座などを、生徒の希望進路の実現を可能にするために実施しています。

授業でわからなかった部分や授業の予習など、生徒個別の学習課題を支援する制度を設けています。これが「TIR」です。全学年を対象に、水曜日を除く放課後に実施されます。

本校では、学校で学習を完成させたいという趣旨から「自校完成型教育システム」を導入しています。この取り組みは、生徒が進路の実現を可能にする実力を身につけるために実践しています。

「探究・体験」をいかした教育活動

【Q】御校で行われている特色ある授業についてお教えください。

【柴田先生】 まず、おもに総合的な学習の時間に、「探究の大泉」という特色ある教育活動が行われています。環境について主体的にかかわるとともに、各教科の授業や土曜講座などと連携しながら学びを進めます。1学年3クラスを24班に分けて、中1～高2で実施されます。

たとえば、中1ではひまわりの栽培と観察などをとおして、環境について考察し、探究を進めます。

これらの教育活動のなかで課題設定、実験・観察、調査、議論、発表などのプロセスを経験し、知的好奇心を高め、自発的な学習の取り組みへとつなげていきます。そして、学びを深めるとともに、論理的な思考力、判断力、表現力などを育成しています。

また、遠足ではその地域の歴史や文化、産業などを事前に学習したうえで現地を訪問する活動をしています。「探究遠足」と呼び、各学年で実施し、修学旅行につなげています。

教育管理システムで学力の推移を確認

【Q】キャリア教育や進学指導に、6年間の中高一貫教育はどのようにいかされていますか。

【柴田先生】 本校でのキャリア教育は、6年間を発達段階に応じて、「基礎充実期」（中1・中2）、「挑戦期」（中3・高1）、「創造期」（高2・高3）と3期に分け、計画的に実施しています。

「基礎充実期」は学ぶこと、働くことの意義・役割や多様性を理解する。「挑戦期」は将来の生き方や生活を考え将来設計をする。「創造期」は希望進路の実現のた

年間行事

おもな学校行事（予定）

4月	入学式　新入生歓迎会
5月	体育祭　生徒総会
6月	探究遠足　芸術鑑賞教室
7月	夏季講座　職場体験 クラスマッチ　勉強合宿
8月	夏季講座
9月	文化祭　国内語学留学
10月	到達度テスト　生徒会役員選挙
11月	生徒総会　探究遠足　修学旅行
12月	演劇教室
1月	百人一首大会
2月	合唱コンクール　到達度テスト
3月	総合全体発表会　クラスマッチ 卒業式

めに自己の能力を磨く。このような中高で一貫した教育を行うことにより、将来、豊かな人間性を備え、進んで社会に貢献できる生徒になってほしいと考えています。

たとえば、中3向けに、「職業講話」というものがあります。これは、さまざまな分野の社会人のかたがたを本校にお招きし、職業や業界についての講義を受けるというものです。

進学指導では、中3から、高校の進路指導部の先生による大学進学や大学入試についての講演会指導を受けています。

2011年度末に中高一貫校の新校舎完成

【Q】御校をめざすみなさんへメッセージをお願いします。

【柴田先生】 入学者選抜の適性検査が2015年度（平成27年度）から共同作成になりました。本校では共同作成問題の適性検査Ⅰ・Ⅱに加えて、独自問題の適性検査Ⅲを実施しました。今春に出題した問題はホームページに掲載しています。

保護者のかたがお子さんと接するときにどのようなことをすればいいのか、日常的に取り組めることはなにか、ぜひご家庭で話しあっていただけたらと思っています。

2011年度（平成23年度）末に、併設型中高一貫校として、中学校と高校が交流しながらともに学ぶことができる新校舎が完成しました。

新校舎は望遠鏡が設置されている天体ドームや、自然エネルギーを活用した工夫がなされています。恵まれた教育環境のなかで、大泉の新たな歴史がつくられていきます。

本校を志望する生徒さんに対しては、積極的な姿勢でなにかに取り組んでみたいという目標がある生徒さんや、しっかり勉強して、自分のよいところを伸ばしていきたいという生徒さんに入学してほしいと考えてます。また、開校して6年目なので、充実した学校生活を送りながら、いろいろなことにチャレンジして新たな学校文化をみなさんと創造していけたらと思います。

本校は、みなさんの可能性を必ず伸ばしていきます。志の高いみなさんの入学を心から待っています。

東京都立大泉高等学校附属中学校

募集区分 一般枠

入学者選抜方法 適性検査Ⅰ（45分）、適性検査Ⅱ（45分）、適性検査Ⅲ（45分）、報告書

いさむ君とゆうた君は、電車に乗って水族館前駅に着きました。

いさむ： さあ着いたよ。こん虫館へ行こう。

ゆうた： そうだ。今日はおばさんが家に来るので、午後4時30分から5時の間に学園駅にむかえに行かなければいけないんだ。その時間に学園駅にもどるには、この水族館前駅で何時の電車に乗ればいいかな。

いさむ： よし。それでは、帰りの電車の時刻《じこく》を調べておこう。

いさむ君とゆうた君は水族館前駅で、学園駅方面に行く電車の時刻表を見ました。夕方ごろの時刻表は次の**表1**のように発車時刻が書かれていました。

表1　水族館前駅の学園駅方面行きの時刻表

時	14	15	16	17	18
分	00急	00急	00急	00急	00急
	02	02	02	02	02
	10	10	10	10	10
	30急	30急	30急	30急	30急
	32	32	32	32	32
	40	40	40	40	40

急は急行、無印は各駅停車を表す。

〔問題3〕 **表1**の時刻表から、いさむ君とゆうた君が午後4時30分から5時の間に学園駅に着くためには、どの電車に乗ればよいでしょうか。一つの電車を選んでその電車の発車時刻を答えなさい。

また、選んだ電車の学園駅への到《とう》着時刻も答えなさい。答えに秒が生じた場合は、全《すべ》て分にくり上げなさい。駅での電車の停車時間などは考えません。

基礎知識が身についているか

小学校で学んだことがしっかりと身についているか。さらに、その知識をアウトプットできるかをみています。

条件を基に論理的考察力をみる

与えられた課題を理解して整理し、筋道を立てて考え、解決する力をみています。問題文を読み取る力も必要です。

2015年度　東京都立大泉高等学校附属中学校　適性検査Ⅲ（独自問題）より

1　**いさむ**君は、友だちの**ゆうた**君といっしょに水族館のとなりに新しくできた、こん虫館へ行くことになりました。

いさむ：なぜ水族館のとなりに、こん虫館ができたんだろう。水の中で生活するこん虫がいるのかな。
ゆうた：トンボは幼虫《ようちゅう》のときには、ヤゴといって水の中で生活していると習ったよね。
いさむ：そうだったね。どんな虫がいるのか楽しみだなあ。
ゆうた：虫といわれるものが全部こん虫とはいえないよ。クモやダンゴムシはこん虫ではないからね。

〔問題１〕　こん虫とは、どんな特ちょうをもっているのでしょうか。クモやダンゴムシと比べて、いくつかある、こん虫の体のつくりの特ちょうの中から一つ答えなさい。

二人は、こん虫館への行き方を調べました。こん虫館はいずみ鉄道の水族館前駅の近くにあります。いさむ君とゆうた君は、いずみ鉄道の学園駅近くに住んでいます。

いずみ鉄道には各駅停車と急行が走っています。急行は学園駅にも水族館前駅にも止まります。

図１のようにいずみ鉄道の最初の駅から最後の駅までのきょりは５０ｋｍあります。学園駅と水族館前駅との間のきょりは３５ｋｍあります。

図１

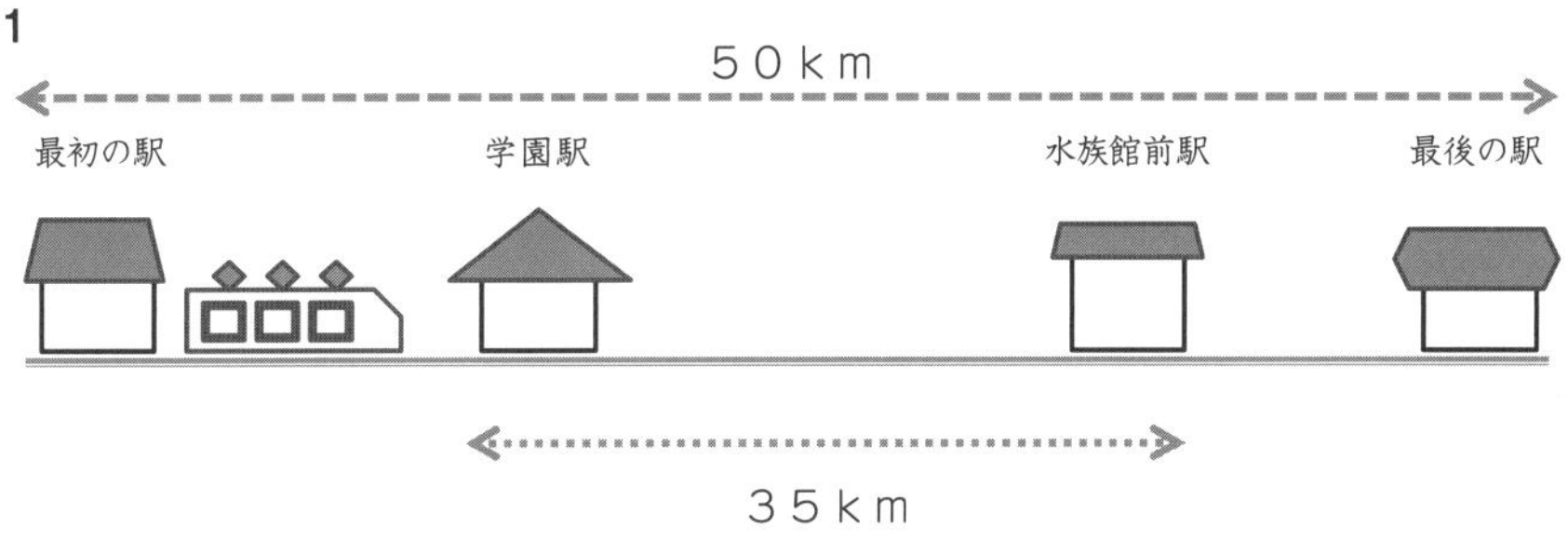

いさむ：各駅停車は、最初の駅を出発してから最後の駅に着くまでに１時間１５分かかるね。
ゆうた：急行だと、最初の駅を出発してから最後の駅に着くまでに５０分かかるよ。

〔問題２〕　各駅停車と急行についてそれぞれ、時間ときょりの関係を表したグラフを作りなさい。

たてじくはきょり、横じくは時間として、解答用紙にあるグラフの目《め》盛《も》りに合わせて作りなさい。駅での電車の停車時間などは考えません。また、速さは一定として考えます。

また、きょりと時間の関係を表すグラフを２本かいて比べると、分かることがあります。分かることを説明しなさい。

解説

都立大泉高等学校附属中学校では、2015年度入試から独自問題として適性検査Ⅲを加えました。これにより配点も改められ、適性検査Ⅰ200点、適性検査Ⅱ300点、適性検査Ⅲ300点、報告書200点、合わせて1000点満点での合否判断となりました。

共同作成問題を採用した適性検査Ⅰは、ふたつの文章を読んで問われていることに作文で答えるものでした。内容はコミュニケーションに関する考察で、最大の文字数を要求された〔問題３〕は440字まででまとめるものでした。同じく共同作成問題の適性検査Ⅱは、大問３つがそれぞれ算数、社会、理科の問題でした。大泉の独自問題となった適性検査Ⅲは、大問①は昆虫についての基礎知識、また、速さに関してグラフ作成、比例と反比例、時間の計算といった複合的な理解が問われました。大問②は条件を整理してとらえる力が試され、数の性質、平面図形の回転・立体図形の見取り図、展開図など、複数の条件を整理しての考察が必要でした。立体図形は、高度な空間把握、推理力が試される内容でした。

東京

千代田区立　九《く》段《だん》中等教育学校

■中等教育学校　■2006年開校

教育目標は「豊かな心 知の創造」体験を重視した本物から学ぶ教育

将来の日本を担う真のリーダー育成をめざす九段中等教育学校。千代田区の教育財産をいかした「九段自立プラン」や、海外研修旅行をはじめ、さまざまな教育プログラムが実施されています。

坂《さか》　光司《こうじ》 校長先生

政治・経済・文化の中心 千代田区の中高一貫校

【Q】御校設立の目標についてお聞かせください。

【坂先生】千代田区立九段中等教育学校は、２００６年（平成18年）に千代田区立九段中学校と東京都立九段高等学校の伝統を引き継いで開校された中高一貫校です。

東京都千代田区は、日本の政治・経済・文化の中心に位置しており、また、数々の教育財産を有しています。

本校は、こうした恵まれた教育環境を活用し、未来の人材育成の一翼を担いたいという目標のもとに設立されました。

【Q】教育目標として掲げる「豊かな心　知の創造」とはどのようなものでしょうか。

【坂先生】「豊かな心」とは、「自分に対する心として自律心やあきらめない心、相手に対する心として優しさや思いやりの心、社会に対する心として公共心や社会に貢献する心、人として大切な、感謝の心や素直に感動できる心」を意

学校プロフィール

開　　校…2006年4月

所 在 地…東京都千代田区九段北2-2-1

Ｔ Ｅ Ｌ…03-3263-7190

Ｕ Ｒ Ｌ…http://www.kudan.ed.jp/

アクセス…地下鉄東西線・半蔵門線・都営新宿線「九段下」徒歩3分、JR総武線・地下鉄東西線・有楽町線・南北線・都営大江戸線「飯田橋」徒歩10分

生 徒 数…前期課程 男子239名、女子237名
後期課程 男子221名、女子226名

中高一貫１期生…2012年３月卒業

高校募集…なし

２期制／週６日制／50分授業

入学情報（前年度）

・募集人員…（千代田区民）
男子40名、女子40名 計80名
（千代田区民以外の都民）
男子40名、女子40名 計80名
・選抜方法…報告書、適性検査（1、2、3）

味しています。

「知の創造」とは、「基礎的・基本的な知識や技能の習得はもとより、これからの社会に求められる『思考力、判断力、表現力』や『課題発見能力、問題解決能力』などの知識を活用する力を育てるとともに、生涯にわたり学び続けるための土台となる学び方や学ぶ意欲を育てる」ことです。

私は「感動は人をつくる」という言葉をキーワードに教育を行いたいと考えています。

中高6年間は、少年期から青年期へ移行する多感で感受性の強い時期、いわゆる「思春期」にあたります。「思春期」というと、ともすればネガティブなイメージがありますが、私はそうはとらえません。多感な時期だからこそ得られる感動は多様で大きいと考え、生徒を刺激するさまざまな体験を用意し、多くの感動を与えていきたいと思っています。

毎日の授業や行事・部活動など、学校生活のなかで、「わくわく、どきどき、やった、できた、わかった」こういう気持ちを味わうことができる刺激を生徒に与えたいと考えています。努力したことやがんばった経験、それによる達成感・成就感は生徒の自信となります。その自信は、さらにつぎの意欲と努力を生みだしていきます。

こうした「努力と感動と意欲のスパイラル」は、本校の教育目標である「豊かな心　知の創造」につながります。

文系・理系にとらわれず幅広く学ぶカリキュラム

【Q】カリキュラムについてご説明ください。

【坂先生】本校のカリキュラムの特徴は、文系・理系の枠にとらわれず、全教科を学習するところにあります。

5年次までは全員が同じ科目を学びます。そして、6年次からは週20時間の選択講座が用意され、各々の進路志望に沿った内容を学ぶことができます。大学受験科目の学習に特化するのではなく、幅広く学ぶことで知性と感性を磨き、豊かな創造力を培うことがめざされているのです。

本校のカリキュラムにはさまざまな工夫が凝らされています。1～2年次の2年間では、基礎基本を重視した学習を中心に発展的な

東京

特色あるカリキュラム紹介

1 グローバルコミュニケーションの育成をめざす英語教育の取り組み

英語科では、Global Communication（伝えたいことを英語で正確に伝えられる力）の育成をめざす英語教育を行っています。

前期課程では、とくに音声教育が大切にされ、内容の理解も文法の学習もまず音声から指導されています。週に1回はEA（English Activity）というネイティブスピーカーといっしょの授業があります。

後期課程でも、音声教育を大切にしている点は変わりません。教科書の音読が重視され、内容を英語で発表する活動も継続されています。それに加えて、英文の多読、速読、精読など、さまざまな読解の授業が行われます。

また、放課後の「イングリッシュサロン」はALT（Assistant Language Teacher）が2名いて、生徒が自由に英語だけで会話を楽しむことができる場所です。

行事では、「英語合宿」が2年生で行われ、福島県のブリティッシュヒルズに行き、合宿中は英語だけの生活になります。また、2年生の20名と3年生の全員がオーストラリアへ海外研修を行います。

2 「総合的な学習の時間」に行われる課題探求学習「九段自立プラン」

「総合的な学習の時間」を活用し「九段自立プラン」という課題探求学習が行われています。

1～3年の前期課程では、環境・共生・国際理解がテーマです。1年で取り組む「都市の環境」では、課題解決の手法や学び方、発表方法の基礎が身につけられます。2年の「自己と社会」では、高齢者・障害者の日常生活を体験したり、自らの計画に基づいて職場体験をしたりします。2・3年生で行う「国際理解」では、千代田区内にある大使館を訪問し、国際社会への視野を広げることがめざされます。

4～6年の後期課程では、奉仕と卒業研究に取り組みます。4年生の「奉仕」は、生徒一人ひとりが自分で奉仕活動体験を企画し、実施することを経験します。こうした「九段自立プラン」のまとめとして、5～6年では、個人でテーマ設定から課題探究学習、レポートの執筆、そして発表まで行います。

内容も取り入れ、生徒が主体的に学習に取り組むような授業展開となっています。

高校の内容は5年次まででほぼ修了となり、6年次からは選択講座へ移ります。この選択講座は、国公立（文系・理系）・私立（文系・理系）に分かれています。

【Q】御校でのふだんの学習や特色のある取り組みについて、具体的に教えてください。

【坂先生】 授業は、平日は50分6時間授業、土曜日は50分4時間授業です。

また、数学・英語では1クラス20人程度の少人数による習熟度別指導を実施しています。そのほかの多くの教科でも、少人数指導やティームティーチング（複数教員による授業）を取り入れ、それぞれの学習進度に対応したきめ細かな指導が実施されています。

夏休みには、3～6年生まで、希望制の特別講座が開講されます。1・2年生は7月に2泊3日の勉強合宿があり、長時間勉強に没頭する体験をとおして学習習慣のさらなる定着をめざします。

そのほかにも特色ある取り組みが多数あります。毎朝8時から20分間行われる「おはようスタディ」もそのひとつです。

これは、外国人留学生がさまざまな話題を英語で話す「イングリッシュシャワー」（全学年）と、「朝読書」（1～3年の前期課程）、「朝学習」（4～6年の後期課程）を組み合わせて実施しています。

独自のキャリア教育「九段自立プラン」

【Q】「九段自立プラン」とはどのようなものですか。

【坂先生】「九段自立プラン」は、総合的な学習の時間を使って行われるプログラムです。

主体的に学び行動する力や、将来の生き方を考える力を養っています。学年ごとに設定されたテーマのもとで、課題探究学習に取り組みます。

千代田区内および近隣の企業や団体、大学、大使館などの協力により、社会の第一線で活躍するかたがたによるさまざまな「本物体験」が用意され、ここでも「努力・感動・意欲のスパイラル」が生まれています。千代田区という立地をいかした本校独自のキャリア教育です。

年間行事

おもな学校行事（予定）

4月	入学式　ホームルーム合宿（1年）
5月	体育祭
6月	関西研修旅行（5年）
7月	勉強合宿（1年・2年）
8月	特別講座（3～6年） オーストラリア海外派遣（2年選抜） 至大荘行事（4年）
9月	音楽鑑賞教室（1年）　九段祭
10月	後期始業式 大学学部学科模擬講義（4年）
11月	オーストラリア海外研修（3年）
12月	英語合宿（2年）
1月	区連合作品展（前期課程）
2月	クロスカントリーレース
3月	雅楽教室（1年）学習発表会　卒業式

また、プランの一環として、1〜3年では、日本の伝統文化を学ぶ「江戸っ子塾」も実施しています。華道、書道、囲碁、将棋など、多彩な分野の専門家を講師として学びます。なかにはけん玉や寄席文字、助六太鼓など、学校のカリキュラムとしてはめずらしい講座もあります。

こうした取り組みは、国際理解学習へもつながります。本校では前期課程でオーストラリア研修旅行を実施しています。まずは2年次に選抜生徒20名が語学研修を経験し、3年次には全員が参加します。前期課程のうちに海外を経験することで、日本と外国のちがいやそれぞれのよさを体験できますし、他国の文化・習慣を尊重する心が育てられます。

また、自分のことや考えをもっと英語で伝えたいという気持ちが高まります。こうした経験は生徒の視野を広げるとともに、さらなる学習意欲を生みます。

【Q】道路を挟んでふたつの校舎が隣接していますね。どのように使われているのでしょうか。

【坂先生】 九段校舎と富士見校舎のふたつの校舎があります。九段校舎では1〜4年生までが学び、富士見校舎では5・6年生が学んでいます。

部活動や特別活動は九段校舎で行うことが基本となっており、その際には5・6年生も九段校舎へ移動します。

施設・設備面でも充実しています。温水プールがあるので、海での遠泳を行う「至大荘行事」という4年次の宿泊行事へ向けて、年間をとおした水泳指導が可能です。また、九段校舎の屋上には天文台があり、5階には理科教室が6部屋あります。

【Q】最後に、御校を志望するみなさんへメッセージをお願いいたします。

【坂先生】 本校の教育プログラムはかなりボリュームがあります。それを気に入ってくれて、あきらめないでがんばれる生徒に入学してほしいと思います。

1〜6年生までの6学年が生活するキャンパスには、幅広い年齢層のある兄弟姉妹がいるようなアットホームな学校生活があります。そうした環境のなかで、思いっきりあなたらしい感動体験をしてください。

［資料5］１日の基礎代謝量

１日の基礎代謝量（kcal）	＝	体重１㎏あたりの１日の基礎代謝基準値（kcal）	×	体重（㎏）

［資料6］１日に必要なエネルギー量

１日に必要なエネルギー量（kcal）	＝	１日の基礎代謝量（kcal）	×	身体活動レベル

問３

次の条件をもとに、［資料4］、［資料5］、［資料6］を使って、お父さんに必要な１日のエネルギー量が何 kcal であるか求めなさい。

ただし、答えは小数第２位を四捨五入して小数第１位まで求めなさい。

【条件】

・お父さんの年齢は 42 歳《さい》、性別は男性とする。

・お父さんの体重は 67 ㎏とする。

・身体活動レベルは、「普通」とする。

文章や表を読み解く力を試す

会話文から必要な要素を正確に読み取る問題です。表の数値が意味するところを理解して考察し、処理する力をみます。

資料の読み取りと計算力を試す

会話にある数値や資料を読み取り、計算や解答をするうえでの条件についても問題文をしっかりと読む必要があります。

募集区分

区分A（千代田区内在住）区分B（千代田区外の都内在住）

入学者選抜方法

適性検査１（45分）、適性検査２（45分）、適性検査３（45分）、報告書、志願者カード

2015年度　千代田区立九段中等教育学校　適性検査2　より

〔母〕　バランスのよい食事をとれたとしても、必要以上にエネルギーをとりすぎてしまうと健康を損《そこ》なう原因になるわ。人が活動するのに必要なエネルギー量も考えないといけないわね。

〔はやて〕　1日に必要なエネルギー量は、どのくらいなのかな。

〔父〕　年齢、性別、身長、体重などによって差があるのだけど、＊基礎代謝《きそたいしゃ》量を調べて求める方法があるよ。

性別や年齢ごとに体重1kgあたりの1日の基礎代謝基準値というものがあって、それに体重をかけたものが1日の基礎代謝量なんだ。さらに、1日の基礎代謝量に身体活動レベルをかけたものが、1日に必要なエネルギー量なんだ。

身体活動レベルは、1日中座《すわ》ったままでの活動が中心である場合を「低い」、通勤、買物、家事などで動いたり、軽くスポーツをしたりする場合を「普通《ふつう》」、立ったり動いたりの作業がほとんどで、活発なスポーツをする場合を「高い」というんだよ。「低い」ならば1.5、「普通」ならば1.75、「高い」ならば2をかけるんだ。

＊基礎代謝：体温を維持《いじ》したり呼吸をしたりするなど、生きていくために必要な活動に使われるエネルギー。

［資料4］体重1kgあたりの1日の基礎代謝基準値

年齢	男性	女性
6～7	44.3 kcal	41.9 kcal
8～9	40.8 kcal	38.3 kcal
10～11	37.4 kcal	34.8 kcal
12～14	31.0 kcal	29.6 kcal
15～17	27.0 kcal	25.3 kcal
18～29	24.0 kcal	22.1 kcal
30～49	22.3 kcal	21.7 kcal
50～69	21.5 kcal	20.7 kcal

（厚生労働省　日本人の食事摂取《せっしゅ》基準2010年版より作成）

解説

千代田区立九段中等教育学校の適性検査は1、2、3があります。小学校で学習した基礎的な内容をベースに、たんに教科の知識量を見るのではなく、下段の4項目で表せるような、学習活動への適応能力、問題解決への意欲や自己の将来展望、時事への興味・関心を試すのが基本です。適性検査1は読解と作文、適性検査2、3は、算数、理科、社会の融合問題です。

「基本」とは言うものの、作文表現や、教科を横断した融合問題は毎年ユニークな問題が並びます。問題量も多く、過去問で慣れておかないとかなりむずかしく感じるものでしょう。この4年間、適性検査2の大問1は放送による聞き取り問題となっています。

【九段中等教育がみる4項】①文学的文章や説明的文章などについて理解し、表現する力をみる。　②数量や図形の意味を的確にとらえ、多面的にものを見たり、考えたりする力をみる。　③日常生活に関連する課題を発見し、広い視野から分析し、解決する力をみる。　④自己の興味・関心、能力・適性を理解し、将来の生活や生き方を考える力をみる。

東京都立 小石川《こいしかわ》中等教育学校

■中等教育学校　■2006年開校

教育理念「立志・開拓・創作」のもと 知的好奇心を刺激し個性と能力を伸ばす

奈良本《ならもと》　俊夫《としお》 校長先生

府立第五中学校の流れを受け継いだ小石川高等学校を母体とする小石川中等教育学校。97年の伝統を誇る教育理念のもと、小石川教養主義、理数教育、国際理解教育を3本柱とした特色あるカリキュラムを実践しています。

府立五中からつづく 97年の伝統が自慢

【Q】御校開校の経緯をお教えください。

【奈良本先生】 2006年（平成18年）に、都立高校改革推進計画のもと、小石川高等学校を母体として開校しました。

小石川高校は、1918年（大正7年）創立の府立五中から連なる歴史と伝統を有する高校です。本校は、府立五中からの教育理念である「立志・開拓・創作」の精神を受け継ぐかたちで開校しました。府立五中の創立から今年で97年、その間この精神は変わらずに一貫しています。

中等教育学校としては、2006年の開校から10年目をむかえ、今春には4期生が卒業しました。

【Q】その府立五中からつづいている教育理念「立志・開拓・創作」についてお話しください。

【奈良本先生】「立志・開拓・創作」とは、「自ら志を立て、自分が進む道を自ら切り拓き、新しい文化を創り出す」という意味です。自

学校プロフィール

開　校…2006年4月

所在地…東京都文京区本駒込2-29-29

T E L…03-3946-7171

U R L…http://www.koishikawachuto-e.metro.tokyo.jp/

アクセス…都営三田線「千石」徒歩3分、JR山手線・都営三田線「巣鴨」徒歩10分、JR山手線・地下鉄南北線「駒込」徒歩13分

生徒数…前期課程 男子252名、女子227名 後期課程 男子239名、女子221名

1期生…2012年3月卒業

高校募集…なし

3学期制／週5日制／45分授業

入学情報（前年度）

・募集人員…（特別枠）5名以内　（一般枠）男女各80名から特別枠募集での入学者を引いた数

・選抜方法…（特別枠）報告書、作文、個人面接（一般枠）報告書、適性検査Ⅰ・Ⅱ・Ⅲ

分がどのように能力を発揮し、なにを目的として生きていくかという目標を立てることが「立志」です。そして、その志のもとに自ら進む道を、前人未踏の険しい道のりであっても、自分の力で切り拓いていくことが「開拓」であり、そこから新しいものを「創りだそう」とすることが「創作」です。

この教育理念をどうやって具体的に実現させていくかということで、小石川では3つの特色ある教育を実践しています。「小石川教養主義」「理数教育」「国際理解教育」の3つです。教育理念をもとにこれらの3つの教育を行うことで、生徒一人ひとりの確かな学力を育み、卒業後の進路実現へと結びつけていきます。

【Q】「小石川教養主義」とはどういったものですか。

【奈良本先生】 府立五中以来大切にされてきたリベラル・アーツ教育のことを、本校では「小石川教養主義」と呼んでいます。

本校のカリキュラムは、高校段階にあたる後期課程においても、理系・文系に分けることはしていません。生徒は5年生までは全員が全教科共通のカリキュラムを履修します。

これは、広く深い知識に裏づけられた教養を育むことを重視しているからです。小石川の生徒は、1年生から言語活動や探究活動などに取り組みます。そして、3年生で週1時間、4年生で週2時間、本校独自の設定科目である「小石川フィロソフィー」を受講します。多様な講座のなかから興味のある講座を選んで受講し、自ら設定したテーマに基づいて探究活動を行い、最終的にはそれぞれ論文にまとめます。開講される講座は年度によって変わりますが、どれも興味深い内容のものばかりです。幅広い知識を得て、それを探究活動にいかしてゆく、この「小石川フィロソフィー」も「小石川教養主義」の特色のひとつです。

本校では授業第一主義を貫いています。45分授業を7時間、週に34時間の授業を行っています。このほかに第2外国語を8時間目に受講することもできます。

【Q】6年生のカリキュラムはどのようになっていますか。

【奈良本先生】 5年生まで全員が共通の科目を履修しますが、6年生は自分の進路を考えていく学年

特色ある カリキュラム紹介

1 3つの分野で興味関心を高める「総合的な学習の時間」

小石川の総合的な学習の時間では、「言語文化（国語・英語）」、「国際理解（社会・英語）」、「自然科学（数学・理科）」の3分野について、1～4年生まで計画的に学習します。

「言語文化」は自分の考えを言葉で表現する力・調査力や発表力などをきたえます。新聞記者のかたに話を聞くなどし、最終的にはスピーチコンテストが行われています。「国際理解」は、社会科と英語科のふたつの側面からアプローチして、さまざまな国の文化を学んだり、留学生との交流を行います。また、オーストラリアへの語学研修の前には、オージーイングリッシュ講座が開かれます。「自然科学」の時間は、物理・化学・生物・地学などの科学の基礎について、考え方から顕微鏡の使い方、レポートの書き方までを学びます。

2 学校全体で取り組む SSH(スーパーサイエンスハイスクール)教育

小石川のSSHは、一部の教員や生徒だけではなく、学校全体で取り組んでいることが特徴です。

サイエンス・カフェ

「学ぶ・語る・発表する・交流する・連携する場」として、大学教授や専門家などを招いてさまざまな話をしてもらう自由参加の講座です。年に10回以上開催されており、生徒の理数分野への興味関心を高めることに役立っています。

オープンラボ

放課後や土曜日などに、理科の実験室を生徒の自主的な研究活動の場として開放しています。気軽に理科にかかわる環境を提供し、支援しています。

小石川セミナー

自然科学をはじめとする各分野で、最先端の学問に触れる体験・学習などの多様な教育機会を設けて、知的好奇心や志を高め、豊かで幅広い教養を身につける機会としています。年に3～4回、土曜日に実施しています。

国内・国外の科学コンテストへの挑戦

さまざまなコンテストに挑戦し、とくにポーランド科学アカデミー主催の「高校生国際物理学論文コンテスト」では10回入選するなどすばらしい成果を残しています。

ですので、大幅な自由選択科目として、「特別選択講座」を用意しています。

こちらも本校独自のもので、多様な講座を設けています。生徒は、自分の希望する進路に応じて選択講座を選ぶことで、効率のよい学習ができるのです。

【Q】「理数教育」の内容についてお話しください。

【奈良本先生】「理数教育」を重視しているのも府立五中から受け継いだ伝統です。その理念がいままでも根づいており、現在では、小石川高校につづいて小石川中等教育学校も文部科学省からSSH（スーパーサイエンスハイスクール）に指定され、10年間の継続指定となっています。

学校全体で理数教育に取り組んでおり、日本学術会議や大学、研究所などと連携し、年間10回以上開催されるサイエンス・カフェや実験室を開放して生徒が自主的に学べる環境を提供するオープンラボ、土曜日を利用して全校生徒が大学教授や専門家から先端科学の話を聞く小石川セミナー、ポーランド科学アカデミー主催の「高校生国際物理学論文コンテスト」をはじめとした国内・国外の科学コンテストへの挑戦など、さまざまな取り組みが実施されています。

本校独自の取り組みも多いので、これから公立中高一貫校を受けたいと思っている人にとっては、とても魅力的な要素ではないかと思います。

【Q】「国際理解教育」も3本柱のひとつですね。

【奈良本先生】 多様な取り組みをとおして、異文化を理解しグローバルな視点でものごとを考えることのできる人材を育てることが、本校の国際理解教育です。

また、英語をコミュニケーション・ツールとして用いることができるレベルにまで高める、充実した英語教育を行っています。

全員参加の体験型学習が多く、2年生では、国内語学研修を実施しています。2泊3日の日程で、8人にひとりネイティブの講師がついた英語漬けの日々を過ごします。

3年生では、オーストラリアで2週間の海外語学研修を体験します。ホームステイをしながら現地の学校へ通うのですが、ホームステイはひとつの家庭に対して生徒がひとりとしています。日本語を

年間行事

おもな学校行事（予定）

4月	入学式　オリエンテーション 校外学習（1〜6年）
5月	
6月	教育実習生進路講話（4・5年） 移動教室（1年）
7月	小石川セミナー①　夏期講習 奉仕体験活動（4年）
8月	海外語学研修（3年）夏期講習
9月	行事週間（芸能祭・体育祭・創作展）
10月	宿泊防災訓練（4年）
11月	国内語学研修（2年） 小石川セミナー② SSH生徒研究発表会　職場体験（2年）
12月	
1月	
2月	海外修学旅行（5年） 合唱発表会（1〜3年）
3月	小石川セミナー③

話す相手がいない環境で過ごすことで、英語を積極的に使う体験をすることがねらいです。現地の高校では、理科の授業を受けるという貴重な体験もできます。海外語学研修は、英語力が身につくことはもちろん、異文化理解にもつながり、この経験を経て人間的にもひとまわり大きく成長することができるのです。

　5年生ではシンガポールへの海外修学旅行があります。そのほか、留学生の受け入れや英検取得への取り組みなど、充実した国際理解教育を実践しています。

3つの行事を行う小石川の行事週間

【Q】9月にある行事週間が有名です。詳しくご説明ください。

【奈良本先生】本校には、9月に「芸能祭」・「体育祭」・「創作展」の三大行事を約1週間で行う期間があり、行事週間と呼んでいます。

　まずは舞台発表を中心とした「芸能祭」があります。文化系の部活動の発表の場となっていますが、有志の参加者も多いのが特徴で、参加グループをオーディションで選ぶほどさかんです。2015年度（平成27年度）は日比谷公会堂で行います。

　芸能祭につづいて、「体育祭」を行います。そして最後が「創作展」というクラスの展示発表会を行います。3年生以上はほとんどが演劇発表を行うのが伝統となっています。とくに最高学年である6年生の演劇は、内容はもちろん大道具などの舞台美術もレベルの高いものとなっています。

　1週間に大きな行事を3つ行うので、とても大きなエネルギーを使います。行事の運営は基本的に生徒たちが主体となって行っており、自ら志を立てて、創作し、新しい文化をつくりだすという流れが伝統となっています。

【Q】最後に、どのような生徒さんに入学してほしいですか。

【奈良本先生】やはり、知的好奇心の強いお子さんに来てほしいという思いが一番にあります。

　本校では、生徒の好奇心を大切に育む環境が整備されていますので、「これはどうなっているのかな？」「ほんとうにそうなのかな？」といろいろな角度からものごとに興味を持って考えることのできる人がいいですね。

東京都立小石川中等教育学校

募集区分 海外帰国・在京外国人生徒枠／一般枠

入学者選抜方法 【特別枠】作文（45分）、面接（25分程度）、報告書【一般枠】適性検査Ⅰ（45分）、適性検査Ⅱ（45分）、適性検査Ⅲ（45分）、報告書、志願理由書

〔問題２〕 バスケットボールだけでなく、ボールはいろいろな要素によってはずむ高さが変わります。今、図１のバスケットボールよりも高くはずむボールを作ろうと思います。どのようなボールを作ればよいと思いますか。できるだけ多くの要素について、なぜそう考えるかもふくめて、説明しなさい。

よしえさんは、すすむさんがシュートしたボールが、バックボードに当たる様子を見ていました。そこで、ボールを床に落としたときではなく、バックボードに当てたときに、どれくらいはね返るかについても知りたくなりました。バックボードは高いところにあって実際に調べるのはむずかしいので、実験に適した壁《かべ》を探《さが》し、壁の決まったところに当たったボールがどれくらいはね返るかについて調べることにしました。

図２

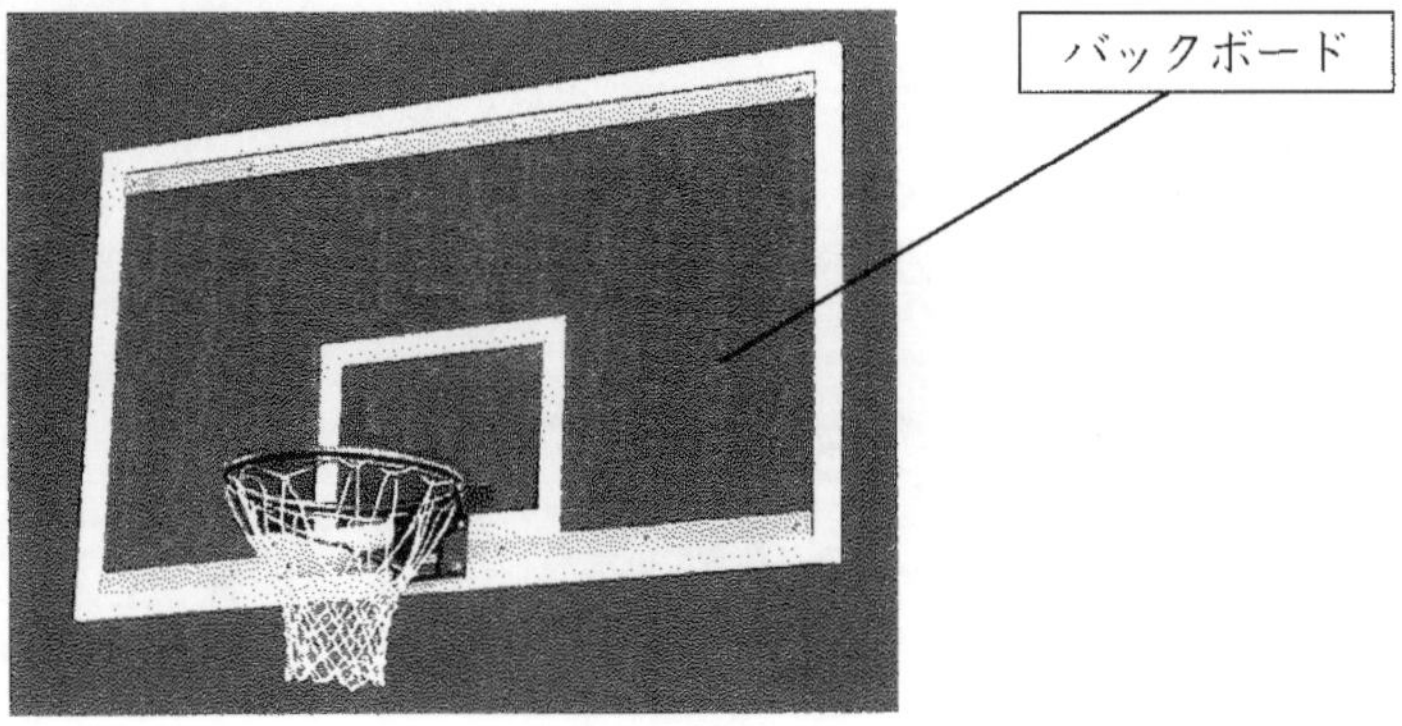

〔問題３〕(1) 同じボールでも、壁への当たり方によって、はね返る大きさが変わります。どのような要素で変わると思いますか。できるだけ多く答えなさい。

(2) (1)で挙げた要素のうち一つを選び、他《ほか》の要素はできるだけ変化させず、選んだ要素だけを変化させることができるような装置《そうち》を考え、その仕組みをくわしく説明しなさい。なお、言葉だけで説明しにくい場合は、図を用いてもかまいません。

身につけた知識で課題解決

問題文の意味をとらえ、これまで身につけてきた知識や経験をもとにして、課題を分析し解決する力をみます。

分析力や思考力、解決力を試す

身近な事象から生まれた課題に対し、日頃の観察力から生まれる分析力や思考力が試されます。課題を解決する力も要求されます。

2015年度　東京都立小石川中等教育学校　適性検査Ⅲ（独自問題）より

1　**すすむ**さんは、バスケットボールのゴールまで５ｍくらいのところからシュートの練習をしています。それを、**よしえ**さんが見ています。

よしえ：最高で何回くらい続けてシュートを成功させたことがあるの。
すすむ：今までの最高は２１回なんだ。あまりはずまないボールの方が続けて成功するんだ。
よしえ：試合で使うボールはどれくらいはずむのかしら。
すすむ：公式試合で使うボールは、180.0cm の高さから静かに床《ゆか》に落としたとき、決められた高さの範囲《はんい》まではずむように空気を入れることになっているんだ。

〔問題１〕　実際に、180.0cm の高さからバスケットボールを静かに落として測定したところ、何回かはずんでやがて止まりました。そのときのはずんだ高さは、**図１**のようになりました。４回目は何 cm はずんだと考えられますか。そのように考えた理由も説明しなさい。ただし、はずんだ高さはボールの一番下を測っています。

図１

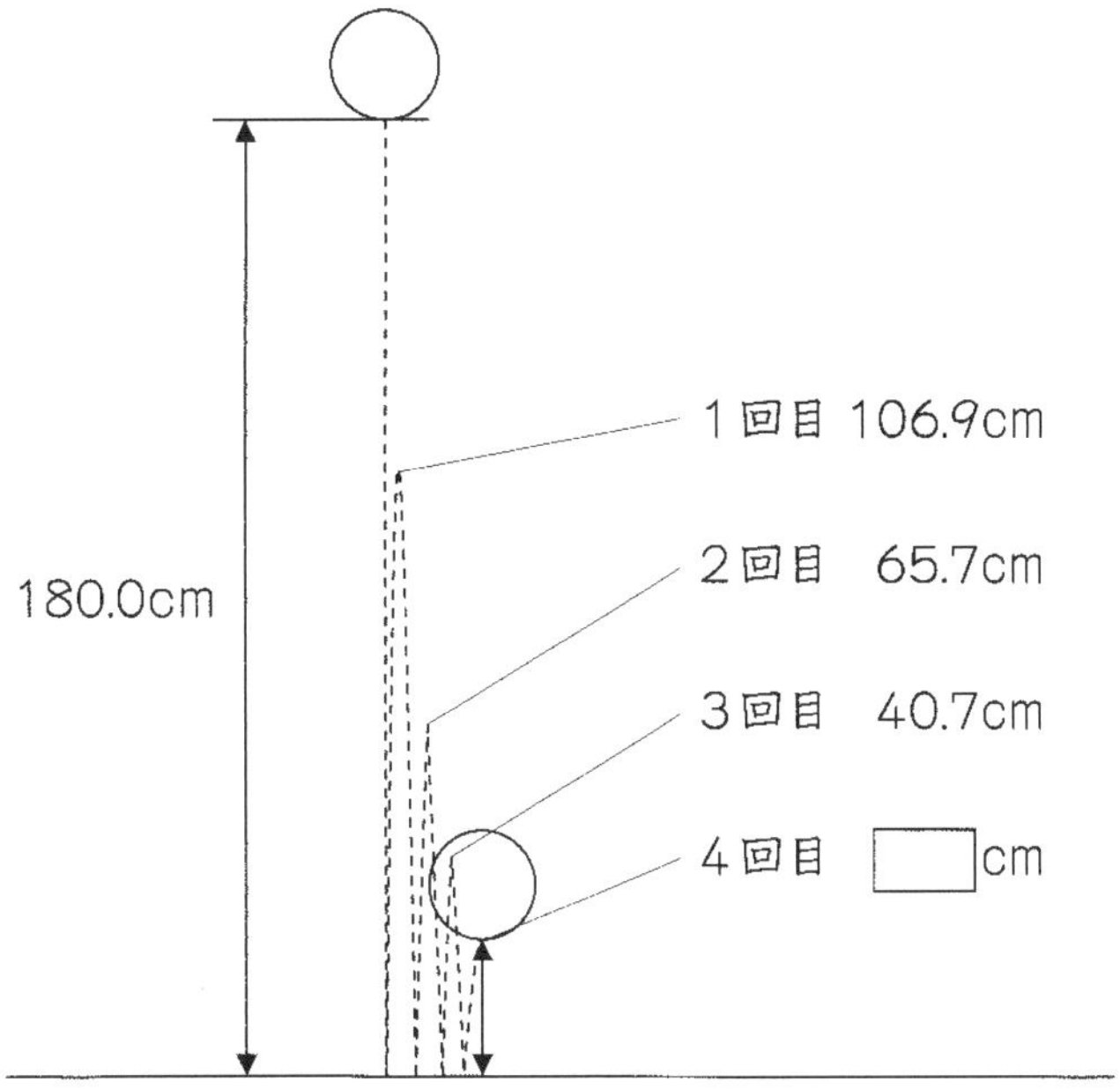

解説

都立小石川中等教育学校の入学者選抜「一般枠」では、報告書と適性検査Ⅰ・Ⅱのほかに適性検査Ⅲが課されます。報告書（400点満点）は換算して200点満点に、適性検査Ⅰ・Ⅱ・Ⅲは、それぞれ100点満点を倍に換算して各200点満点の計600点満点とし、総合成績は報告書の点数と合わせ800点満点で評価します。詳細は９月に発表されます。

適性検査Ⅰでは、文章を熟読し、それを自己の経験などに照らしあわせて、深く考え、文章に表現する力をみます。

適性検査Ⅱの大問３つのうち2が小石川の独自問題で、ほかは共同作成問題でした。独自問題の2は余暇の使い方を題材とした問題で、計算力が必要な小石川らしい出題となっていました。

適性検査Ⅲは独自問題で、大問1は「ボールのはずみ方」の問題でした。算数で解く割合の計算問題以外は、理科実験への興味関心が問われる問題でした。大問2は「カレンダーを題材にした数の性質」に関する問題です。条件のとおりに具体的に書きだすことができる法則の理解が試される問題でした。解答にいたった理由も説明せねばなりませんでした。

東京都立 立川国際《たちかわこくさい》中等教育学校

■中等教育学校 ■2008年開校

国際理解教育を推進し グローバルリーダーを育成

信岡《のぶおか》 新吾《しんご》 校長先生

都立の中高一貫校のなかで唯一「国際」という名称を冠する立川国際中等教育学校。さまざまなバックグラウンドを持つ生徒が集う学び舎で、真の国際理解教育が日々行われています。

学校プロフィール

開　校…2008年4月

所在地…東京都立川市曙町3-29-37

T E L…042-524-3903

U R L…http://www.tachikawachuto-e.metro.tokyo.jp/

アクセス…JR中央線「立川」・多摩都市モノレール線「立川北」バス

生徒数…前期課程 男子217名、女子257名
後期課程 男子216名、女子253名

1期生…2014年3月卒業

高校募集…なし

3学期制／週5日制（月2回程度土曜授業実施）／50分授業

入学情報（前年度）

・募集人員…（一般枠）男子65名、女子65名　計130名
（海外帰国・在京外国人生徒枠）　男女合計30名

・選抜方法…（一般枠）報告書、適性検査Ⅰ・Ⅱ
（海外帰国・在京外国人生徒枠）成績証明書等、面接、作文〈※面接、作文は日本語または英語による〉

都立中高一貫校唯一の「国際」中等教育学校

【Q】御校の教育目標・理念について教えてください。

【信岡先生】「国際社会に貢献できるリーダーとなるために必要な学業を修め、人格を陶冶《とうや》する」ことを教育目標としています。そして、これを実現するために、生徒一人ひとりが、国際社会に生きる自覚を持ち、自ら志を立て未来を切り開いていく「立志の精神」と、自らの考えを明確に持ち、それを表現する能力とともに異なる文化を理解し尊重する「共生の行動力」を身につけ、主体性を発揮するなかで、達成感や連帯感など「感動の共有」ができる教育を理念としています。

【Q】学校はどのような雰囲気なのでしょうか。

【信岡先生】本校は「国際」という名前がつくように、毎年30名の海外帰国生徒・在京外国人生徒を受け入れています。アメリカ・ロシア・中国など、現在は6学年で37の国と地域から集まっていま

す。これらの生徒は、一般枠130人の生徒と区別はせずに、混成クラスにしています。これが他の学校にはない特色です。

いろいろな国や地域での生活経験がある子どもたちが日常的にいる環境です。本校の生徒たちは、生活習慣や価値観、判断基準がそれぞれちがうなかでいっしょに生活しているので、異文化への理解、異なることに対する理解に非常に長けています。中学1年という早い年代から、こうした環境で過ごせることは非常に大切だと実感しています。

教養主義を掲げ 総合力をつける教育課程

【Q】御校のカリキュラムを教えてください。

【信岡先生】 3学期制で50分授業を毎日6時間行っています。週5日制ですが、土曜日は土曜授業を前・後期課程ともに月2回程度実施しています。

教育課程としては、6年間を3ステージに分け、1～2年を「BUILD」、3～4年を「CHALLENGE」、5～6年を「CREATE」と名づけています。

「BUILD」の2年間は、まずしっかりとした基礎学力と自律した生活習慣を身につけることがメインになります。本校は6年一貫教育ですから、高校受験や、高校に入ってから中学校の復習をする必要がありません。ですから、1～2年で基礎学力と生活習慣を身につけることで、「CHALLENGE」（3～4年）の時期に、学習のスピードを飛躍的にあげることができます。そして、同時に高度化していく学習内容にも挑戦していくことができるのです。

この4年間で得たものを土台として、「CREATE」の時期に進路、そして社会にでてからの自分を創造していきます。

教養主義も立川国際の特徴のひとつです。総合力が求められる現代社会の要求に応えるため、生徒全員に幅広く高度な教養を身につけさせることをめざしています。必履修の科目を多く設定し、5年生までは文系・理系というコース分けは行わず広く学びます。6年生から文理に分かれ、それぞれの進路に沿って選べる選択科目を用意しています。

習熟度別授業や少人数制授業も

特色ある カリキュラム紹介

1 「国際」として充実した英語教育、国際理解教育

国際社会で活躍するために必要な英語力を生徒全員が身につけられるようにと、チームティーチングや習熟度別の授業が展開されるなど、さまざまな工夫がなされるほか、多くの行事が用意されています。

まさに英語漬けの日々になるのが、2年生が全員参加する英語合宿です。立川国際の生徒たちは入学してから1年間、充実した英語の授業を受けていきます。そうした授業をとおして英語の基礎をしっかり身につけ、身につけた力を実際に試す機会としてこの英語合宿が設定されています。朝から晩まで、小グループに分かれて外国人インストラクターとともに2泊3日を過ごす有意義なプログラムとなっています。

また、学校では夏休みに前期生の希望者を対象として、「イングリッシュサマーセミナー」が行われます。これは4日間学校に通い、その間はすべて英語で過ごすというものです。小グループに分かれ、テーマを決めてプレゼンテーションやディベートを行います。

そして、5年生では全員が6泊7日のオーストラリア海外研修旅行に行きます。現地で4泊5日のホームステイを行い、ホストファミリーと過ごしながら現地の高校に通うというもので、こちらも英語合宿同様英語漬けの5日間を過ごします。最終日には班別行動でテーマごとの研修課題にも取り組み、現地の大学も訪問します。

また、2013年度（平成25年度）から東京外大と高大連携の協定を結びました。出張講義や外国人留学生との交流などをはじめ、これまで以上に国際交流がさかんに行われるようになりました。

2 日本文化を知り、理解する校外学習・研修旅行

自国の文化を知らなければ、海外の文化を理解したり、比較したりすることはできません。

そのために、3年生では校外学習で鎌倉を訪れ、自国文化のすばらしさに触れます。また、10月には国内研修旅行で奈良・京都を訪れ、日本の歴史や文化への理解をさらに深めます。こうした体験をもとに、5年生の海外研修旅行でのプレゼンテーションにつなげていきます。

効果的に取り入れています。

数学と英語では、全学年で習熟度別少人数授業を実施しています。これにより、入学時から基礎・基本を大切にする授業を実施するとともに、数学や英語が得意な生徒たちにさらに高度な学習を提供する環境を整えています。

また、これまで日本のプログラムで学んできていない帰国生や在京外国人枠の入学生のために、国語や社会などについては、毎週月曜日に先生に相談できる場を用意しています。

【Q】体育祭や文化祭の雰囲気はどうですか。

【信岡先生】 体育祭も文化祭も中高合同で行っています。体育祭での応援合戦を全学年で行ったり、運営面で全学年一体となって取り組んだりと、縦割りで異年齢の集団が協力しあっている姿は中高一貫教育校でしか見られないものです。

2015年度（平成27年度）は校外の広い立川市営陸上競技場で実施し、生徒たちも伸びのびと競技に参加していました。

文化祭はクラスでの発表がメインになり、9月に2日間かけて行います。こちらは両日とも一般公開しています。

進学先の視野には海外の大学も

【Q】進路指導などはどのように行われていますか。

【信岡先生】 キャリア教育は1年生から6年間をかけて体系的に行っています。

1年生で職業調べ、2年生で職場体験などを行うことで、勤労観や職業観を深め、自己の特性や必要とされる能力を伸ばす姿勢を養います。

自分の将来像を意識し、4年生から大学のオープンキャンパスに行き、5年で大学教授等による模擬授業を受けたりすることで、自分が将来なになりたくて、そのためにはどこで学べばよいかを考え、大学や学部を具体的に決めていきます。本校には自分の夢を見つけるための行事が多くあり、指導する教員もそろっているので、しっかりとした指導ができています。

また、大学受験対策として、夏休みには、夏期講習を6週間実施しています。6年生だけで67講座を開講します。どんな講座を開く

年間行事

おもな学校行事（予定）

4月	入学式　対面式　校外学習 HR合宿（1年）
5月	体育祭
6月	英語検定　英語合宿（2年）
7月	
8月	イングリッシュサマーセミナー（1～3年） 夏期講習
9月	文化祭
10月	国内研修旅行（3年）　英語検定 生徒総会　職場体験（2年）
11月	進路講演会（3年）
12月	国際理解教育
1月	英語発表会　芸術鑑賞教室
2月	合唱祭
3月	卒業式

かは、4月に会議を行い、6年生一人ひとりの学習状況を分析、確認し、共通認識を持って生徒たちに必要な講座を各教科で設定しました。したがって、非常にバラエティに富んだものになっています。「これほど夏期講習が充実しているとは思わなかった」「受験に対するモチベーションがあがった」と言ってくれる生徒もいるほどです。

【Q】生徒さんによく話されているのはどんなことでしょうか。

【信岡先生】 進学というのは、自分の学力でどこに行くかを選ぶのではなく、いちばん大事なのは、自分が将来なにになりたいかを明確に持つことだと伝えています。そこから、どこでなにを学ぶか、を考えていくのです。

偏差値が高い、希望者が多い大学というのは、それだけの内容や価値があるということです。大学を選ぶときに、明日試験があるのであれば、いまの学力でしか選べませんが、試験がまださきにあるのであれば、上限を決めずにとことん上をめざしてほしいですね。

今後は、国内の大学はもちろんですが、国外の大学に進学したい生徒のフォローアップも万全にしていく予定です。本校は都立高校で唯一、海外の国公立大学（オーストラリア、アメリカ、カナダ、イギリス、ニュージーランドから選択）へ2名の指定校推薦枠を持っています。条件が合えば、この枠を使って海外の大学に進学することも可能です。

【Q】適性検査で重視するのはどんなところでしょうか。

【信岡先生】 適性検査は学力試験ではありませんので、問題を読み取って、考え、それをどう表現するか、というところを見ています。海外帰国・在京外国人生徒枠募集は別のテストで論述と面接だけです。

どちらも課題に対して自分の考えをまとめて、書く練習をすることで、論理的に考え、伝えることができるようになると思います。

【Q】御校を志望する受検生に向けてのメッセージをお願いします。

【信岡先生】 本校は、6学年という異年齢集団で、多様な価値観を持った生徒たちといっしょに学校生活ができ、将来の選択肢がグローバルに広がる学校です。

花　子：そんなことないわよ。だって１００年たつと、２５回うるう年があるので

０.０４日　×　２５　＝　１日

となって、今度は逆に１日多くなってしまうわ。

太　郎：一体どうしたらいいのかな。先生、教えてください。

先　生：二人とも、なかなかよいところに気が付きましたね。確かに、４年に１度うるう年を定めるだけでは逆に１００年で１日余分にずれてしまいます。

そこで今度は、１００年ごとに１度だけ、うるう年をやめればよいのです。

そうすればずれを調整できます。

太　郎：なるほど。そうすればいいですね。

花　子：うるう年の定め方はおもしろいわね。先生、うるう年の問題を何か出してくれませんか。

先　生：では、１日の時間が地球と同じで、太陽の周りを１周するのに２０１５.４日かかる星があるとします。この星の１年を２０１５日と定めると、太陽の周りを１周するのにかかる時間と、２０１５日と定めた１年との間にずれが生じますね。このずれを調整するためにどのようにうるう年を定めればよいでしょうか。

〔問題２〕　この星とありますが、この星が太陽の周りを１周するのにかかる時間と、２０１５日と定めた１年との間に生じるずれを調整するためには、どのようにうるう年を定めればよいですか。地球のうるう年の例を参考にして具体的に説明しなさい。ただし、うるう年にする年は１年を２０１６日とします。

太　郎：太陽の周りを１周するのにかかる時間と、定めた１年との間にずれがあると、うるう年が必要になるのですね。実際の星でも、太陽の周りを１周するのにかかる時間は、星によってちがいますよね。

先　生：そうですね。それでは火星について考えてみましょうか。地球の１日、すなわち太陽が真南に来て、その次に再び真南に来るまでの時間は２４時間です。これに対し、火星の１日は地球の時間で約２４時間４０分、火星が太陽の周りを１周するのに地球の時間で約６８７日かかります。では、火星が太陽の周りを１周するのにかかる時間について計算してみましょう。

〔問題３〕　火星の１日は地球の時間で２４時間４０分、火星が太陽の周りを１周するのに地球の時間で６８７日かかるとします。このとき、火星が太陽の周りを１周するのに、火星の１日で数えると何日になるか、式をかいて答えを求めなさい。

　ただし、答えを小数で表すときには、小数第二位を四捨五入《ししゃごにゅう》して小数第一位までの数で表しなさい。

募集区分　海外帰国・在京外国人生徒枠／一般枠

入学者選抜方法　【海外帰国・在京外国人生徒枠】面接（20分程度）、作文（45分、日本語または英語による）、成績証明書等　【一般枠】適性検査Ⅰ（45分）、適性検査Ⅱ（45分）、報告書

資料を読み取り理解する

うるう年の計算法がきちんと説明されています。まず、それをしっかりと理解して分析する力が必要です。

得た情報を元にして計算する

架空の星や火星など、条件が変わりますが、しめされた情報を元に、条件に合うようにていねいな計算力が求められます。

2015年度 東京都立立川国際中等教育学校　適性検査Ⅱ（共同作成問題）より

1 **太郎《たろう》**君、**花子**さん、**先生**の３人が教室で話をしています。

太　郎：１年が３６５日ではない年があることを知っているかな。

花　子：知っているわ。うるう年といって、その年は３６６日あるのよね。いつもの年にはないはずの２月２９日があるのよ。

太　郎：２０２０年に東京で行われるオリンピック・パラリンピックの年もうるう年だね。

〔問題１〕　東京オリンピック・パラリンピックが行われる２０２０年の２０２０のように、千の位と十の位が等しく、百の位と一の位が等しい４けたの数を考えます。例えば、他《ほか》には４３４３や９１９１などがあります。このような数のうち、４の倍数を三つ答えなさい。

太　郎：でも、どうしてうるう年は１年の日数が１日多いのかな。

花　子：先生、なぜうるう年があるのですか。

先　生：地球は太陽の周りをほぼ１年かけて１周しています。この時間は実際には約３６５．２４日なので、１年を３６５日とするとずれが生《しょう》じてしまうのです。そこで、うるう年でずれを調整しているのです。

太　郎：どういうことですか。よく分かりません。

先　生：地球が太陽の周りを１周する時間を３６５．２４日として計算してみましょう。地球が太陽の周りを１周するのにかかる時間から、１年を３６５日とした場合のずれを計算すると、

３６５．２４日　－　３６５日　＝　０．２４日

となるから、毎年０．２４日ずつずれが生じます。

太　郎：ということは、４年で

０．２４日　×　４　＝　０．９６日

となるから、約１日ずれますね。それで４年に１度うるう年を定めて１日増やす必要がありますね。

花　子：ちょっと待って。うるう年を単純《たんじゅん》に４年に１度とするだけでは、まだ少しずれが生じないかしら。

太　郎：どういうことかな。

花　子：４年に１度うるう年を定めると、０．９６日のずれを１日増やして調整することになるけど、それでは４年で

１日　－　０．９６日　＝　０．０４日

のずれが生じてしまうことになるわ。

太　郎：それくらい問題ないよ。

解説

都立立川国際中等教育学校・一般枠では、報告書320点を200点に換算、適性検査Ⅰを300点に換算、適性検査Ⅱを500点に換算して、総合得点1000点で判定します。ただし、詳細は9月に公表されます。

適性検査ではほかの都立中高一貫校と比較して、より読解力を重視しているように見えます。まず、日本語を理解できなければ外国語にも対応できないとの考えなのでしょう。このため、立川国際の独自問題の採用は、長文を読解し作文で答える適性検査Ⅰとなりました。

その適性検査Ⅰはかなり長い長文読解で、ミラノに住んだ筆者の文章を読み、部分要約と作文でした。作文は360字～400字でした。長文の主張を読み取り、生じた自分の考えを作文で表現する力が問われています。

適性検査Ⅱは、共同作成問題が全問採用されました。資料を読み取って答えていく問題でしたが、計算し解答するためにはそれぞれ細かい条件が多くしめされていますので、条件を整理する力が求められました。

東京都立 白鷗《はくおう》高等学校附属中学校

■併設型 ■2005年開校

日本の伝統文化を理解する
国際社会で活躍できるリーダーを育成

若井《わかい》 文隆《ふみたか》 校長先生

「辞書は友達、予習は命」を合い言葉に毎日の授業に真剣に取り組む白鷗高等学校附属中学校。教育理念「開拓精神」のもと、きめ細やかな指導をモットーに優秀な人材を輩出し、地域の信頼に応えています。

きめ細やかな指導で優秀な人材を輩出

【Q】設立の経緯と沿革についてお聞かせください。

【若井先生】 東京都立白鷗高等学校（以下、白鷗）の創立は1888年（明治21年）に、小学校の教員への道を女子にも開くこと、女子一般の教育を改良・向上することを目的として東京初の府立高等女学校として開校したのが始まりです。それから学制改革にともない、白鷗高等学校と改称し、男女共学になり、2005年（平成17年）に都立で初となる中高一貫教育校として附属中学校が開校しました。すでに120年を超える長い伝統を誇る学校です。

創立以来、教育理念として「開拓精神」を掲げ、自らの意志と努力をもって自己を開発していく精神、いかなる苦難にも耐えて自己の人生を切り開いていく力、社会の進展に寄与する旺盛《おうせい》な意欲を持つ生徒の育成をめざしています。これまできめ細やかな指導と進取の気概を持った教育を実践し、幾

学校プロフィール

開　校…2005年4年
所在地…（東校舎）
東京都台東区元浅草3-12-12
（西校舎）
東京都台東区元浅草1-6-22
TEL…03-5830-1731
URL…http://hakuo.ed.jp/
アクセス…都営大江戸線・つくばエクスプレス「新御徒町」徒歩7分、都営大江戸線「蔵前」・地下鉄銀座線「田原町」徒歩8分、都営浅草線「蔵前」徒歩12分
生徒数…男子232名、女子245名
1期生…2011年3月卒業
高校募集…あり
3学期制／週6日制／50分授業
入学情報（前年度）
・募集人員…男子80名、女子80名
計160名
・選抜方法（前年度）…（特別枠）報告書、面接、実技検査〈区分B 囲碁・将棋等〉
（一般枠）報告書、適性検査Ⅰ・Ⅱ

多の優秀な人材を輩出しつづけてきました。

そして11年前に附属中学校に入学した生徒の多くは、今年から社会人として活躍しています。多感な6年間をこの「白鷗」で学ぶことで、一人ひとりの生徒が無限の可能性にチャレンジしています。

【Q】学習指導についてお聞かせください。

【若井先生】都立白鷗高等学校附属中学校は「辞書は友達、予習は命」を合い言葉に、日々、学習に励んでいます。この合い言葉は1時間ごとの授業を大切に毎日を過ごすということです。

授業を担当する先生も、また授業に参加する生徒も、1時間ごとの授業を大切にし、真剣に取り組んでいます。

辞書を活用することは能動的に学ぶ姿勢の表れであり、かならず予習をして授業にのぞむことは、主体的に授業に参加していくことへとつながります。

「白鷗の授業は高密度である」という評価も、こうした日々の努力に支えられているからでしょう。地道に日々努力することの大切さを理解し、着実な学力伸長を成し遂げています。

さらに、各自の到達度に応じて、必要がある場合には放課後などを活用した補習も実施し、一人ひとりが学習内容をしっかりと理解できるまで、教員は教えることをつねに心がけています。

国際理解教育で世界のリーダーを育成

【Q】御校の教育の特徴をお教えください。

【若井先生】本校は、古きよき時代の江戸情緒を色濃く残している「上野・浅草地区」のほぼ中間に位置しています。日本の文化を理解し、世界のなかでの日本人としてのアイデンティティを育み、将来は国際社会で活躍できる生徒を育てる国際理解教育に力を入れています。

その一例をあげると、音楽室にはひとり1丁の三味線が用意されています。卒業までの6年間で、生徒全員が三味線を弾けるようになります。また、畳をしきつめた和室も完備されており、作法や茶道などに日々活用されています。

日本文化を深く理解し、日常体験として身につけたうえで、広く

特色ある カリキュラム紹介

1 国公立大学受験に対応できるカリキュラムを提供

白鷗高校のカリキュラムは、基本的には6教科7科目の国公立大学受験に対応できる内容となっています。土曜日も4時間授業を実施しています。

また、中学校では週２回、15時15分～40分までの25分間の「白鷗タイム」があります。これは火曜日と金曜日の6時間目のあとに組みこまれており、読書指導や学習の補充にあてられています。

授業では発展的な内容を多く含む学習内容を取り入れています。数学と英語では習熟度別授業を実施し、きめ細かい指導を行います。さらに指名数学補習や指名英語補習もあります。

こうした成果が中高一貫教育校卒業生の高い国公立大学合格率に表れています。

2 特色ある選択教科と学校設定教科 各教科では細かい学習目標がある

特色のある選択教科として、社会と自分のかかわりについて新しい視点から学ぶ「社会と私」や、さまざまな場面の表現能力を高める「プレゼンテーション」などがあります。さらには、高校でも日本伝統文化を広い視野から学ぶ「日本文化概論」などの学校設定教科・科目も学ぶことができます。

このほか、国語は百人一首の暗唱に力を入れています。また、漢字検定を受検し、語彙《ごい》の習得にはげみます。

数学も、数検への挑戦を積極的に行い、そのための補習も実施しています。

英語は話す・書く・聞く・読むの４技能すべての能力向上をはかります。そのため、英語スピーチや英語プレゼンテーションも取り入れています。

そして、３年生までに全員が英検準２級の資格取得をめざしています。

このように教科ごとに細かく目標を立て、それに向けて毎日の授業を大切にしています。

国際的な視野を広げるため、海外短期留学、海外修学旅行なども企画しています。こうして日本文化を理解した国際人として豊かな人間性を育み、世界に羽ばたくリーダーを中高6年間で育んでいます。

【Q】都立初の中高一貫教育校としての苦労などはありましたか。

【若井先生】２０１０年（平成22年）で計10校となった都立中高一貫教育校のなかで、白鷗はいち早くスタートしました。開校当初において、6年間を見据えた公立中高教育という視点の実践は、かならずしも平坦なものではなく、試行錯誤の連続でした。

しかしながら、「開拓精神」を教育理念として掲げる白鷗は、6年間をトータルで考え、生徒の基礎学力を伸ばしつつ、国際社会で活躍できるリーダーの資質としてなにが必要か、そして、そのための人間的な力量を身につけさせていく教育を模索しつづけました。こうした試行錯誤のなか教育活動を展開してきたこの11年間を振り返ってみると、確実に生徒は育っているという自信はあります。

【Q】校舎がふたつありますが、これについてお聞かせください。

【若井先生】１・２年生（中１・中２）は東校舎で学び、３～６年生（中３～高３）は西校舎で学んでいます。この東校舎の存在は本校を支える重要な要素となっています。なぜなら、小学校を卒業したばかりの新入生に2年間、自由に伸びのびとした環境を用意できるからです。校庭、図書館、実験室などの施設もそろっており、それらを活用して、生活習慣の体得、あるべき学習姿勢の涵養がなされています。

この2年間で「学びの基礎」をじっくり身につけることができます。その結果、中1・中2でも「平日の自宅での学習時間は平均2時間」を確保できています。

中高一貫教育校ですが、このようなふたつの離れた校舎があり、それぞれの成長に応じた教育活動が展開され、それが有効に機能しているのは、どこにも負けない特色だと誇りに思っています。

推奨している英語検定と漢字検定

【Q】授業についてお聞かせください。

年間行事

おもな学校行事（予定）

4月	入学式
5月	校外学習（1〜3年） 体育祭
6月	
7月	スポーツ大会 宿泊行事（1年） 農村勤労体験（2年）
8月	海外短期留学（3・4年希望者）
9月	白鷗祭（文化祭）
10月	生徒会選挙 修学旅行（3年）
11月	校外学習（1年） 職場体験（2年）
12月	
1月	百人一首大会 芸術鑑賞会（1〜5年） 校外学習
2月	合唱コンクール 校外学習
3月	スポーツ大会（1〜5年）卒業式

【若井先生】 本校の教育課程は国語・数学・英語に比重をおいたものになっています。数学と英語では1クラスを2つ〜3つに展開する少人数制による習熟度別授業を行っています。

また、入学時点において、一般枠だけではなく特別枠での入学生がいることも白鷗の特徴です。

たとえば、中学入学時点ですでに英語検定2級（高校3年修了程度）を取得しているような生徒に対しては、一般の生徒よりも発展的な授業を実施しています。さらに、中学生は授業外においても英語検定と漢字検定の受検を義務づけています。

【Q】学校行事はどのようなものがありますか。

【若井先生】 1年生は学校周辺をボランティアの人に案内してもらう校外学習や、2泊3日の宿泊行事でプレゼンテーションを学びます。また、地域で長くつづく工房を訪ねて伝統工芸を体験する機会もあります。

2年生は農村勤労体験、学校近隣の事業所に行き、職業を実体験する職場体験があります。

3年生では修学旅行で京都・奈良を訪れ、比叡山に登ります。

3・4年生では希望者がオーストラリアに2週間の語学短期留学でホームステイを行います。

それをうけ、5年生では海外修学旅行が実施されます。これは異文化交流だけではなく、キャリア教育としての視点からも行っています。

本来、学校の姿とは勉強をするところです。学習を柱として、学校行事も部活動も、学びの一貫としてとらえるべきです。しっかりと勉強することを前提とした学校生活を送ってほしいと願っています。

【Q】最後にメッセージをお願いします。

【若井先生】 だれしもが夢を持っています。その夢をかなえることができる学校が白鷗高等学校附属中学校です。

生徒は多くの仲間と夢や将来を語り合い、お互いが切磋琢磨しながら進路実現に向け真剣に授業に取り組んでいます。

みなさんにとって大切な6年間を白鷗高等学校附属中学校で、私たちといっしょに過ごしませんか。

花子さんと太郎君が、この地図（**図5**）と地球儀で調べた結果、**表1**のようになりました。

表1　オリンピック・パラリンピックが開かれた都市と東京とのきょり測定結果と実際のきょり

都市名	地図（**図5**）で測ったきょり	地球儀で測ったきょり	実際のきょり
ロンドン	約15725km	約9450km	9585km
メキシコシティ	約13515km	約11450km	11319km

（「理科年表」平成26年などより作成）

花　子：確かに、この地図（**図5**）で測ると、実際のきょりと大きくちがうところが出てきてしまうわね。

太　郎：どうしてなのだろう。

〔問題3〕 **表1**で分かるように、地球上の二つの都市の間のきょりを測る場合、【地図（**図5**）を使った手順】は、【地球儀を使った手順】よりも、実際のきょりと大きくちがっていました。

地図（**図5**）のほうが地球儀よりも実際のきょりとのちがいが大きくなるのはなぜなのか、地図（**図5**）と地球儀とのちがいを挙げながら説明しなさい。

読解力を駆使して疑問を解決する

課題となった会話と地図や表を読み取って理解し、与えられた条件のもとに判断して思考し、表現する力をみています。

問題を解決し表現する力

会話文と表の数値、問題文を吟味して「なぜ」を考え、その結論を他者にわかりやすく伝える表現力をみています。

東京都立白鷗高等学校附属中学校

募集区分　特別枠・一般枠

入学者選抜方法　【特別枠】〈区分A〉面接（15分程度）、報告書　〈区分B〉実技検査（45分）、面接（15分程度）、報告書
【一般枠】適性検査Ⅰ（45分）、適性検査Ⅱ（45分）、報告書、志願理由書

2015年度　東京都立白鷗高等学校附属中学校　適性検査Ⅱ（共同作成問題）より

花子さんと太郎君は、まとめの最後として、１９６４（昭和３９）年から２０１４（平成２６）年までの間にオリンピック・パラリンピックが開かれた都市についても調べてみました。

花　子：オリンピック・パラリンピックが開かれた都市は、世界各地に散らばっているわね。
太　郎：東京から遠い都市が多いね。そういえば、ぼくの好きな種目を見たくても、夜中に放送されたので、見られなくて残念だったことを覚えているよ。
花　子：東京から、オリンピック・パラリンピックが開かれた都市まで、どのくらいのきょりがあるのか測ってみましょう。社会科の教科書に、地球儀《ちきゅうぎ》を使って測る方法が出ていたわ。
太　郎：地球儀ではなく、この地図（**図５**）を使って測ってもいいんじゃないかな。
先　生：この地図（**図５**）できょりを測ろうとすると、正確に測ることができないんだよ。
花　子：それはどうしてなのですか。
先　生：では、ロンドンとメキシコシティの二つの都市を取り上げ、この地図（**図５**）と地球儀を使い、東京とのきょりを測ってみましょう。

【地図（**図５**）を使った手順】（８５００万分の１の地図を使用）
①地図（**図５**）上にある二つの都市と東京との間の長さを測る。
②その長さを８５００万倍しておよそのきょりを出す。

図５

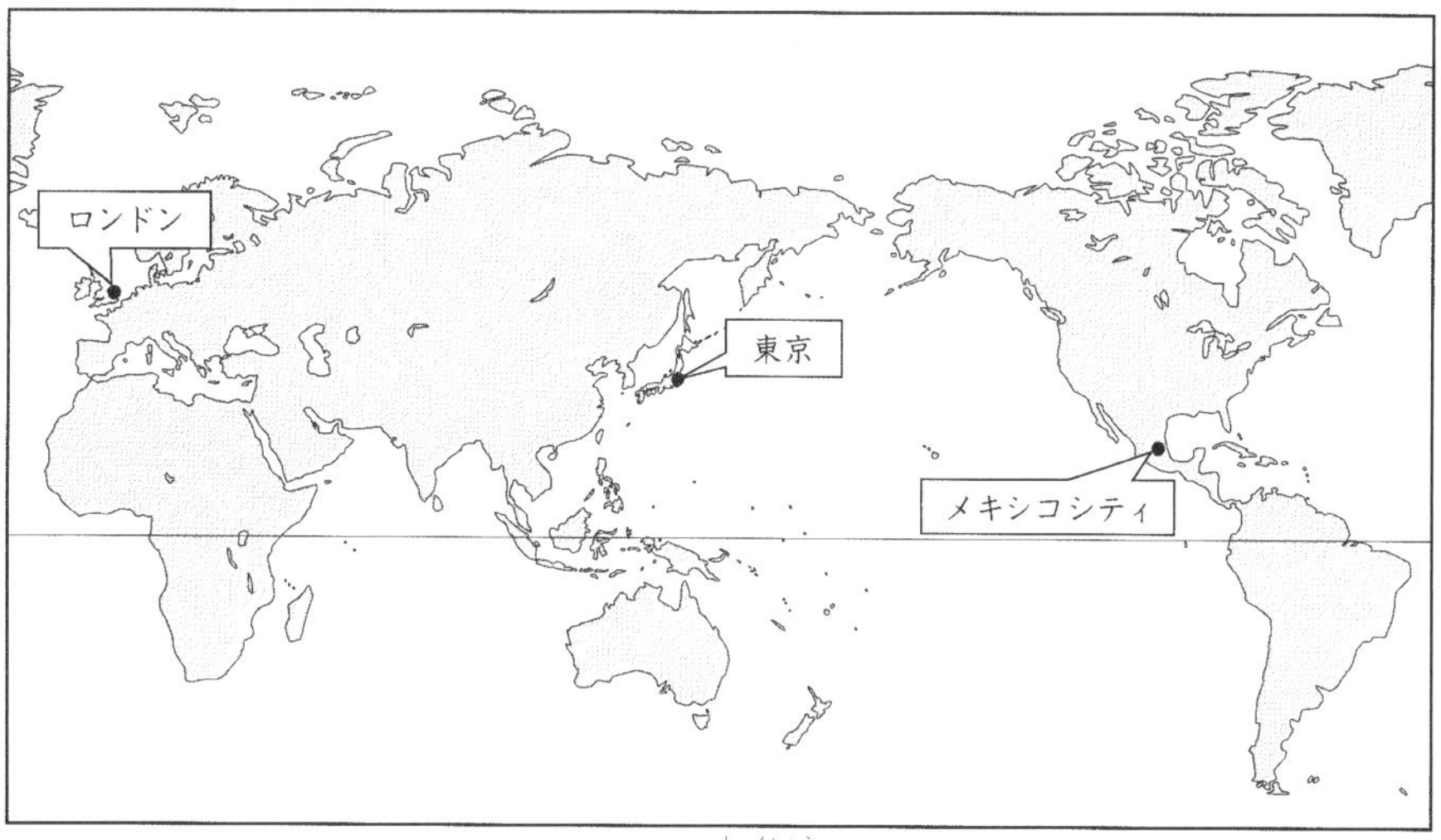

※８５００万分の１の地図を約３４．６％に縮小《しゅくしょう》して、けいさいしたものです。

【地球儀を使った手順】（５０００万分の１の地球儀を使用）
①地球儀上にある二つの都市と東京との間に紙テープをはる。
②平らな場所で、その紙テープの長さを測る。
③その長さを５０００万倍して、およそのきょりを出す。

解説

都立白鷗高等学校附属中学校の入学者選抜では、適性検査Ⅰは100点満点を換算して300点満点に、適性検査Ⅱは100点満点を換算して400点満点とします。報告書は320点満点を点数化後、300点満点に換算、合わせて1000点満点の総合得点で合否を判断しています。来年度については正式には９月に発表されます。

独自問題の適性検査Ⅰでは、課題を発見し、それを解決する方法について自分の考えや意見を正しく表現し、的確に文章にまとめる力をみます。文字量は100字以内が２問、500字以内が１問でした。

共同作成問題の適性検査Ⅱでは、思考力、判断力、表現力をいかして、問題を解決する総合的な力をみます。

2015年度の出題では、適性検査Ⅰは文章を読んで、国語の読解力を試されることに加えて、自分の経験をまじえて他者にわかるように文章を組み立てる表現力が問われています。

適性検査Ⅱは算・社・理、３教科の融合問題で、考える姿勢を持たない受検生にはつらい出題です。

東京

東京都立　富士《ふ》士《じ》高等学校附属中学校

■併設型　■2010年開校

「文武両道」「自主・自律」を校訓に国際競争力の高いトップリーダーを育成

上野《うえの》　勝敏《かつとし》　校長先生

「文武両道」「自主・自律」の精神を継承し、新しい教育プログラムを先進的に取り入れた学校としてスタート。英語力と探究力の育成を大きな柱として、基礎基本の定着に向けた初期指導と学習習慣の確立を大切にし、新しい時代を創造できる能力を育てます。

礼儀作法を重んじた子女教育から始まる

【Q】御校の沿革についてお話しください。

【上野先生】2010年（平成22年）に東京都立富士高等学校の併設型中高一貫教育校として開校しました。高校は、1919年（大正8年）に府立の第五高等女学校として、現在の新宿歌舞伎町の旧コマ劇場跡にありました。そこから中野区の現在の校地に移転したという歴史を持っています。

日本女性の理想の教育を、自由闊達《かったつ》にやってほしい、子女教育として礼儀作法を重んじた教育を行ってほしいという願いのもとスタートしました。

その後男女共学になり、地域では西・富士と並べて称され、毎年東京大に30～40名輩出していた都立の名門校として、いまも地域に愛されています。

【Q】教育目標をお教えください。

【上野先生】「文武両道」「自主・自律」を校訓として、「知性と教養を深める」「品性と感性を磨く」

学校プロフィール

開　校…2010年4月

所在地…東京都中野区弥生町5-21-1

TEL…03-3382-0601

URL…http://www.fuji-fuzoku-c.metro.tokyo.jp/

アクセス…地下鉄丸ノ内線「中野富士見町」徒歩1分

生徒数…男子176名、女子183名

1期生…高校3年生

高校募集…あり

2学期制／週5日制（土曜授業 年18回）／50分授業

入学情報（前年度）

・募集人員…男子60名、女子60名　計120名（予定）

・選抜方法…報告書、適性検査Ⅰ・Ⅱ・Ⅲ

「リーダーシップを高める」の3つを教育目標に掲げています。

そして、知性教養が高く、品性と感性を兼ね備えた国際社会のリーダーになり得る人材の育成をめざしています。

目標とする学校像として、国際化に対応する教育を重視する学校、体験・情報・科学学習で探究力を育てる学校、学力・体力向上と進路実現を図る学校、創造的な活動で自主自律を育てる学校という4つを掲げています。

【Q】ふだん、校長先生から生徒のみなさんに伝えていることはありますか。

【上野先生】 創立の理念どおり、礼儀作法については厳しく教えています。礼儀とは人権教育の基本です。

本校の礼法は、「三心礼法」と呼んでおり、「尊重する心」「感謝する心」「協力する心」の3つの心を、きちんと心のなかで唱えて3秒間かけてしっかり礼をする。礼をしたあとにあいさつをする。授業の前に礼をしてから「お願いします」。終わりましたら、「ありがとうございました」。そういうあいさつをかならずするように指導を行っています。

そのほか、現在の子どもたちに不足している読書やコミュニケーション能力、プレゼンテーション能力をしっかり高める指導をしていくということを進めています。

【Q】入学したばかりの生徒さんが学校になじめるように、なにか工夫をされていますか。

【上野先生】 中学の学習に慣れることが、いちばん重要な課題だと思っています。授業の取り組み方、ノートの取り方、予習・復習や定期考査の学習の方法などきめ細かい指導プログラムを準備しています。

早く友だちに慣れるという意味では、夏休みの2泊3日の八ヶ岳自然探究教室はとてもいい行事だと思います。

軽登山や自然探究活動など、数多くの体験をとおして集団生活をすることで、仲間づくりや団結力も生まれてきます。

多読やプレゼンなどで英語力を強化

【Q】どういうかたちで英語教育を行っていますか。

【上野先生】 英語の特徴は、土曜日に多読の授業に取り組んでいるこ

特色ある カリキュラム紹介

1 リーダーシップが取れる人間を育成 そのためには文系・理系ともに学ぶ

世の中のリーダーシップを取るという観点から、文系や理系だけの勉強をしていたのではいけません。そのため、都立富士高校附属中のカリキュラムは国公立大進学に向けたものになっており、偏りのない勉強ができるように組まれています。

また、英語力の育成に力が入れられ、中2で英検3級、中3で英検準2級、中学段階からTOEIC Bridgeに挑戦しています。

夏季休業中には1日3時間、3日間の少人数（20人）による英語の講座があります。

教員と外国人講師で既習事項の定着をはかることはもちろんのこと、外国人講師との会話をとおしてコミュニケーション能力の育成にも熱心です。その際、学校の教材とは別に、専用のテキストを用意しています。中3では2泊3日で語学研修を行います。ふだん行うことのできないプログラムをとおして、ネイティブによる学習の環境をつくっています。

2 探究未来学

知性と教養を深めるために、基礎基本の定着に加え、大学との連携をとおして探究心を高めます。

大学との連携による最先端の科学学習は、生徒の興味・関心をよりいっそう引きだし、探究心を高めることにつながります。

また、東京都教育委員会より、理数イノベーション校に指定され、理系分野に興味を持ち、関心を高める生徒を増やす取り組みをしています。高校生のみならず、中学生も科学の甲子園に出場させる準備をしています。

生徒は興味関心を持ったことからテーマを設定し、その課題を追求し解決する課題探究学習を行います。中3、高2と2度発表を行い、大学の先生などの講師による指導助言などをとおして論文を作成します。

生徒の取り組む課題探究学習は社会貢献ひいては未来を創造する学習（未来学）であり、さらに、この未来学は将来の社会を創造できる人材を育成する学習であることを生徒に意識させています。

とです。これは、赤ちゃんが自然に言葉を覚えていく過程と同じように、映像と言葉をいっしょに無理なく記憶できるシステムです。

ですから、多読の教材は絵本から始まり、簡単な単語や会話から覚えていく授業となっています。

中学1年次で5万語を読むことを目標とし、中学段階で15万語の多読を達成させたいと考えています。

なかには、1年で9万語を読破した生徒もおり、保護者にも体験してもらい大変好評でした。中学校段階で2200語、中高をつうじて4000語の獲得をめざしています。

また、英語は3年間習熟度別授業を実施し、夏季休業中のネイティブ講師との集中英語講座や、中2での語学研修旅行（ブリティッシュヒルズ）もあります。最終的には英語でプレゼンテーションができることをめざしています。

高校での海外語学研修も目玉のひとつです。高1・高2で希望制によるオーストラリア短期語学研修、高2でマレーシア修学旅行を行います。研修後には英文レポートを作成、発表します。また日本に滞在している外国人留学生との交流も行っています。

さらに、高1・高2で選択科目として、ドイツ語・フランス語・中国語を履修することができます。

学力向上をめざす 富士メイクアップ方式

【Q】このほかに取り組んでいることはありますか。

【上野先生】「富士メイクアップ」という学力向上をねらいとした考査と学び直しのシステムがあります。

これは、テストを、評価のためだけではなく、学力向上につながる教育の機会と位置づけて活用する取り組みです。

本校では、つぎのような年間スケジュールとなっており、7回の考査が実施されています。

・第1回　定期考査
・第2回　定期考査
・第3回　総合考査
夏季休業中に学び直し
前期の成績
・第4回　定期考査
・第5回　定期考査
冬季休業中に学び直し

年間行事

おもな学校行事（予定）

4月	入学式　対面式
5月	農業探究教室（中2）
6月	体育祭　キャリアセミナー（中2）東大教授による講義（中3）　東大研究所訪問・実験体験（中3）
7月	七夕飾り　レシテーションコンテスト　八ヶ岳自然探究教室（中1）
8月	短期集中英語講座（中1～中3）
9月	文化祭　農業探究教室（中2）
10月	環境セミナー（横浜国立大学との連携・中1）　修学旅行（奈良・京都）
11月	職場探究学習（中2）　芸術鑑賞教室
12月	エコプロダクツ見学（中1）　キャリアセミナー（中2）　宿泊語学研修（中2）
1月	キャリアセミナー（中3）　百人一首
2月	合唱祭　キャリアセミナー(中1)
3月	探究学習発表会（中3）

・第6回　総合考査
・第7回　定期考査
　後期の成績

　このように、短いサイクルで学び直しをさせて、総合考査で実力養成をはかります。5教科で実施される総合考査の結果は、前後期の成績に反映されます。考査後には先生がたによる学力分析会や学力推移調査（全国版中高一貫校の模擬テスト）の分析を行い、教員の指導力の向上と生徒の学力向上につなげています。

　そのほか、週2回放課後の時間を使って行われる「富士サポートシステム」という学習進度が遅れている生徒に対する補習・講習も充実しています。

　また、幅広く進路を実現するため高2まで文理に分けず、広い教養を身につけていきます。

　高校生に対しては、「富士アカデミー」という、数学・英語で希望制による発展的な学習を行い、高い目標を掲げて取り組んでいます。

【Q】進路指導についてお聞かせください。

【上野先生】6年間の進路シラバスに沿って、キャリア教育を実践し、生徒の進路実現をするようにきめ細かく指導しております。また具体例として、FINEシステムをすべての教員が活用しています。これにより生徒一人ひとりの課題が把握でき、学習時間や学習方法のアドバイスを行っています。

【Q】適性検査についてお教えください。

【上野先生】基本的には読書習慣が大切です。いろいろな新聞のコラムや論説文などを読んで、それに対して自分の考えをまとめる練習も大事ですね。過去問や計算問題、時事問題にも取り組んだ方がいいと思います。

【Q】どのような生徒さんに入学してもらいたいですか。

【上野先生】本校はスポーツ名門校でもあり、なぎなたや剣道は全国大会に出場していますし、元Jリーガーのプロコーチによるサッカー部指導など部活動にも力を入れています。学習にも部活動にも、高い目標を掲げて、難関国公立大学への合格に向かって一生懸命に取り組もうと思っている生徒さんにぜひ入学していただきたいと思います。

募集区分　一般枠

入学者選抜方法　適性検査Ⅰ（45分）、適性検査Ⅱ（45分）、適性検査Ⅲ（30分）、報告書

しんご： 分かりました。**表2**のようにして表に書き入れていけばよいのですね。

〔問題1〕　今日、6年1組の体育でサッカーを行いました。赤チーム、青チームの2チームが1勝1敗1分の時、黄チーム、白チームの勝敗はどのようになる可能性がありますか。解答用紙の表に○×△を書き入れて表を完成させなさい。

〔問題2〕　別の日に、6年2組の体育でサッカーを行いました。赤チームが青チームに勝ったとします。白チームが2勝1敗となり、4チームの勝ちの数がちがうとき、青チームの勝敗の結果を、それぞれのチームとの対戦をふまえて文章で説明しなさい。

別の日の放課後、サッカー大会実行委員の児童と先生は、サッカー大会について確認をしました。

先　生： 今度の学年サッカー大会は、2クラスを5チームに分けて行います。
なおき： チーム名はどうしますか。
先　生： みんなはどう思いますか。
み　か： Aチーム、Bチーム、Cチーム、Dチーム、Eチームがよいと思います。
先　生： そうしましょう。全てのチームが、他のチームと1回ずつ対戦することとします。
とおる： 試合時間はどのように進めますか。
先　生： 13時30分から試合を始めます。1試合6分で試合と試合の間には3分間の休み時間をとることにします。コートは、東コートと西コートの2面を使います。
まどか： 審判《しんぱん》はどうするのかしら。
なおき： 試合のないチームが担当《たんとう》することにしようよ。
先　生： それはよいですね。では、試合の進行計画をみんなで作ってサッカー大会を行いましょう。

〔問題3〕　サッカー大会の、第3試合、第4試合、第5試合の進行計画を、解答用紙の進行計画表の全ての（　　）に記入して完成させなさい。ただし、審判は各チームが1回ずつ行うこととします。

会話文と資料を読み解く

算数を得意とするならむずかしくはありませんが、複数の解答がでてくる条件をうまく考察し、分析しなければなりません。

問題を解決する力をみる

解答欄の進行表後半を記入します。審判のチームと、試合をするチームが重ならないようにするところに落とし穴があります。

2015年度　東京都立富士高等学校附属中学校　適性検査Ⅲ（独自問題）より

1　中富士小学校６年生では、２クラスで学年サッカー大会を行うことになりました。

先　生：来月、６年生２クラスで学年サッカー大会を行います。
そこで、今日の６年１組の体育では、クラスを赤チーム、青チーム、黄チーム、白チームの４チームに分けてサッカーをします。

みどり：どのように対戦するのですか。

先　生：１チーム８名で全《すべ》てのチームが他《ほか》のチームと１回ずつ対戦することとします。

やよい：試合《しあい》のルールはありますか。

先　生：１試合６分で行います。得点が多い方のチームを勝ちとします。得点が同じ場合《ばあい》には引き分けとします。試合結果は、表にまとめておいてください。

しんご：どのように表にまとめるのですか。

先　生：勝ったチームには○、負けたチームには×、引き分けの場合には△を書き入れます。
例えば、赤チームと青チームが対戦して、赤チームが勝った場合には、**表１**のように書き入れます。

表１

対戦チーム名 / チーム名	赤	青	黄	白
赤		○		
青	×			
黄				
白				

先　生：次に、黄チームと白チームが対戦して、引き分けの場合には、**表２**のようにさらに書き加えます。

表２

対戦チーム名 / チーム名	赤	青	黄	白
赤		○		
青	×			
黄				△
白			△	

解説

都立富士高等学校附属中学校では2015年度入試から、独自問題として適性検査Ⅲを加えたため配点も改め、適性検査Ⅰ200点、適性検査Ⅱ400点、適性検査Ⅲ200点、報告書200点、合わせて1000点満点で評価することになりました。2016年度もこれにならうものと考えられますが、正式な発表は９月になります。

共同作成問題の適性検査Ⅰでは文章を深く読み取り、内容を適切に把握し、自分の考えや感じたことを表現する力をみます。同じく共同作成問題の適性検査Ⅱでは、資料などをもとに、課題を見つけたり、課題を解決したりする力をみるとともに、わかりやすく説明する力も試されます。その際、必要な漢字が正しく書かれているかどうかもポイントです。また論理的な表現力、たとえば、文章の主述がしっかりしているかなども評価の対象となります。

独自作成の問題となった適性検査Ⅲは、課題を見つけ解決する力をみるとされていますが、算数の力がなければ容易ではないでしょう。とくに2015年度の大問2は条件がかなり複雑なため、得点するのは厳しかったと思われます。

東京都立 三《み》鷹《たか》中等教育学校

■中等教育学校　■2010年開校

「思いやりを持った社会的リーダー」を育成

仙田《せんだ》　直人《なおと》 校長先生

幅広い見識を身につけ、限界までチャレンジし努力する生徒を育てている三鷹中等教育学校。学校独自で「人生設計学」と名づけたキャリア教育を展開し、日本の伝統文化を世界に発信できるグローバル人材の育成も実践しています。

学校プロフィール

開　　校…2010年4月

所 在 地…東京都三鷹市新川6-21-21

T　E　L…0422-46-4181

U　R　L…http://www.mitakachuto-e.metro.tokyo.jp/

アクセス…JR中央線「三鷹」「吉祥寺」・京王線「調布」「仙川」バス

生 徒 数…前期課程 男子232名、女子247名
後期課程 男子229名、女子234名

1 期 生…6年生（高校3年生）

高校募集…なし

3学期制／週5日制（土曜授業 年18回）／50分授業

入学情報（前年度）

・募集人員…男子80名、女子80名
計160名

・選抜方法…報告書、適性検査Ⅰ・Ⅱ

高い目標を持って努力する生徒を育成

【Q】三鷹中等教育学校の教育方針とはどのような内容ですか。教育目標や基本理念についてもお聞かせください。

【仙田先生】母体校である三鷹高等学校の教育目標にある「気力を起こして、わが身をためそう」の標語をふまえ、中等教育学校では限界までチャレンジする、自主的に意欲的に勉強する、高い目標を持って最後まで努力する生徒を育成します。

基本理念である「思いやりを持った社会的リーダーの育成」は、ボランティア活動への積極的参加などにより、他者を理解する気持ちをつねに持って国際社会で活躍する生徒の育成をめざすものです。

そのためには、すべての教科を意欲的に学習し、幅広い教養を身につけることが必要です。

また、将来については高い志を持ちつづけるようつねに言っています。自分で高い目標を設定し、

少し背伸びをしてでも、最後までチャレンジしてほしいと思っています。6年間という長い期間を過ごすなかで、どうしても最初に決めた目標が揺らいでしまうことがあります。

　しかし、最後まで目標を落とさずがんばることが自己実現につながると考えています。

三鷹独自の「人生設計学」

【Q】御校独自の取り組みである、「人生設計学」について詳しく教えてください。

【仙田先生】「人生設計学」では、どこの大学に入りたいかという目先の目標ではなく、自分は将来、どういう仕事に就《つ》きたいのか、大学をでてどんなことをやっていきたいのかを考えます。

　つまり、「大学のさきにある人としての生き方、在《あ》り方」を見据えるのです。

　そして、将来の目標を達成するためには、どういう大学へ進学するのがよいかを自分で考えていきます。したがって、大学に入ることだけを目的にして進路を選ぶことがないように指導しています。

　そのため、6年間を2年単位で3つのステージに分け、1・2年時には職場見学や職場体験を実施します。生徒には「この体験をふまえて、どのような社会的リーダーになるか」をテーマに論文を書かせ、職業観・勤労観の育成をはかっています。

　3・4年次には大学や研究室訪問を実施し、自分がどのような分野に興味関心があるかを考えます。

　そして、5・6年次でその学びをとおして自己実現をはかれる大学選択について考えます。

　各ステージでは、論文の作成や発表会を取り入れ、プレゼンテーション能力やコミュニケーション能力も培います。これが本校の「人生設計学」です。

【Q】御校オリジナルの3つの科目「文化科学」・「文化一般」・「自然科学」についてご説明をお願いします。

【仙田先生】これは本校が独自に設定した科目で、高い見識を得ることができる学習活動です。

　「文化科学」では、プレゼンテーション能力を伸ばす実践を行っています。生徒たちが自分がすす

特色ある カリキュラム紹介

1 教科・科目にこだわらない特色ある教育活動「文化科学」、「文化一般」、「自然科学」

ひとつの教科に限定せず、横断的にかかわりのある教科・科目に対し、「文化科学Ⅰ（国語）・Ⅱ（公民）」、「文化一般」、「自然科学Ⅰ（数学）・Ⅱ（理科）」という授業が設定されています。

前期課程の１年生では「文化科学Ⅰ（国語）」と「文化一般（芸術）」を学びます。「文化科学Ⅰ（国語）」では読解力、表現力、コミュニケーション能力の基礎を養い、日常生活や読書活動を材料にスピーチを行います。「文化一般」は、音楽や美術にこだわらない芸術についての基礎的な技能・表現力を学び、情操教育を行います。

また、２・３年生では「自然科学Ⅰ・Ⅱ」を、４年生では「文化科学Ⅱ」を学びます。

2 大学のさきにある人としての生き方・在り方を考える「人生設計学」

三鷹中が独自に行っている特徴的な総合学習が人生設計学です。これは、思いやり・人間愛を育む教育、キャリア教育、課題学習の３つの柱からなり、見学や体験、講演を聞くなどし、将来の目標や学ぶ意識を引きだしていく授業です。

学年に応じてステージが分かれ、それぞれのステージごとに３つの柱に沿ったプログラムが用意されています。たとえば、「思いやり・人間愛を育む教育」では１年生でホームルーム合宿、２年生で農業体験を行います。キャリア教育の面では、職場体験などがあります。

三鷹中等教育学校の近隣には天文台や大学、その他研究機関などが多くあり、それらの機関と連携しながら、本物を見て、触れ、体験して大学や社会を知っていきます。各ステージごとにまとめの論文を作成し、発表することでプレゼンテーション能力も養っていきます。大学に入ることをゴールにするのではなく、そのさきにある人と人との生き方、あり方を６年間で探求していき、個々の進路の実現に結びつけます。

める本をプレゼンし、評価しあう書評合戦や活発な討論を展開するディベートなどを行います。

本校は「言語能力向上拠点校」として、朝読書など読書活動に力を入れており、その成果発表の場ともなっています。

「文化一般」は、芸術についての基礎的な技能や表現力を身につけることで、感受性豊かな情操を育みます。

「自然科学」は、数学分野、理科分野に分かれており、数学分野では、論理的に考え、筋道を立てて説明できる表現力を育成するため、「算額コンクール」に挑戦させています。理科分野では、実験・観察やフィールドワークを取り入れ、自然に関する興味・関心を高めます。

「三鷹スタンダード」で目標設定

【Q】習熟度別授業などは行っていますか。

【仙田先生】 1年生から数学と英語で2クラスを3展開して行っています。そして学期ごとのテストが終わったところでクラス替えをします。

本校では、学力の保障が欠かせません。そのためには、学校が目標とする学力の水準を定め、それに対して生徒の到達度がどこにあるのかを明示することが必要だと考え、「三鷹スタンダード」を策定しました。

「三鷹スタンダード」とは、3段階に設定した学習到達度のことで、学年・クラス・生徒個々の到達度を明らかにし、それを分析することで、弱点を補強するとともに、強みをさらに伸ばす指導が可能となります。

目標水準を設定し、現在の到達度がわかると、教員たちも生徒に対して個に応じた指導ができます。

また、生徒・保護者にとっても目標がわかりやすく、進路選択にも役立つと考えています。

【Q】英検合格者数が大きく伸びていますね。

【仙田先生】 3年次で2級・準2級合格者が全体の6～7割います。年度末にはスピーチコンテストも開催し、「読む」「書く」「聞く」「話す」の4技能を伸ばす英語教育を行っています。

そして、英語をツールとして、

年間行事

おもな学校行事（予定）

4月	入学式　対面式
5月	農業体験（2年）　遠足（3〜6年） 校外学習（1年）
6月	合唱祭　宿泊防災訓練（4年） 芸術鑑賞教室（5･6年）
7月	夏季補習週間（1〜3・5年） 勉強合宿（4年）
8月	部活動合宿
9月	文化祭　体育祭
10月	海外修学旅行（5年）
11月	職場見学（1年）職場体験（2年） 修学旅行（3年）
12月	勉強合宿（5年）校内留学（1･2年）
1月	
2月	適性検査
3月	卒業式　芸術鑑賞教室（1〜4年） 海外ボランティア研修（3・4年）

海外の生徒を招いての国際交流やアメリカ・シアトルでの海外ボランティア研修なども導入し、国際理解教育を推進しています。

国際的な視野を持つためには、いろいろな人とコミュニケーションをとることが必要です。そのため、毎年3カ国以上の国の生徒を受け入れています。

そして後期課程で実施するマレーシアへの海外修学旅行に結びつけています。

今後は「東京・グローバル10」の指定校として日本の伝統文化も理解し、そのよさを世界に発信できる「胸は祖国におき、眼は世界にそそぐ」人材の育成につとめていきたいと思います。

【Q】学校施設についてお教えください。

【仙田先生】２０１２年度（平成24年）には、新校舎と武道場、駐輪場、天窓がついた図書室などが完成し、２０１３年（平成25年）の8月にはグラウンドの改修工事も終わり、9月に校舎落成記念式典を実施しました。

土曜授業のある日は、すべて授業公開をしています。この新しいさまざまな施設を活用している生徒の姿を、ぜひ一度見に来てください。

【Q】5校連携とはどういったものですか。

【仙田先生】東京都でいちばん新しくできた都立中高一貫校である富士高等学校附属中、大泉高等学校附属中、南多摩中等教育学校と三鷹中等教育学校の4校に、立川国際中等教育学校を加えた5校で、百人一首合戦やスピーチコンテスト、バスケットボール大会などで連携事業を行っています。

今後は、都立中高一貫校10校の取り組みになればと考えています。

【Q】御校を志望する生徒さんに向けてメッセージをお願いします。

【仙田先生】適性検査に関しては、だされた問題に対して、正対した意見を述べられるようになってください。また、自分でまとめられる力、幅広く考えることができる力をつけて挑んでもらいたいです。

そして、思いやりを持ったリーダーとしてがんばっていきたいという志を持った生徒さんには、ぜひ受検してもらいたいです。

東京都立三鷹中等教育学校

募集区分　一般枠

入学者選抜方法　適性検査Ⅰ（45分）、適性検査Ⅱ（45分）、報告書

花　子：本当だわ。
太　郎：折り紙から切り取られた四角形は正方形になっているよ。

〔問題1〕 切り取られた正方形の１辺の長さは分かりませんが、面積は求めることができます。**図3**の折り紙から切り取られた正方形の面積を求めなさい。また、その求め方も計算式を利用して説明しなさい。

太　郎：他《ほか》の模様も作ってみたいね。
花　子：**図3**の模様は、折り紙を２回折ってから切ったけれど、もっと折ってから切るとどうなるのかしら。
係　員：このプリント（**図4**）を見てください。今度は、折り紙を４回折ってから切ってみましょう。
太　郎：４回折ってみたよ。（㋞）
花　子：どの部分を切ってみようかしら。
係　員：切りはなす部分は１か所だけでなくてもいいですよ。
試してみてください。

図4

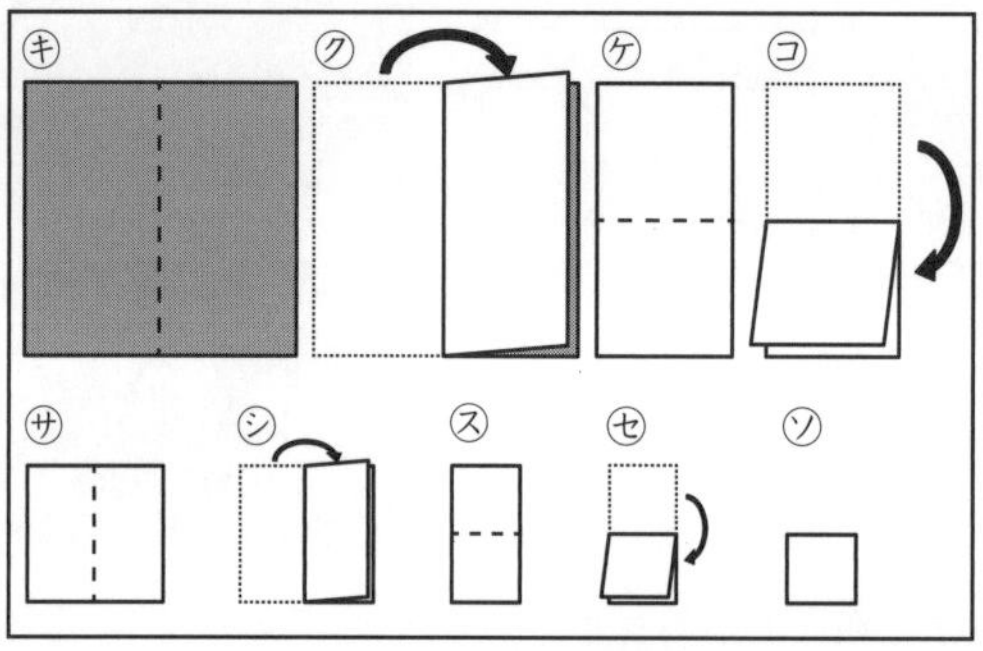

太郎君は、㋞の何か所かを切ってもとのように広げました。
すると、模様（**図5**）が完成しました。

図5

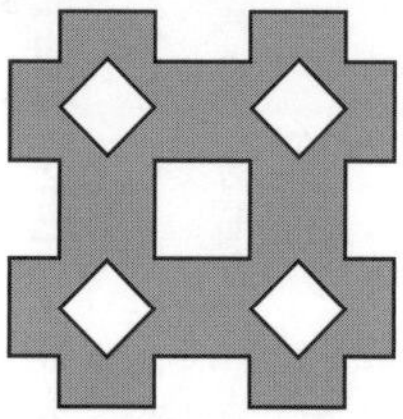

花　子：太郎君、とてもきれいだわ。どの部分を切ったの。

〔問題2〕 右の**図6**は、**図4**の㋞の１辺を二等分する点をそれぞれ ---------- でつないで八等分して、①から⑧まで番号をつけたものです。**図6**の①から⑧の三角形のうち、太郎君が切り取った部分を全《すべ》て選び番号で答えなさい。ただし、次のルールを守りなさい。

図6

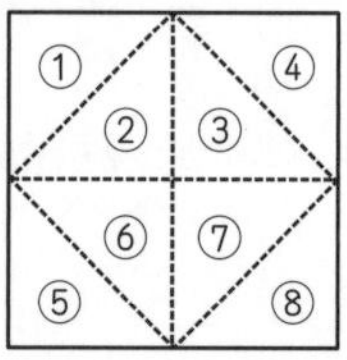

≪ルール≫
㋖から㋞までの作業中に折り紙を回転させたり、向きを変えたりすることはしていません。また、問題用紙などを実際に折ったり切ったりして考えてはいけません。

課題や資料を正しく分析する

資料を分析し、文章の意味を正しく理解し、必要な条件を読み取れるか。算数の力を試されていますが表現力も問われます。

論理的思考力が試される

条件が変わったが、原理をもとに数理的に考察する力、筋道を立てて判断する力など、論理的な思考力が試されています。

2015年度　東京都立三鷹中等教育学校　適性検査Ⅱ（独自問題）より

1　**太郎**《たろう》**君**と**花子**さんは、夏休みの自由研究の題材を探《さが》しに、資料館にきています。はじめに模様《もよう》やデザインについて展示《てんじ》してあるコーナーを見学しました。

図1

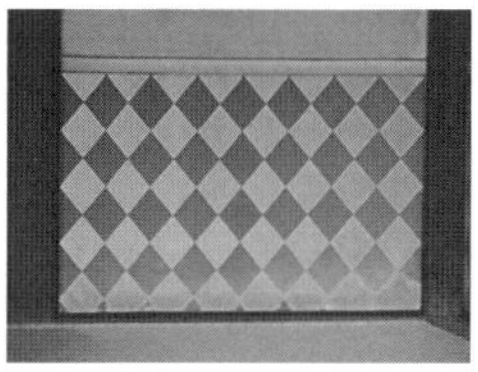

太　郎：ふすまにもいろいろな模様があるんだね。
花　子：あのふすま（**図1**）は規則性があってとてもきれいな模様をしているね。

そこで、二人は**係員**にこの模様について話を聞いてみることにしました。

係　員：これは三角形や四角形、円などを組み合わせて作った、幾何学模様《きかがくもよう》というものです。折り紙でも簡単《かんたん》に作ることができます。
太　郎：どうやって作ったらいいのですか。
係　員：それでは、作ってみましょう。

係員は、太郎君と花子さんに１辺が２０ｃｍの正方形の折り紙とプリント（**図2**）をわたしました。

係　員：プリント（**図2**）を見てください。はじめに、㋐の - - - - - に沿って、㋑のように折り紙を半分に折ります。
花　子：これでいいのかな。
係　員：そうそう、長方形になりますね。
次に、㋒の - - - - - に沿って、㋓のように折り紙を半分に折ります。
太　郎：小さな正方形になったよ。
係　員：では、㋔を見てください。これは、㋓のように折ってできた正方形の頂点を左上から順番にA、B、C、Dとし、Eは辺ＡＢを二等分する点、Fは辺ＡＤを二等分する点とした図形です。この直線ＥＦに沿って三角形ＡＥＦを切り取ると、㋕になります。

図2

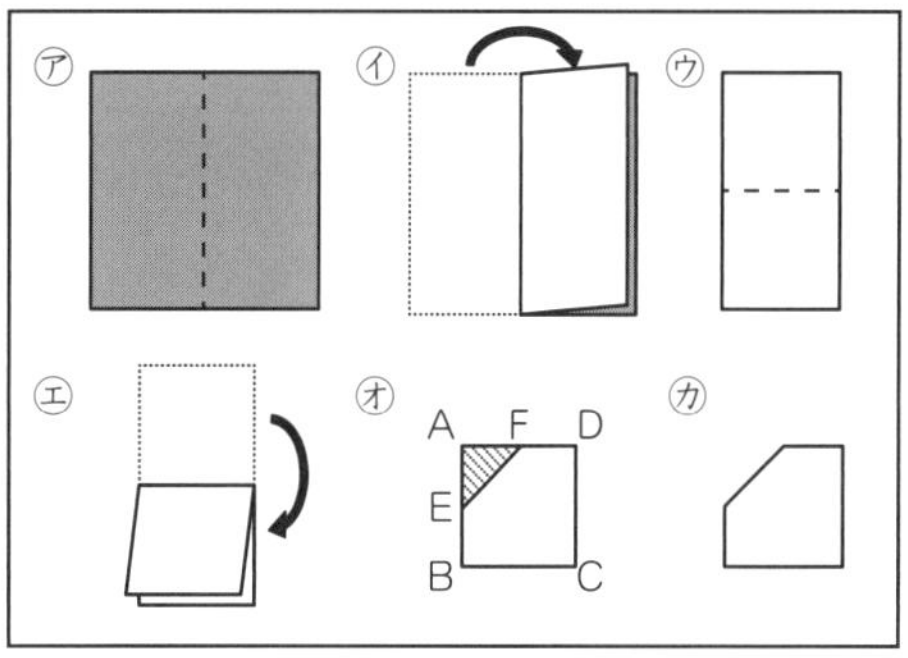

花　子：切りました。
係　員：それでは、折り紙をもとのように広げてみてください。
太　郎：折り紙の真ん中部分の四角形が切り取られました。（**図3**）
係　員：作る途中《とちゅう》で折り紙を回転させたり、向きを変えたりしていないから、二人とも同じ模様ができましたね。

図3

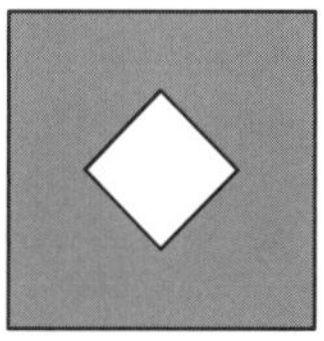

解説

都立三鷹中等教育学校では、適性検査Ⅰ・Ⅱと報告書の成績を換算して合否を決めます。
適性検査Ⅰは100点満点を換算して300点満点とします。適性検査Ⅱも100点満点ですが換算して500点満点とします。報告書は640点満点を200点満点に換算します。合計の満点1000点の総合成績で合否を判断します。適性検査Ⅱの比重が大きくその半分を占めるわけです。ただし、詳細は９月に発表されますので、かならず確認してください。
独自作成問題の適性検査Ⅰでは、文章を深く読み取り、さらに、自分の考えをわかりやすく伝える表現力をみます。文章を読む問題が２問だされ、それぞれ記述式で答えます。自分の考えを交える記述は最大200字となっています。読解文が長いのも特徴となっています。
適性検査Ⅱでは、国・算・社・理の考え方を組み合わせた出題で、課題や資料の内容を正しく分析し、論理的に思考・判断し、問題を解決していく力をみます。大問1が独自作成問題、大問2 3は共同作成問題です。

東京都立 南《みなみ》多《た》摩《ま》中等教育学校

■中等教育学校 ■2010年開校

「心・知・体の調和」を求める 人間力を大切にする

押尾《おしお》 勲《いさお》 校長先生

2010年（平成22年）4月に、多摩地区を代表する公立中高一貫校としてスタートした南多摩中等教育学校。地域の期待を背負い、人間力のある次世代リーダーを育成します。

学校プロフィール

開　校…2010年4月

所 在 地…東京都八王子市明神町4-20-1

T E L…042-656-7030

U R L…http://www.minamitamachuto-e.metro.tokyo.jp/

アクセス…京王線「京王八王子」徒歩3分、JR中央線「八王子」徒歩12分

生 徒 数…前期課程 男子228名、女子250名
後期課程 男子216名、女子236名

1 期 生…6年生（高校3年生）

高校募集…なし

3学期制／週5日制／50分授業

入学情報（前年度）

・募集人員…男子80名、女子80名 計160名

・選抜方法…報告書、適性検査Ⅰ・Ⅱ

「心・知・体」の調和のとれた人間教育

【Q】御校の沿革と教育目標についてお教えください。

【押尾先生】東京都立南多摩中等教育学校は2010年（平成22年）4月に、多摩地区を代表する公立中高一貫校としてスタートしました。1期生は今年で6年生（高校3年生）になります。設置母体である東京都立南多摩高等学校の創立は、1908年（明治41年）。東京府立第四高等女学校として開校してから、すでに100年を超える長い伝統を誇ります。

本校は中等教育学校です。したがって高校段階での募集はありません。今年の2015年度（平成27年度）に、南多摩中等教育学校が完成します。

教育目標に「心を拓く」「知を極める」「体を育む」という3つの言葉を掲げ、「心・知・体の調和」から生まれる「人間力」を大切にした教育を行っています。

【Q】御校の6年一貫教育の特長をお話しください。

【押尾先生】中高の6年間で、発達段階に応じた教育活動を展開しています。1・2年を「基礎・基本期」、3・4年を「充実伸張期」、5・6年を「応用達成期」の3期に分けて、学習内容の定着をはかっています。

高校募集は行わないので、そのぶんのゆとりをいかし、6年間一貫のカリキュラムで、生徒一人ひとりの可能性を伸ばします。

前期課程においては、各教科の基礎基本の習得と、意欲的に学習へのぞむ姿勢や、家庭学習の取り組み方を身につけることを重視しています。また、発展的な学習を行うとともに、総合的な学習の時間ではフィールドワークに関連する学習を各教科のなかに取り入れ、思考力を高める授業を展開しています。

後期課程の4・5年生は共通必修科目で学びます。2年間のキャリア教育などの活動をとおし、自分に合った進路をしっかりと見つけます。

6年生では文系・理系に分かれた選択科目を設定し、自己の進路の実現に向けて必要となる学力を最大限に伸ばすことを目的に、より高度な学習に取り組んでいきます。

また、5年生まで国語・数学・英語で少人数制授業を取り入れ、きめ細かな指導をしています。

補習については、専任委員や大学生が朝や放課後の時間を利用して行っています。各教科の授業で小テストを行い、生徒の到達度をはかり、進度が遅れてしまった生徒へのフォローや、授業でわからなかったことへの質問、発展的な学習など、各自の課題に対応しています。

6年一貫で無理のない先取り教育

【Q】各教科の教育課程についてお教えください。

【押尾先生】教科別では、国語については、多くのジャンルや種類の文章を「読むこと」を重視し、読むことから「書くこと」「聞くこと」「話すこと」へと学びを広げています。話しあい活動などの体験をとおして、確かな言葉の力を身につける指導に力を入れています。

数学は、3年生の前半で中学で学習すべき内容を終え、発展的な

特色ある カリキュラム紹介

1 気づき（課題発見力）を大切にするフィールドワーク

総合学習の時間や夏休みを利用して、歴史的、文化的遺産が多い身近な八王子の街にでて、たくさんの不思議を発見します。

「なんだろう」と考え、課題を見つけて学びが始まる授業です。

1年生で八王子の街を中心とした地域学習をスタートします。そして、2年生で人文科学分野、3年生では自然科学分野のフィールドワークに取り組みます。

4・5年生になると、1～3年生の経験をいかし、研究テーマごとに分かれた少人数による分野別ゼミ研究で、より専門的な内容にチャレンジします。大学、企業、研究所などと連携し、各自が研究成果をリポートにまとめ、オリジナルの論文を発表します。

11月には、各学年で発表を行います。優秀な研究内容は、体育館で発表します。

フィールドワークでは「気づき（課題発見力）」を大切にしながら、探究活動をとおしてものごとを多角的に眺める視点を育成しています。つまり、「コミュニケーション力」を基盤にした「情報収集力」と「分析力」を育成し、「クリティカル思考」や「創造的思考」を身につけていくのです。

学習に移ります。さらに5年生の後半からは生徒の適性・進路希望に応じた学習を実施し、少人数制授業を取り入れてきめ細かく指導していきます。

英語は、コミュニケーション能力のすぐれた生徒を育成することをめざしています。6年間をとおしてALT（外国語指導助手）やJET（語学指導等を行う外国人青年）を活用し、生きた英語を学ぶ機会をたくさん設けています。1～3年生まで2クラスを3展開して行っています。

理科は、実験・観察を多く取り入れて、実験結果について話しあい、リポートにまとめます。科学的にものごとを見たり考えたりする力、実験結果を適切に処理する力、論理的に説明する力を育成します。前期課程では、1教室にふたりの教員がついて中学校理科から発展的な内容まで含めて学習し、物理・化学・生物・地学の基礎を身につけます。後期課程では、興味・関心や適性・進路希望に合った科目の選択制となっています。

社会は、地理・歴史・公民の3分野について、前期課程と後期課程のつながりを重視して学習を進めています。1～2年生で地理、1～5年生で歴史、3～6年生で公民を全員が共通で履修します。

ふつうの中学校より進度は早いですが、6年一貫教育として組まれたプログラムであり、高校受験がないぶん基礎力の定着と発展的な学習に費やすことができるので、けっして無理な先取り学習を行っているわけではありません。

また、高校受験はないのですが、3年生は8月に接続テストを行います。これは、中学生として身につけるべき基本的な内容が身についているかどうかを確認するためのテストです。基準に達していない場合は、その部分を2学期にしっかりと補っていきます。

夢を見つけて夢がかなう大学に

【Q】キャリア教育はどのようなことを行いますか？

【押尾先生】 前期課程では職業観や、将来どのように社会に役に立っていくのかを知ることを目的に、2年生で職場体験などを行っています。

後期課程は具体的な大学進学に

年間行事

おもな学校行事（予定）

4月	入学式 対面式
5月	体育祭
6月	合唱祭
7月	
8月	
9月	文化祭
10月	
11月	成果発表会
12月	
1月	百人一首大会
2月	マラソン大会
3月	

ついてを含めて、いままさに研究中です。

フィールドワークなどで自分のやりたいことが見えてきたときに、どういう学校であれば自分の夢がかなうのか、そのためにはどんな学部学科に行けばいいのかを知る必要があります。そのためにも大学と連携し、大学でなにができるか、どこの大学に行けばやりたいこととマッチしているのか、そういうことがわかるようにしていく必要があります。

けっして行ける行けないではなく、自分のやりたいことができる大学かという視点で将来を考え、生徒ががんばれる仕組みをつくっています。

【Q】学校行事や部活動についてお話しください。

【押尾先生】学校行事も充実しており、体育祭、文化祭、合唱祭は異年齢との交流を重視しています。

生徒たちは先輩たちとひとつのものをつくりあげる喜びを味わいながらさまざまな行事に取り組んでいます。

現在、前期課程の部活動は6つの文化部と11の運動部があり、9割を超える生徒が入部しています。運動部は公式戦に参加し、全国大会に進出する部もできています。また、文化部も全国コンクールに参加したり、文化祭や発表会などで活躍しています。

【Q】適性検査についてお教えください。

【押尾先生】２０１５年度（平成27年度）から適性検査問題が一部共通化されました。しかし、本校独自の問題では分析、考察する力や、課題に対して前向きに思考して判断、表現する力をみたいと思います。

詳しくは本校のホームページをご覧ください。

【Q】最後に御校をめざす生徒のみなさんにメッセージをお願いします。

【押尾先生】いろいろなものごとに興味や関心を持ち、それらについて、自分で調査して、答えを見つけてみたいと思っている人にとって、南多摩中等教育学校での生活は楽しい時間になると思います。本校は、人生の方向をつかむことのできる学校です。

ぜひ、がんばって夢を手にしてください。

東京都立南多摩中等教育学校

太　郎：約５０年前の日本の人口は１億人より少なかったのですね。

先　生：人口について調べるときには、合計の人数だけではなく、世代別の分布を見ることも大切ですよ。

太　郎：それなら、世代別に分けたグラフ（**図２**）を作成してみます。

図２　世代別人口の変化

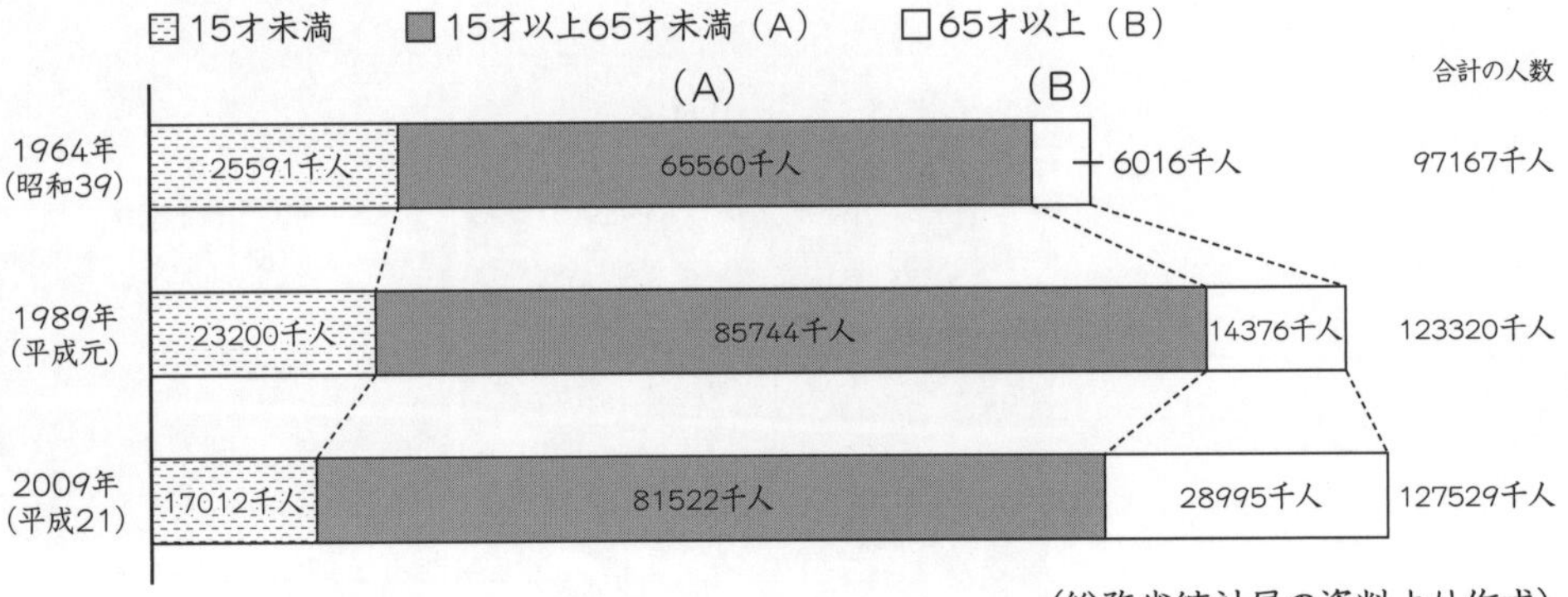

（総務省統計局の資料より作成）

〔問題１〕　１９６４（昭和３９）年、１９８９（平成元）年、２００９（平成２１）年を比べたとき、日本の総人口の変化（**図１**）に対して世代別人口の割合《わりあい》がどのように変化したか、**図２**の１５才以上６５才未満（Ａ）か６５才以上（Ｂ）のどちらかを選び、数値《すうち》を挙げてその特ちょうを説明しなさい。割合は、小数第三位を四捨五入《ししゃごにゅう》して小数第二位まで求め、百分率で表しなさい。

資料を分析し考察する力をみる

人口推移と世代別人口の割合には互いに規則性があるのか、また、自分の考えを伝える表現力も試されます。

論理的に表現する力をみる

自分の考えをわかりやすく伝える表現力が試されます。細かい条件をクリアすることも重要です。

募集区分　一般枠

入学者選抜方法　適性検査Ⅰ（45分）、適性検査Ⅱ（45分）、報告書

2015年度　東京都立南多摩中等教育学校　適性検査問題Ⅱ（共同作成問題）より

2　**花子**さんと**太郎**《たろう》君は、校外学習で江戸東京博物館《えどとうきょうはくぶつかん》を訪《おとず》れました。江戸・東京の歴史に関する展示《てんじ》の最後には、東京オリンピックに関連する資料が並《なら》んでいます。

花　子：東京で２回目のオリンピック・パラリンピックが開かれることになったけれど、１回目のオリンピック・パラリンピックが開かれたのは、約５０年前の１９６４（昭和３９）年だったのね。当時のパンフレットや記念品が展示されているわ。

太　郎：５０年前の自動車や電気製品も展示されているよ。形が今のものとずいぶんちがっているね。

花　子：前回のオリンピック・パラリンピックの後の東京はずいぶん変化しているけれど、日本全体の様子はどのように変わったのかな。

太　郎：学校にもどってからのまとめでは、そのことを調べてみようよ。

太郎君と花子さんは、校外学習のまとめをしています。

太　郎：先日、テレビのニュース番組で、５０年後の日本の人口の予測のグラフを見たんだ。日本の人口は、５年ぐらい前から少しずつ減っているみたいだよ。

花　子：それまで、日本の人口はずっと増え続けていたのかな。５０年前からの日本の人口の変化が分かる資料はないかしら。先生に相談してみましょう。

太郎君と花子さんは、先生に資料（**図１**）を見せてもらいました。

図１　日本の総人口の変化

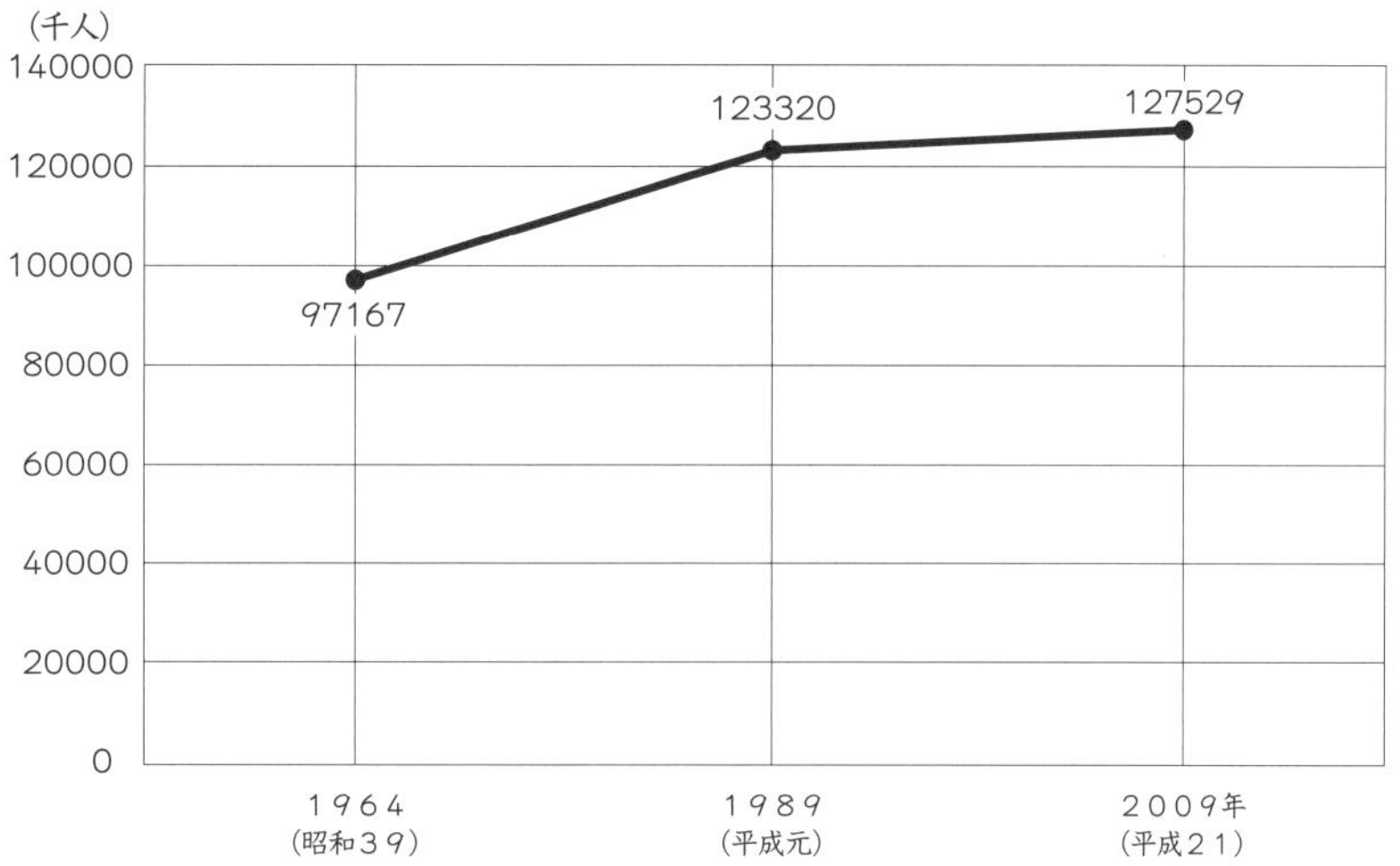

（総務省統計局《そうむしょうとうけいきょく》の資料より作成）

解説

都立南多摩中等教育学校では、適性検査Ⅰ・Ⅱと報告書の換算が複雑です。

適性検査Ⅰは100点満点を換算して200点満点、適性検査Ⅱは100点満点、これを合わせて300点満点とし、さらに合わせて800点満点に換算します。報告書は320点満点ですが換算して200点満点とし、総合成績は、これらを合わせて1000点満点で評価しています。ただし、来年度の詳細は９月に発表されます。

独自問題の適性検査Ⅰでは、与えられた文章等を深く読み取り、課題に対して自己の経験や体験に基づき、自らの考えや意見を明確かつ論理的に表現する力をみます。字数が多い〔問題2〕は400字～500字以内の作文でした。共同作成問題の適性検査Ⅱでは、具体的資料を深く読み取り、分析・考察する力や、課題に対して思考・判断し的確に表現する力をみます。また、身近な地域で見ることができる事象に対して興味・関心を持ち、自然や社会現象に対して調査し考察する力もみます。

東京都立 武蔵《むさし》高等学校附属中学校

■併設型　■2008年開校

中高一貫の6年間で育てる国際社会に貢献できる知性豊かなリーダー

守屋《もりや》　一幸《かずゆき》 校長先生

伝統ある都立武蔵高等学校の附属校として、2008年（平成20年）に産声をあげた武蔵高等学校附属中学校は、中高一貫の6年間を有効に使ったカリキュラムと進路指導で未来のリーダーを育てます。

学校プロフィール

開　　校…2008年4月

所 在 地…東京都武蔵野市境4-13-28

T E L…0422-51-4554

U R L…http://www.musashi-fuzoku-c.metro.tokyo.jp/

アクセス…JR中央線・西武多摩川線「武蔵境」徒歩10分、西武新宿線「田無」・西武池袋線「ひばりヶ丘」バス

生 徒 数…男子176名、女子181名

1 期 生…2014年3月卒業

高校募集…あり

2学期制／週5日制／50分授業

入学情報（前年度）

・募集人員…男子60名、女子60名 計120名

・選抜方法…報告書、適性検査Ⅰ・Ⅱ・Ⅲ

幅広い教養教育で未来のリーダーを育成

【Q】御校の沿革および、教育理念についてお話しください。

【守屋先生】 東京都立武蔵高等学校に附属中学校が設置されたのが2008年度（平成20年度）です。今年、2期生が卒業しました。

教育理念として、幅広い教養教育の上に問題解決能力を育成するということを掲げています。

そして、都立武蔵高の理念を継承するかたちで「豊かな知性と感性」「健康な心と体」「向上進取の精神」の3つの教育目標があります。

こういった教育理念、目標のもとで、「国際社会」に貢献できる知性豊かなリーダーを育てていきたいと考えています。

【Q】御校のカリキュラムの特徴をお教えください。

【守屋先生】 本校は併設型ですので、都立武蔵高と連動して年間行事を組んでいます。また、中・高ともに発展的学習を取り入れていて上位学年の内容を学習します。

たとえば数学などでは、高2の前期でおおむね2年の内容を終え、後期から高3の分野や問題演習に入ります。

授業では、将来の難関大学進学にも対応した教養教育を進め、実践的で発展的な内容を多く取り入れるとともに、地球規模の環境問題や社会問題を考える「地球学」という講座を設定しています。

また、高校では、「奉仕」の授業などで、自分の得意分野をいかした社会貢献活動を展開しています。

【Q】1学年の人数は120名ですが、クラス編成はどうなっていますか。

【守屋先生】 中学は120名を40名ずつの3クラスに分け、男女はおおむね半々となっています。後期課程（高校）からは2クラスぶんの生徒が新たに加わります。そして高1の段階では中入生と高入生は別々のクラス編成で、高2から同じクラスとしています。これは、中入生の学習進度が早いため、高入生のカリキュラムを別にし、数学を増単位するなどして1年で同じ進度に合わせるためです。

さらに高3から類系制で選択科目を設定し、理系の大学・学部を志望する生徒は理系科目を多く選び、文系の大学・学部を志望する生徒は文系科目を多く選ぶというかたちで分かれていきます。

【Q】習熟度別授業や補習、土曜授業などは行われていますか。

【守屋先生】 3学年とも国語の一部と数学、英語で1クラスを2展開した少人数・習熟度別授業を実施しています。

補習は考査や小テストのあとなどに行いますが、毎朝始業前の10分間は朝学習・朝読書を行っています。その時間に自分に必要な学習ポイントをチェックしたり、選んだ本を読んだりしています。

また、本校では「学習ポートフォリオ」というものを使い、これに基づいた各単元ごとの水準を教師が各生徒にしめしています。定期考査でクリアできなかった場合には、課題や補講などで、学習のつまずきをできるだけ速やかに補充指導しています。

土曜日は隔週で授業がありますが、ふたつの使い方があります。ひとつは平日に行事などが入り、授業がなくなった場合の補充として使う場合。もうひとつが土曜講

特色ある カリキュラム紹介

1 教材はさまざま 環境問題や社会問題を学ぶ「地球学」

都立武蔵中のユニークな取り組みのひとつに「地球学」があります。総合的な学習の時間を使い3年間で体系的に行われるもので、自然・人間・社会にかかわる内容を総合的にあつかい、さまざまな問題への解決法などを学びます。対象は「地球」に関することなので、森羅万象いろいろなことがらがテーマです。

中1では基礎講座として講義形式が中心となりますが、中2ではグループ研究になり、ディベート形式の学習に取り組むこともあります。中3ではこれまでの学習をふまえて個人で研究テーマを設定し学習します。たとえば、近隣の雑木林で生物観察をしたり、身近にいる魚の解剖など、ほんとうにいろいろなものごとを教材にして学んでいきます。

中3までにたくさんの知識を得て、高校からはそれをふまえて、自分はなにができるのかを考え、実践していきます。

中3の後期にはこれまでの集大成として地球学発表会を実施します。

2 勉強の習慣づけや大学入試対策 節目で行われる勉強合宿

都立武蔵中には中1のサマーキャンプを筆頭に、さまざまな合宿があります。これらの合宿をとおして生徒は学習習慣を身につけ、生徒同士のきずなを深め、大学入試へ向けた学力を養成していきます。

中1のサマーキャンプでは、体験学習や、キャンプファイヤーなどが行われ、自然のなかでクラスの友好を深めます。中2では農家に宿泊して田植えなどの農作業体験をする「結い」農業体験学習があります。中3の修学旅行では、京都·奈良の文化遺産に触れ、伝統文化を学びます。また、班別行動の計画を立て、実践することで自主自律の態度を養います。

高1ではスプリングセミナーがあり、ここでは高入生と打ち解けあい、さらに高校からの学習についての習慣をつける場が用意されています。

高2のウィンターセミナーは3泊4日で行われます。これは難関大対策の学習で、この合宿中に自分の限界まで挑戦することで真の学力を伸ばすことが目的です。

習です。土曜講習は午前中4時間で、生徒は全員参加します。高校の教師が中学生に教えるなどいろいろなかたちがあり、特設単元を設定して中学で学んでいることを発展させたものとなっています。

また、夏休みには国・数・英の夏期講習を組んでいます。

それまでの学習の補習的なものと発展的なものの両方があり、さらに希望制と指名制の講習があります。

中3生には、中だるみを防ぐ目的で、夏休みに課題テストも兼ねて外部の模擬試験も行っています。高校から入ってくる生徒がどのくらいのレベルの問題を乗り越えてきているかというのを実感してもらうのと、学年としてどのあたりの学習が足りないかをチェックして、後期でその部分をフォローしていくためというふたつの意味があります。

キャリア・デザインは 6年を3段階に分ける

【Q】進路・進学指導についてお教えください。

【守屋先生】 本校としては、授業や行事などすべてがキャリア教育につながっていると考えているのですが、具体的な進路指導としては、6年間を「基礎力養成期」（中1・中2）「充実期」（中3・高1）「発展期」（高2・高3）の3つに分けてキャリア・デザインを行っていきます。

まず「基礎力養成期」から「進路ポートフォリオ」を作成し、6年間さまざまな機会に活用していきます。また、職業調べ、職場訪問、「結い」農業体験、大学見学など、自分の興味・関心はどこにあるかを知ることをおもな目的としています。

「充実期」は、蓄積されたポートフォリオを使いながら、職場体験学習や、大学教授や企業人、卒業生などを招く進路講演会、大学へのキャンパス訪問などをつうじて自分の得意分野を見つけたり大学や学部を知ったりします。

そして「発展期」では、それまでの4年間をもとに、進路を選び取っていきます。

専門の講師による進路ガイダンスや模擬試験とその分析会、勉強合宿（ウィンターセミナー）、大学入試センター試験対策などを頻繁に行い、生徒が希望する進路を

年間行事

おもな学校行事（予定）

4月	入学式　新入生オリエンテーション
5月	「結い」農業体験（中2）
6月	音楽祭
7月	サマーキャンプ（中1）
8月	奉仕体験活動（高1）
9月	武蔵祭（文化祭）　体育祭
10月	修学旅行（中3）
11月	職場体験（中2） キャンパス訪問（中3）
12月	社会科見学（中1）
1月	漢字検定　職場訪問（中1）
2月	マラソン大会
3月	卒業式

選び取れるようバックアップしていきます。

近年、国公立大や難関私立大への合格実績が大きく伸びているのは、こういった取り組みの成果だと思います。

中・高合同の3大行事 部活動も非常にさかん

【Q】学校行事や部活動についてお話しください。

【守屋先生】 本校には3大行事があり、第1は音楽祭です。中・高合同で、中1は全員で校歌を歌い、中2からはクラス対抗で歌います。中学生は高校生が歌うのを聞いて感心していますね。総合優勝は中・高合わせたなかから決まります。

第2が文化祭で「武蔵祭」と呼ばれています。中学は学習成果の発表を行っています。中1はサマーキャンプ、中2は「結い」農業体験の発表で、中3では修学旅行の事前学習や職場体験の発表をしたり、演劇同好会のようなかたちで参加したりと多彩です。

第3が体育祭です。中・高いっしょに行い、中学生の種目は中学生の体育祭実行委員が、高校生の種目は高校生の実行委員が考えます。高校生と中学生が相談しながらつくりあげていますね。

部活動も非常にさかんで、兼部を含めて中・高ともに加入率が100%を超えています。他校の中学生は中3の夏休みぐらいで引退だと思いますが、本校は併設ですので、中3の後半からは長期体験入部として高校の方で部活動をすることができます。

【Q】最後に受検生に向けて、適性検査についてのアドバイスと、メッセージをお願いします。

【守屋先生】 適性検査というのは、小学校での日常の学習をもとにして、そのうえで、図表などの資料から読み取ったことを自分の考えとして筋道立てて表現する問題が多いので、まず小学校の勉強を大切にしましょう。そして、日常で図表などの資料を見たときに、そこから自分の考えを書いて表現してみましょう。

好奇心旺盛《おうせい》で人や世の中のことを考えようとする生徒さんに来ていただきたいですね。さきほどの適性検査の部分でも触れましたが、ふだんからいろいろなことを考える習慣をつけてみてください。

はるき：まず翼の形を決めてから、面積を計算しよう。主翼と水平尾翼の形は長方形にして、垂直尾翼は台形にしようよ。

なつよ：ところで、式の中にある「空力中心」というのは、どこにあるのかしら。

ふゆみ：難《むずか》しい説明が書いてあるけれど、この本によると、主翼と水平尾翼は長方形だから、それぞれの翼の幅の中心の線上で、前から４分の１のところに空力中心という点があるようね。垂直尾翼は台形だけれど、台形のときには図をかいて求めるようね。

なつよ：でも、今は、この式で水平尾翼と垂直尾翼の面積を求めるのだから、「主翼の空力中心から水平尾翼の空力中心までの長さ」と「主翼の空力中心から垂直尾翼の空力中心までの長さ」を決めればいいのね。

あきお：それなら、「主翼の空力中心から水平尾翼の空力中心までの長さ」は１２ｃｍ、「主翼の空力中心から垂直尾翼の空力中心までの長さ」は１０ｃｍにしてみよう。

はるき：設計図をかくために、縦《たて》１０ｃｍ、横２５ｃｍで縦・横に１ｃｍずつのます目がある紙を用意したよ。

あきお：この紙の中に、３種類の翼をどのように切り取るかをかかなければならないね。

なつよ：設計図を正確にかくためには、ます目の交点を利用してかくことができればいいね。

〔問題１〕　４人は、主翼と水平尾翼と垂直尾翼の設計図をかこうとしています。主翼の面積を１００ｃｍ^{2}にしたとき、あなたなら、主翼の長さと幅をそれぞれ何ｃｍにしますか。主翼の長さと幅、および、そのときの水平尾翼と垂直尾翼の面積を解答らんに書きなさい。また、それらの翼を切り取るための設計図をかきなさい。なお、解答用紙の一ますは縦・横とも１ｃｍであるものとします。

ただし、解答をかくときには、以下の条件を満たすものとします。

① 水平尾翼の幅は、主翼の幅より小さくすること。
② 主翼と水平尾翼は、幅より長さを短くすること。
③ どの翼もつなぎ目のない翼にすること。
④ あなたが考えた主翼の長さと幅、水平尾翼と垂直尾翼の面積は、それぞれの解答らんに数字を記入し、設計図にはかき入れないこと。
⑤ 翼として切り取るための図形の頂点《ちょうてん》が、それぞれます目の交点と一致《いっち》するように図形をかくこと。

数理的に分析する力をみる

適性検査Ⅲは私立中学の算数の問題と見まがうような問題ですが、まず、与えられた式を理解できるかどうかが問われます。

問題を解決する力をみる

資料を読みとり、科学的考察を行わねばなりません。与えられた5つの条件をしっかり満たす注意力も問われます。

東京都立武蔵高等学校附属中学校

募集区分　一般枠

入学者選抜方法　適性検査Ⅰ（45分）、適性試験Ⅱ（45分）、適性試験Ⅲ（45分）、報告書

2015年度　東京都立武蔵高等学校附属中学校　適性検査Ⅲ　（独自問題）より

2　**はるき**君、**なつよ**さん、**あきお**君、**ふゆみ**さんの４人は、バルサ材という木材と厚紙とを使ってグライダーを作るために、図書館で作り方について説明した本や資料を借りてきました。

はるき：この本には、グライダーのいろいろな部分の名前が書いてあるよ（**図１**）。

なつよ：前にある大きな翼《つばさ》が主翼《しゅよく》、後ろにある小さな翼がそれぞれ水平尾翼《すいへいびよく》と垂直尾翼《すいちょくびよく》だね。

あきお：胴体《どうたい》はバルサ材で作って、翼は厚紙で作っているようだね。

ふゆみ：それでは、まず翼の設計図をかいてみようよ。

図１　グライダーの各部の名前

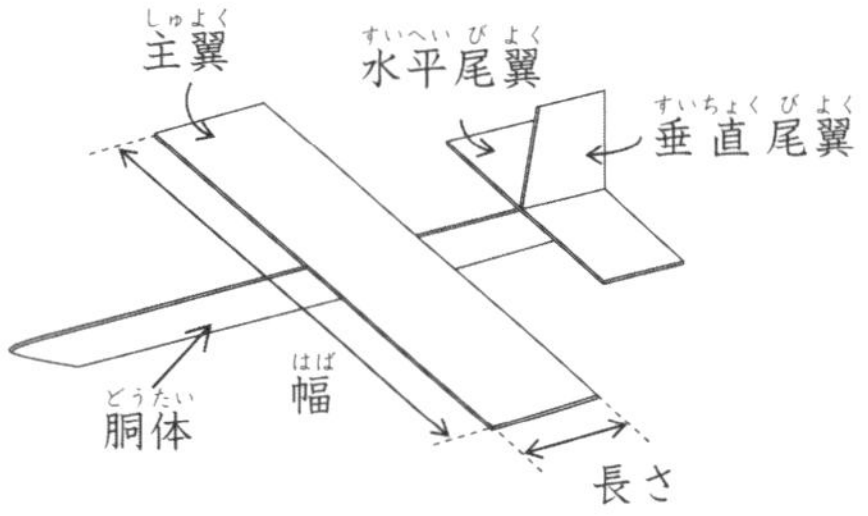

はるき：主翼の面積はどのくらいにしようか。分かりやすいように１００cm^2にしようよ。

なつよ：垂直尾翼と水平尾翼の面積はどのように決めるのかしら。

あきお：この本によると、主翼の面積や幅《はば》や長さで決まるみたいだね。この式（**図２**）を使って計算するみたいだよ。

図２　水平尾翼の面積と垂直尾翼の面積を計算するための式

水平尾翼の面積

$$(\text{水平尾翼の面積}) = \frac{1.2 \times (\text{主翼の面積}) \times (\text{主翼の長さ})}{(\text{主翼の空力中心から水平尾翼の空力中心までの長さ})}$$

垂直尾翼の面積

$$(\text{垂直尾翼の面積}) = \frac{0.05 \times (\text{主翼の面積}) \times (\text{主翼の幅})}{(\text{主翼の空力中心から垂直尾翼の空力中心までの長さ})}$$

（二宮康明《にのみややすあき》「日本で生まれ育った高性能紙飛行機 その設計・製作・飛行技術のすべて」などより作成）

解説

都立武蔵高等学校附属中学校の入学者選抜では、報告書と適性検査Ⅰ・Ⅱのほかに適性検査Ⅲが課されるのが特徴です。適性検査と報告書の評価比率は3:1です。適性検査はいずれも100点満点ですが、それぞれ4倍し1200点満点、報告書は400点満点です。総合成績は1600点満点で選抜します。来年度の詳細は9月に発表されます。

共同作成問題の適性検査Ⅰでは文章を深く読み取る力をベースとして、自己の体験に基づいて論理的な文章をつくる力をみます。

適性検査Ⅱでは資料を分析し考察する力、資料の読み取りに基づいた論理的な思考力、表現力などをみます。適性検査Ⅱは、大問1と3が共同作成問題、2が独自問題でした。その2はPISA型に近い良問でした。

武蔵高等学校附属中独特の適性検査Ⅲではリーダーとして必要な計画する力、問題を解決する力、数理的に分析し課題を見出す力などをみるとしていますが、適性検査Ⅲは算数と理科の視点を試されるといってよいでしょう。

東京都立 両国《りょうごく》高等学校附属中学校

■併設型　■2006年開校

「自律自修」を教育方針に掲げ国際社会で活躍できるリーダーを育成

大井《おおい》　俊博《としひろ》 校長先生

伝統である「自律自修」を教育方針に、質の高い教育活動を展開しています。東京東部地区のみならず、都立を代表する進学校として、高い学力、広く深い教養・知性を育む両国高等学校附属中学校です。

学校プロフィール

開　校…2006年4月

所在地…東京都墨田区江東橋1-7-14

T E L…03-3631-1878

U R L…http://www.ryogoku-fuzoku-c.metro.tokyo.jp/

アクセス…JR総武線・横須賀線・地下鉄半蔵門線「錦糸町」徒歩5分、都営新宿線「住吉」・「菊川」徒歩10分

生徒数…男子168名、女子192名

1期生…2012年3月卒業

高校募集…あり

3学期制／週5日制（土曜授業 年20回）／50分授業

入学情報（前年度）

・募集人員…男子60名、女子60名　計120名

・選抜方法…報告書、適性検査Ⅰ・Ⅱ・Ⅲ

自らを厳しく律し自ら進んで学ぶ

【Q】御校の沿革ならびに中学校創立の経緯をお話しください。

【大井先生】東京都立両国高等学校は、東京府立第三中学校として1901年（明治34年）に設立され、2006年（平成18年）に中学校が開校しました。創立から15周年を迎え、東京東部地区を代表する歴史と伝統ある進学校としてレベルの高い教育を実践しております。

3学期制・週5日制で授業時間は50分。附属中学校の生徒数は1学年3クラス、120名となっており、中学生はそのまま両国高等学校へ進学します。高校からは新たに2クラスぶんの約80名を募集し、5クラスとなります。

中入生と高入生のクラス分けは行っていません。これは、お互い刺激しあって切磋琢磨することで、よりいっそう学力や意欲を高めることがねらいにあるからです。

【Q】教育方針の「自律自修」とはどういったものでしょうか。

【大井先生】「自律自修」とは、「自らを厳しく律し、自ら進んで学ぶ」という、自立した若者を育成するための教育方針です。

また、2006年の中学校開設時に、中高一貫教育を両国で行うにあたり、高校で掲げている「自律自修」を中学生にもわかりやすく「自ら考え、自ら学ぶ生徒」「高い志と使命感を持った生徒」「健康で明朗な生徒」の3つに置き換え紹介しています。

【Q】御校はどのような雰囲気の学校ですか。

【大井先生】本校の中学生は、創造力にあふれ、しなやかな感性を持っていると感じます。中学生と高校生ではまったく異なった雰囲気があります。授業の反応も、中学生は伸びやかで元気がよい印象ですが、高校生は受験をめざして自分自身を高めていくという明確な目標がありますので、落ちついた真剣な雰囲気を感じます。こうしたちがいを見ていると、「6年間でいかに生徒の伸びやかな個性を育て、そのさきの進路希望実現へつなげるか」という部分に本校の使命があると思っています。

【Q】教科のカリキュラムについて具体的にお話しください。

【大井先生】東京都の中高一貫教育は、社会貢献や使命感、倫理観、つまり社会のリーダーになるような人材を育成するために、総合的な学力を培い、教養教育を行うことがコンセプトにあります。

それに基づき本校では、「言語能力の育成」、それから「英語によるコミュニケーション能力の育成」、「理数教育の充実」を基本構想としています。

まず、「言語能力の育成」です。本校では、国語だけにとどまらずすべての教科をつうじて言語能力を高める取り組みを行っています。具体的には、「読む・書く・聞く・話す」能力のバランスの取れた伸長をめざし、授業のなかでディベートやプレゼンテーションなど発表の場を多くつくり、自分の意見を表現し、相手に伝える能力を磨く機会を設けます。

「英語によるコミュニケーション能力の育成」については、生徒のなかには、読み書きはできても英会話は苦手という場合があります。社会では話せる英語が求められていますので、英語をコミュニケーションの手段とし、国際社会

特色ある カリキュラム紹介

1 進路を早期に分けないカリキュラムで幅広い進路選択が可能になる

両国では1･2年を「基礎学力定着期」、3～5年を「応用発展期」、6年を「確立期」としています。特徴的なのは「応用発展期」を3年間として、最後の「確立期」が6年の1年間になっているところです。

多くの学校は3つの期間を2年間ずつに分けていますが、両国はちがうかたちをとっています。それは、早期に進路を決定するのではなく、「確立期」に入る前になるべく多くの教科を勉強することで、将来の進路を幅広く選択できるようにしているからです。

「応用発展期」の高2の選択で、初めて文系と理系とで選択授業が少し変わってきます。それでも共通履修科目が大部分を占めています。そして高3の「確立期」になってから、進路希望により、文系と理系に分かれます。

カリキュラムでは、高1は国語・数学・英語の単位を増やしています。高2は地歴（世界史か日本史）か理科（物理か化学）を選択。高3では文系と理系に応じてさまざまな科目を選択します。

文系の私立大志望だから数学を勉強しなくてもいいということはまったくありません。基礎学力は知らず知らずについていますので、両国ではほぼ全員が大学入試センター試験を受験します。

で活躍できるリーダーの育成をめざします。ネイティブの教員による授業はもちろん、オールイングリッシュの授業、ICT（情報コミュニケーション技術）やBGMを使い全員参加型の授業で学び、実用できる英語力を中学の段階からしっかりと養います。

その集大成として、中3で9泊10日の海外語学研修（アメリカ）を実施しています。生徒は現地の大学と連携した教育プログラムに参加するとともに、ワンファミリーワンスチューデントでのホームステイをつうじて、異文化理解・異文化交流にも取り組みます。

「理数教育の充実」では、生徒の興味・関心をひくための体験学習を重視し、教科書に載っている実験・実習はすべて行っています。

数学では、数学的な見方や考え方を重視し、1クラスを2つに分けた少人数授業を行い、基礎・基本の確実な定着をはかっています。

独自のキャリア教育 「志学《こころざしがく》」を実施

【Q】習熟度別授業は行われていますか。

【大井先生】 高校の数学と英語で実施しています。中学では、前述のとおり数学で1クラスを2展開した少人数授業を行っています。

【Q】補習や土曜授業、夏期講習などはどうされていますか。

【大井先生】 まず、毎日行う朝学習は全学年で実施し、ホームルーム前の15分間にドリルなどを用いて学習を行います。曜日によって取り組む教科が変わり、中学生では朝日新聞の社説「天声人語」を書き写すユニークなものもあります。書き写すことでより深く内容を理解させるねらいがあります。

高校では希望制で放課後に講習を実施し、土曜日は中・高ともに隔週で午前中に授業があります。

夏期講習も中・高で実施しています。夏期講習は希望制で、生徒が自分の希望する講座を選択し受講しています。中学生は基礎的な内容がおもですが、高校生は受験に向けて基礎から高いレベルのものまで用意しています。

【Q】進路・進学指導についてお話しください。

【大井先生】 総合的な学習の時間を使い、「志学《こころざしがく》」という進路や生き方について意識を深める学習を行っています。その一環として、

年間行事

おもな学校行事（予定）

4月	入学式
5月	遠足（2年は大使館めぐり）
6月	体育祭
7月	林間学校（1年）海外語学研修（3年） 外国語宿泊研修（2年）
8月	進路体験学習（3年）
9月	文化祭
10月	
11月	職場訪問（1年） 職場体験（2年）
12月	
1月	百人一首大会
2月	合唱コンクール
3月	芸術鑑賞教室　球技大会　卒業式

さまざまな方面で活躍しているかたを年間で10人程度お招きして講義をしてもらい、高校卒業後の将来を意識させています。名前の表すとおり、高い志を抱かせるプログラムが「志学」なのです。「志学」を総合学習で行い、中1で職場訪問、中2で職場体験、中3で進路体験学習を行い、将来の志や使命感を中学の3年間で育てます。

高校の進路指導では、普段の定期考査のほかに、1年間に6回の模擬試験を実施しています。外部模試を3回、両国内部でつくった実力テストを3回です。このようにきめ細かくテストが行われているので、学力の伸びやスランプなども確認しやすくなっています。また、年に数回、面接や三者面談を実施しています。

さらに、予備校や塾に行かず学校の授業や講習だけで大学受験に対応できる学力をつけさせることをめざし、授業内容の充実を目標に教員同士で授業見学や授業研究がさかんに行われています。

夢や希望を持った生徒に来てほしい

【Q】いつも生徒に話されているお言葉はありますか。

【大井先生】 中学の朝礼では、月ごとにテーマを決め、それを書として書いたものを生徒に見せながら話しています。

私が話した言葉をよく理解して、自ら学び自ら考えて行動できる人間になってほしいというメッセージをこめています。

また、毎朝生徒の登校時間に門の前に立って登校してくる生徒にあいさつをしています。あいさつをとおして生徒とのコミュニケーションを大切にしています。

【Q】最後に、どんな生徒さんに来ていただきたいですか。

【大井先生】 さまざまなことに興味関心を持ち、何事にも積極的にチャレンジしようとする意欲と情熱のある生徒さんに来ていただきたいと思っています。

本校では生徒と先生が、1時間1時間の授業に真剣に取り組んでいます。そんな本校での勉強・学校行事・部活動などの教育活動のなかで友情を育み、先生とのきずなを深めしっかりと学び、自分を高め、将来国内外でリーダーとして活躍できる人材に育ってほしいと願っています。

みさき： グラフにある「１れい」とか「２れい」の「れい」とは何かしら。

りょう： モンシロチョウの幼虫《ようちゅう》は成長するたびに古い皮をぬぐのだけど、卵からかえってまだ一回も皮をぬいでいない幼虫を「１れい幼虫」というんだよ。この幼虫が一回皮をぬいだら、「２れい幼虫」になって、さらに皮をぬぐと「３れい幼虫」になるんだよ。

みさき： **資料１**によると、モンシロチョウは１れい幼虫の時期に最も数が減ってしまうのね。

りょう： さらに、**資料２**によると、１れい幼虫は、１日あたり１４匹減っていることが分かるよ。

みさき： それぞれの資料から読み取れることを組み合わせると、モンシロチョウの育ち方について新たなことが分かりそうよ。

りょう： 例えば、卵から成虫になるまでの日数は分かるかな。

みさき： それなら、二つの資料から、それぞれの成長段階の日数が計算できるから、その日数を合計すれば分かるわね。

〔問題２〕 二つの資料から、それぞれの成長段階の日数が計算できるとありますが、モンシロチョウの２れい幼虫、または５れい幼虫の段階は、何日間ですか。**資料１**と**資料２**を使って、２れい幼虫、または５れい幼虫のどちらかを選び、日数を求めなさい。ただし、答えは「日」の単位で表し、小数になる場合はそのまま答えることとします。

東京都立両国高等学校附属中学校

募集区分 一般枠

入学者選抜方法 適性検査Ⅰ（45分）、適性検査Ⅱ（45分）、適性検査Ⅲ（30分）、報告書

論理的に考える力をみる

資料を読み取り、論理的に考え、条件を整理し能率的に処理する力をみています。根気よく考える力も必要です。

課題を解決する力をみる

基礎的な計算問題ともいえますが、課題、問題点を分析する力、その問題を解決するべく考える力をみています。

2015年度　東京都立両国高等学校附属中学校　適性検査Ⅲ（独自問題）より

　りょう君とみさきさんは、理科の授業で、モンシロチョウの育ち方について調べることになりました。二人は、図書館で資料を探《さが》しています。

りょう： ぼくの見つけた資料（**資料１**）によると、モンシロチョウの卵《たまご》のうち、成虫になれる数はとても少ないことが分かったよ。

みさき： 私は、こんな資料（**資料２**）を見つけたわ。この資料を見ても、モンシロチョウが成虫になるのは大変だということが分かるわ。

資料１　モンシロチョウの生存《せいぞん》個体数

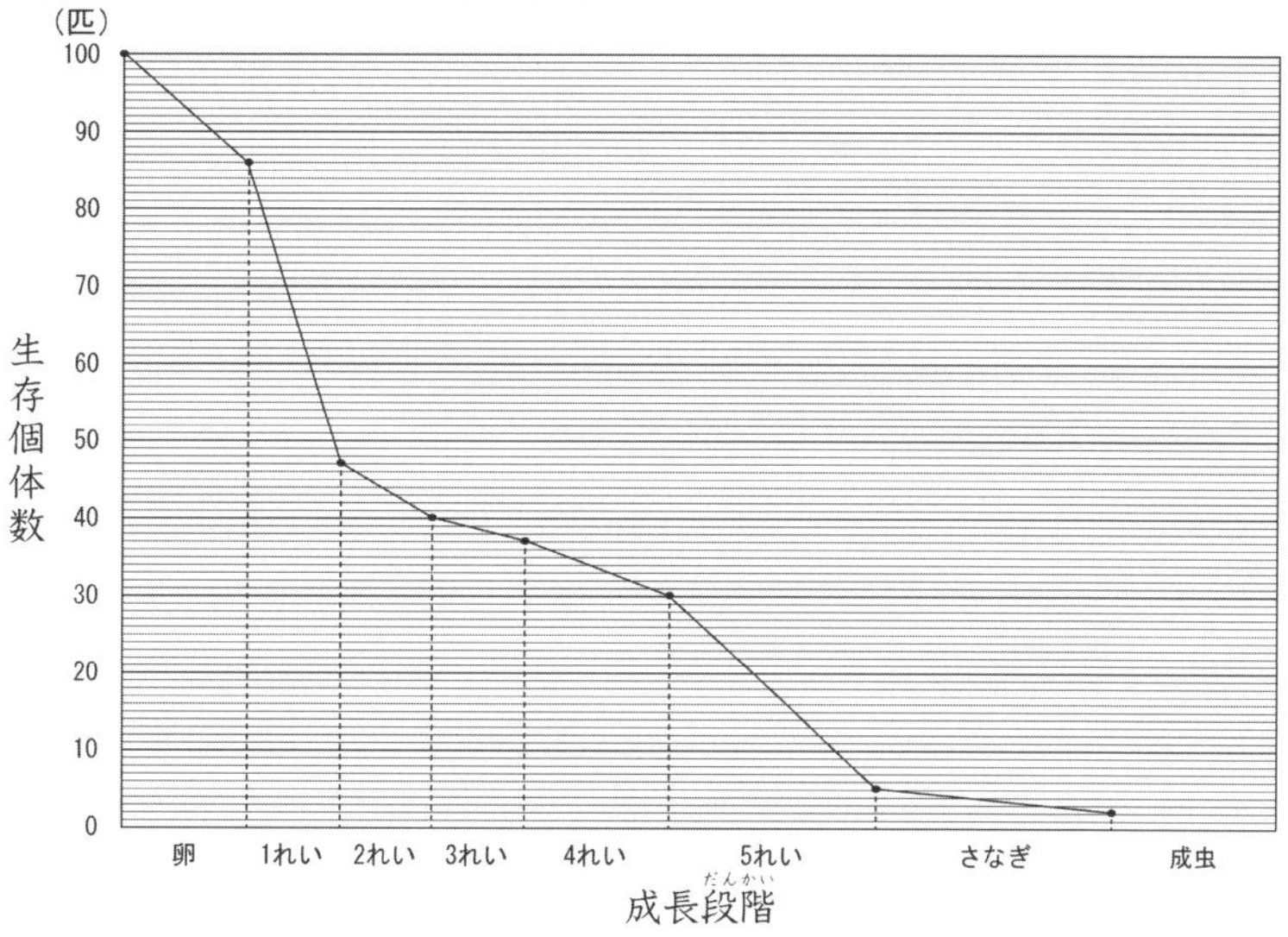

資料２　モンシロチョウの１日あたりの減少個体数

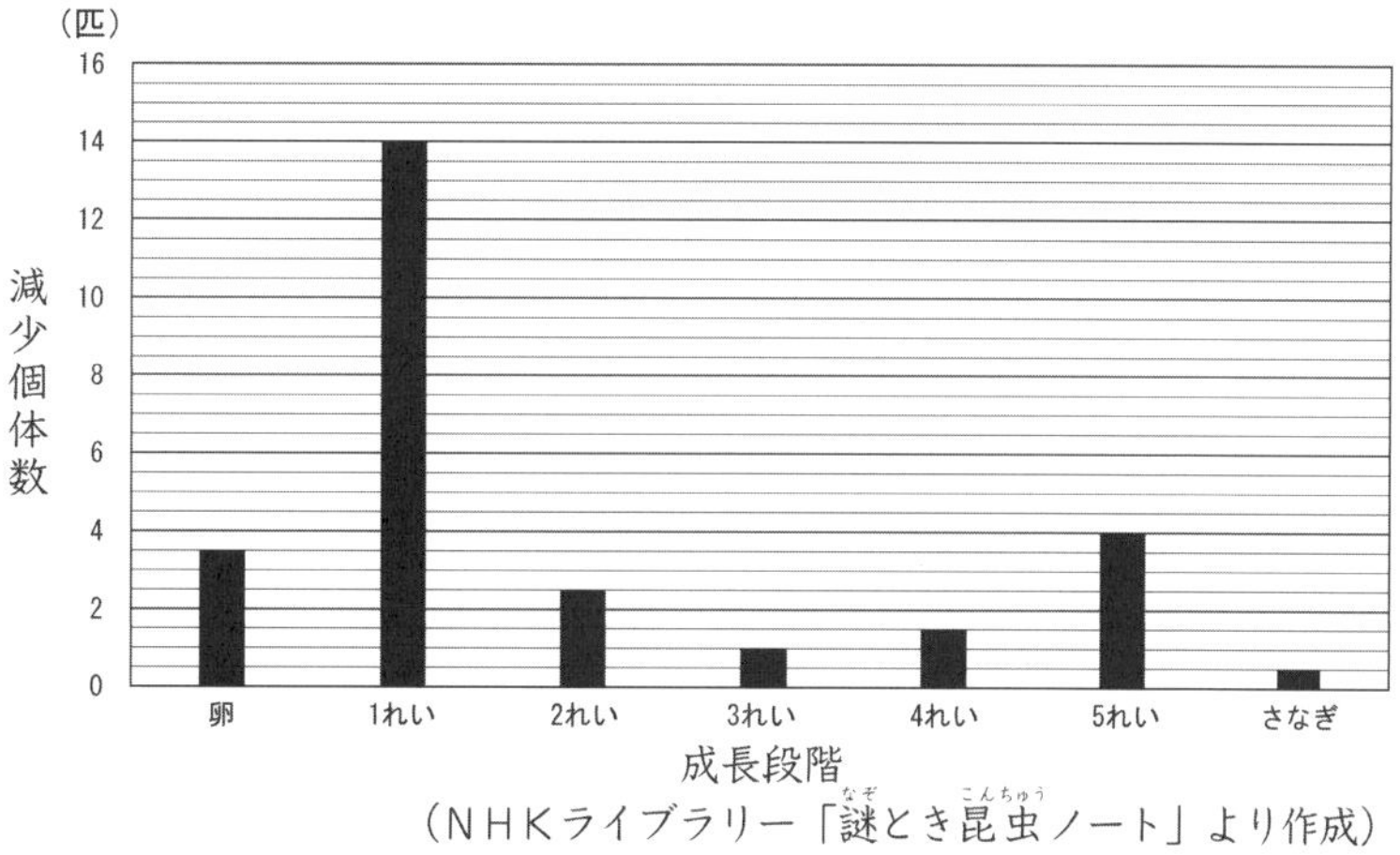

（ＮＨＫライブラリー「謎《なぞ》とき昆虫《こんちゅう》ノート」より作成）

解説

　都立両国高等学校附属中学校の入学者選抜では、報告書（換算後200点）、適性検査Ⅰ（換算後300点）、適性検査Ⅱ（換算後200点）、適性検査Ⅲ（換算後300点）の総合成績1000点で評価する予定です。ただ、これらの換算式等は、正式には９月に発表されます。

　適性検査Ⅰは独自問題で文章を読み取る力、自分の考えを適切に表現する能力をみます。国語の読解力がなければ、問題文を読みこむだけでも苦労させられます。すべて記述式で、最後の問題は350～400字の作文を求められます。

　共同作成問題の適性検査Ⅱは、問題を分析する力、思考力、判断力、また課題を解決する総合的な力をみます。適性検査Ⅱは算数・理科・社会の３科目がバランスよく融合された出題となっています。ただ、読解力がなければ、問題そのものを読み取れません。初めて採用することになった、独自問題の適性検査Ⅲは、課題に対して科学的・数理的な分析、考察、判断、解決する力を試したいとの趣旨で作問されました。基本的な計算を能率的に処理する力も必要でした。

神奈川県立 相模原《さがみはら》中等教育学校

■中等教育学校 ■2009年開校

自分を探し、自分をつくる 相模原の6年一貫教育

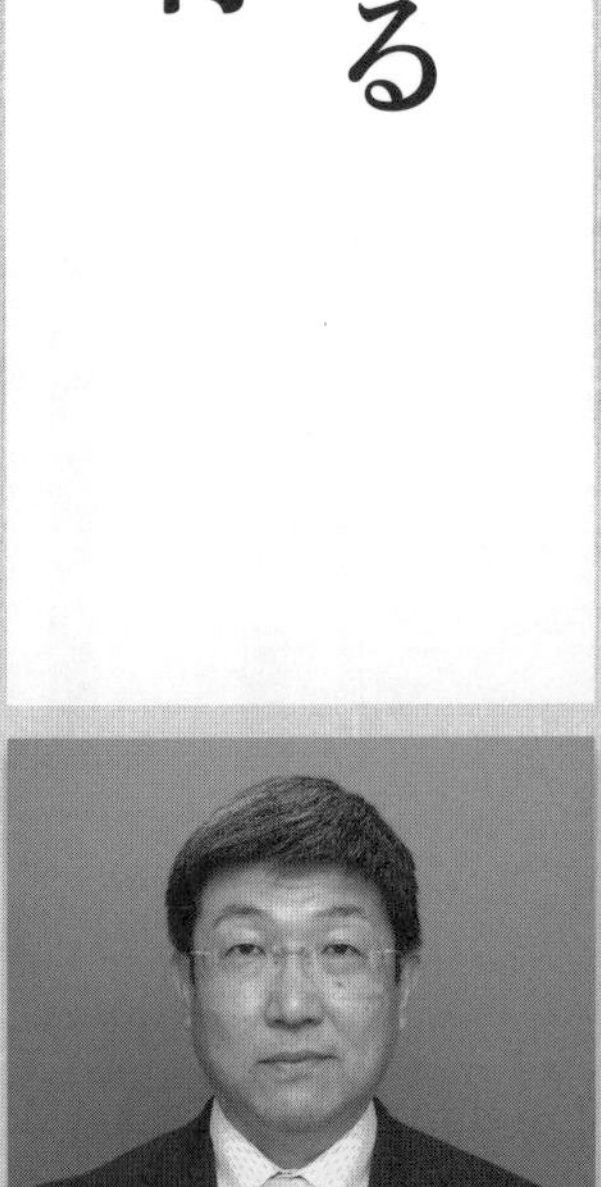

坂本《さかもと》 和彦《かずひこ》 校長先生

しっかり学び、じっくり育て、ゆっくり探る相模原中等教育学校の6年一貫教育。生徒一人ひとりの個性をいかし、思考力・判断力・表現力を育て、生徒自身が主体的に学ぶ姿勢を養います。

学校プロフィール

開　校…2009年4月

所在地…神奈川県相模原市南区相模大野4-1-1

TEL…042-749-1279

URL…http://www.sagamihara-chuto-ss.pen-kanagawa.ed.jp/

アクセス…小田急線「相模大野」徒歩10分

生徒数…前期課程 男子240名、女子238名
後期課程 男子232名、女子239名

1期生…2015年3月卒業

高校募集…なし

2学期制／週5日制／45分授業

入学情報

・募集人員…男子80名、女子80名 計160名

・選抜方法…適性検査（Ⅰ・Ⅱ）、グループ活動による検査、調査書

3つの『めざす生徒像』育てたい3つの力

【Q】教育目標「人格の完成をめざし、高い知性と豊かな人間性を備え、心身ともに健全な、次世代を担う人材を育成する」についてお教えください。

【坂本先生】本校は、次世代を担うリーダーの育成をめざすことをコンセプトにしている学校です。『めざす生徒像』として具体的に「これからの国際社会に対応する幅広い教養と社会性・独創性を備える生徒」「豊かな人間性とリーダーシップを備える生徒」「よりよい社会の構築に貢献できる生徒」を目標に掲げています。私たち教師はこの目標をしっかりと考えながら、実際の教育現場で展開していきたいと考えています。

【Q】御校では「育てたい3つの力」がしめされていますが、それについてお話しください。

【坂本先生】3つの力とは、①科学・論理的思考力　②表現コミュニケーション力　③社会生活実践力です。

まず科学・論理的思考力については、次世代を担うリーダーを育てるためには、当然ものごとに対して科学的な論拠に基づき、しっかり考察・分析していく力が求められます。さまざまな事象を論理的に理解し、順序立てて説明する力が必要だということです。

表現コミュニケーション力は、相手の主張を的確に把握し、自己の考えや行動をその場にふさわしい方法で表現し、相手とお互いによいものをつくりだしていけるような表現力、コミュニケーション力の育成をめざしたいということです。

社会生活実践力は、学校で勉強したことを実際に社会にでてから活用していけるような力を身につけることです。さまざまな社会現象を多面的にとらえる知識や技能を持ち、課題解決のために活用できる実践力を身につけてほしいということです。

6年間を3期に分け段階的に学力を養成

【Q】御校は2学期制を採用しておられますが、その意図をお教えください。

【坂本先生】 2学期制にしたのは、前期・後期という大きなくくりのなかで授業時間をできるかぎり多く確保したいからです。そして行事などを前期・後期でバランスよく取り入れる面からも年間をとおして構成しやすいという点があったからです。

【Q】6年間を「基礎期」「充実期」「発展期」と3期に分けた教育が行われていますね。

【坂本先生】 本校では、6年間を発達段階に応じて3期に分け、生徒一人ひとりの個性に応じてじっくりと指導することで、中高一貫校の強みをいかしています。

「基礎期」「充実期」「発展期」それぞれに〈学習〉＝しっかり学び、〈生活〉＝じっくり育て、〈キャリア教育〉＝ゆっくり探る、といった3つの力を育む教育活動を展開し学びを深めていきます。

まず、「基礎期」（1・2年）は、学習習慣の定着に主眼をおいた指導をきめ細やかに行います。国語・数学・英語に重点をおき、6年間の学びの基礎を定着させます。「充実期」（3・4年）からは、数学において習熟度別小集団学習を行い、数学・英語において高校の内

特色ある
カリキュラム紹介

1　かながわ次世代教養

１年次から６年間かけて次世代のリーダーに求められる「科学・論理的思考力」、「表現コミュニケーション力」、「社会生活実践力」を体系的・継続的に学習し、自らが設定した課題を解決する探究活動を行います。

前期課程では、ＩＴ活用スキルの習得や伝統文化・歴史、地球環境というテーマについて学習を深め、グローバルな舞台でプレゼンテーションと質疑ができるための英語コミュニケーション力を３年間かけて育成します。

後期課程では、６年次で行われる研究発表会に向けて、自らがさまざまな分野における課題を設定し、探究活動を進めます。

知的好奇心を刺激し、将来にわたって学習する意欲や態度を育成し、大学での研究活動につなげています。

2　６年間で「しっかり学ぶ」

前期課程では、「読書・暗誦・ドリル」、「発表・質疑応答・レポート」、「探究・ディベート」の３つのメソッドを柱とし、基礎的な知識・技能を習得させる授業が展開されています。

たとえば、英語ではネイティブスピーカーの発音に慣れながら暗誦し、スキットなどで自分の言葉として発表する機会を設けています。自分の考えを英語で相手に伝えることで、表現する喜び、達成感が感じられる授業展開が行われているのです。

また、理科では科学研究の基礎・基本を学ぶために、実験や観察を数多く行い、知的好奇心を刺激します。

そして、結果や考察をみんなの前で発表し、質疑応答を行うことで、科学・論理的思考力を深め、後期課程の学習につなげます。

このように、相模原中等教育学校の生徒は、発表することや質疑に応えることなどにより、課題を解決するために必要な思考力・判断力・表現力を育成し、主体的に学ぶ意欲を養っていきます。

後期課程では、前期課程で育成した力を基に、中等教育学校のカリキュラム編成の特例をいかして、６年間で効率よく「学び」を深めていきます。

容を先取りして学習します。「発展期」（5・6年）の5年次には、選択科目を取り入れながら授業を行います。6年次は、現代文、体育、英語以外の教科は自分の進路を見据えて、進路希望別に自由選択科目を選んで学習していきます。

土曜講座や夏期・冬期講座が充実

【Q】土曜講座についてご紹介ください。

【坂本先生】 土曜講座は、月曜日から金曜日までの学習を補完していくための講座を中心に、発展的な内容を加えながら学習します。また、大学の先生がたを講師とし、さまざまな研究分野について講義をしていただいたり、学校外へ歴史散策や大使館訪問をするなどの特別土曜講座を設定しています。

【Q】長期休業中にはどのようなことをされていますか。

【坂本先生】 夏期講座・冬期講座を設けて、5教科を中心に授業の復習講座や進学に向けた発展的内容の講座を開講し、生徒の学ぶ意欲に応えています。

また、4年次には自己発見チャレンジと称して、大学などで行われる研修や講座、講演会に参加したり、興味関心のある職業について体験し、レポートをまとめる活動を行います。

6学年が一体となった体育祭・文化祭

【Q】蒼碧祭についてご紹介ください。

【坂本先生】 中等教育学校の6学年が一体となって行う学校行事です。体育部門と文化部門を合わせて蒼碧祭と言っています。

体育部門は、クラスに関係なく抽選で赤、青、黄、緑の4つの団に分かれて競いあいます。色別学年リレーや綱引き、応援合戦など多くの種目は6学年全体で行いますが、騎馬戦や棒倒しなどは後期生のみで行い、迫力のある種目となっています。

文化部門は、1・2年生では学習発表や展示を行い、上級生は各クラスを中心に参加します。また、文化部を中心とした発表やメインステージでのアトラクションを行う予定です。今後、蒼碧祭がどのように進化していくのか楽しみです。

【Q】大きな行事としては芸術祭

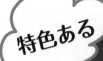

年間行事

おもな学校行事（予定）

4月	入学式　新入生オリエンテーション 合宿（1年生）
5月	社会見学（2～6年生）
6月	蒼碧祭（体育部門）出張授業（1年生） 農村体験（2年生）
7月	かながわ次世代発表会（6年生）
8月	自己発見チャレンジ（4年生）
9月	蒼碧祭（文化部門）
10月	事業所見学（1年生）
11月	研修旅行（5年生）
12月	芸術祭（合唱部門）芸術祭（展示部門）
1月	マラソン大会
2月	スキー教室（1年生希望者） イングリッシュキャンプ（3年生）
3月	成果発表会　球技大会 海外研修旅行（4年生希望者）

もありますね。

【坂本先生】クラス全員で行う合唱部門と、美術の授業でつくった作品の展示を行う展示部門があり、芸術表現の多様性や芸術全体への理解を深めるよい機会とします。

展示は12～1月まで行われ、12月に全クラスの合唱祭が学校に隣接する「グリーンホール」を会場に実施され、優秀な指揮者・伴奏者・クラスには表彰があります。審査員として鹿児島大学教育学部准教授の日吉武先生をお招きしましたが、先生の講評では、説得力のある表現などについて評価をいただき、今後の合唱表現の追及の仕方を教えていただきました。

6年間で『じっくり育てる』

【Q】新入生入学時に特別な行事は行っていますか。

【坂本先生】入学後4月下旬ごろに2泊3日の新入生オリエンテーション合宿を実施しています。ここでは、まず集団生活をとおして友情を深める仲間づくりとともに、中等教育学校での生活がどのようなものかを理解し、学習法講座や地理巡検、体験学習など盛りだくさんの内容が組みこまれています。

5月に入ると、担任との二者面談週間があります。また、7月に入ると三者面談週間があります。

私が新入生によく話すことは、6年間の自分を見つめて、最初は18歳の自分をイメージしてもらっています。それから10年後、20年後の自分をイメージしてもらいます。そのころにはおそらくしっかりと仕事に就いている、成長している自分をイメージできると思います。

6年間は自分探しだけで終わらずに、自分づくりまでやってほしいと願っています。

【Q】最後にどのような生徒さんに来てほしいかお教えください。

【坂本先生】社会のさまざまなことに関心を持ち、そうしたことに積極的にかかわろうという意欲ある生徒さんです。

本校は交通至便な場所にあり、空調設備や生徒用パソコン160台も整備されており、学習に打ちこめる環境が整ってきたと思います。6年間一貫で行う本校の教育指導を、理解してもらえる生徒さんを待っています。

神奈川県立相模原中等教育学校

〔図１〕　りんごをつめた箱

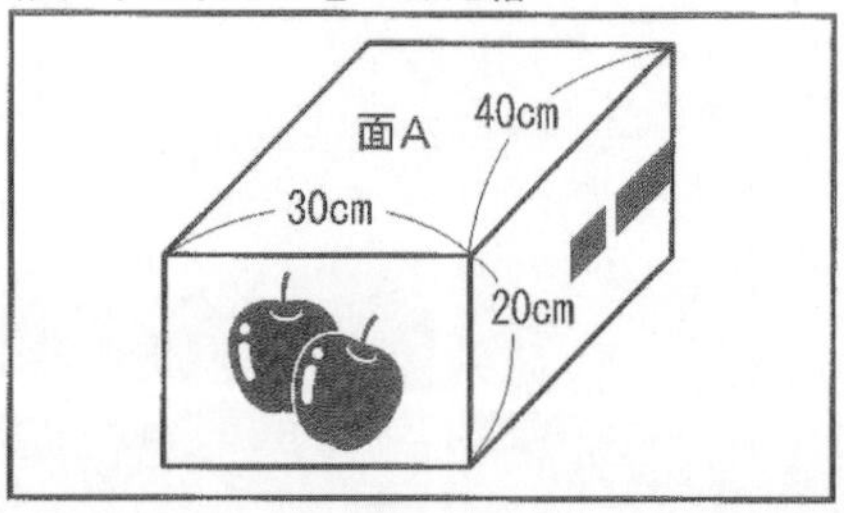

〔図２〕　組み合わせて置かれた箱の様子

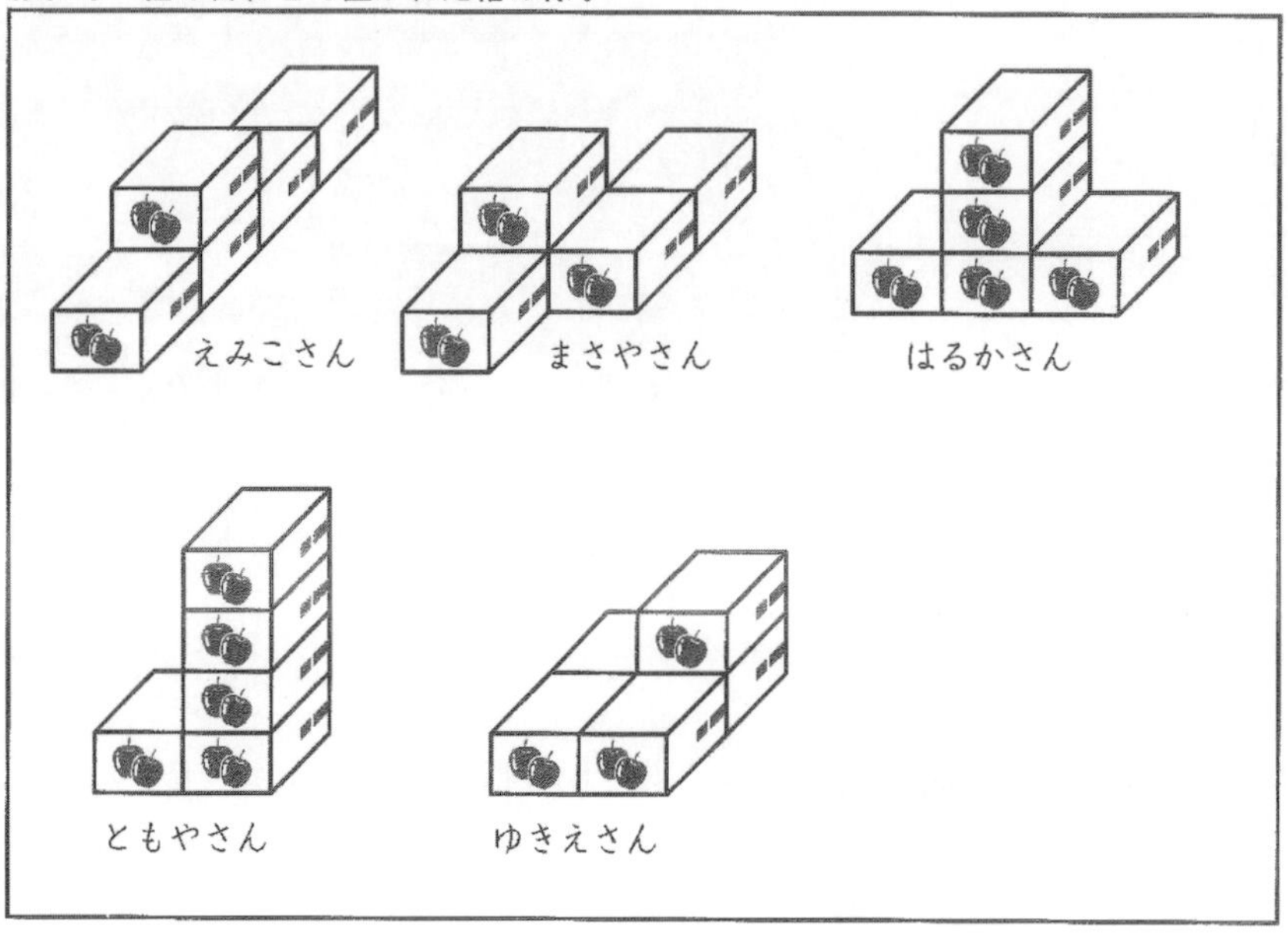

身近なものから思考を発展させる

りんごの形状とむき方から、皮を平面にしたときの形状を考えます。論理的思考力が試されています。

立体の見方から面積の比較まで

質問されていることの意味を理解し、床に置かれた立体の形から指定された面の面積を割り出します。計算力も試されます。

募集区分　一般枠

入学者選抜方法　適性検査Ⅰ（45分）、適性検査Ⅱ（45分）、グループ活動による検査（40分）、調査書

2015年度 神奈川県立相模原中等教育学校 適性検査問題Ⅰより（神奈川県立共通）

問２　えみこさん，まさやさん，はるかさん，ともやさん，ゆきえさんの５人は，農家でりんごの収穫《しゅうかく》体験に参加しました。次の（１），（２）の各問いに答えましょう。

（１）えみこさんたちは，収穫《しゅうかく》した赤くておいしそうなりんごの味見をさせてもらいました。農家の方は，〔写真〕のように左手でりんごを持ち，右手でナイフを持って，皮をむきました。りんごの皮は，ほぼ同じはばで１本につながった状態でとてもきれいにむけました。

むき終わったりんごの皮をテーブルの上に置いたときの様子として，最もあてはまるものを次の①～⑥から１つ選び，その番号を書きましょう。

ただし，テーブルの上のりんごの皮は，皮の赤い面を上にして平らに置いたものを上から見ているものとします。

〔写真〕りんごの皮をむいている様子

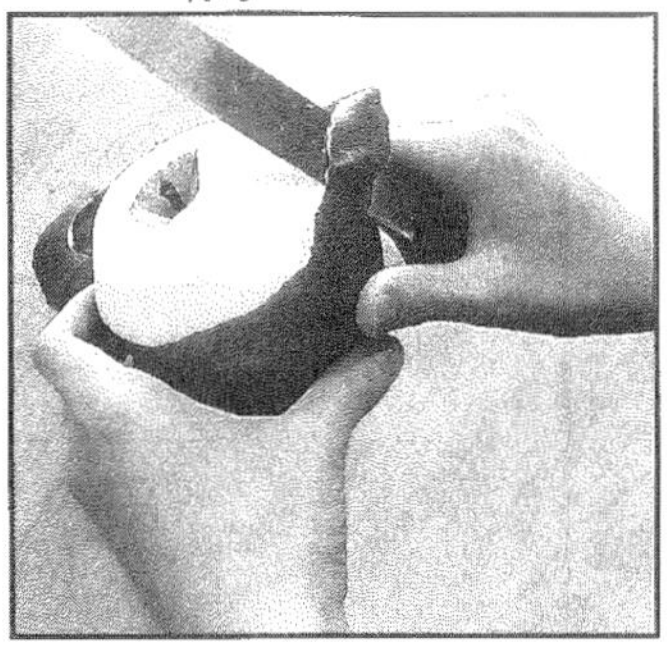

①

②

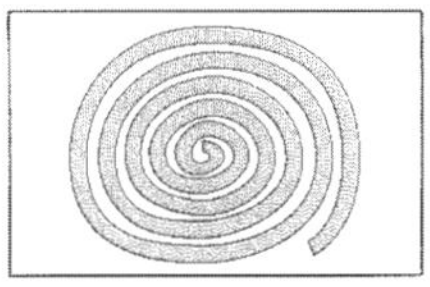

③

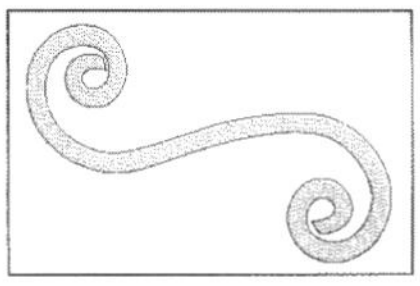

④

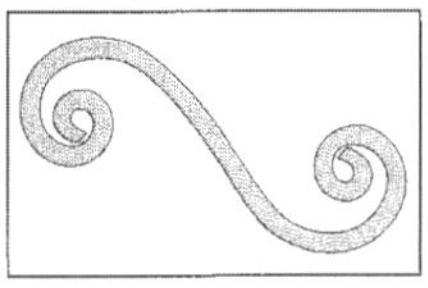

⑤

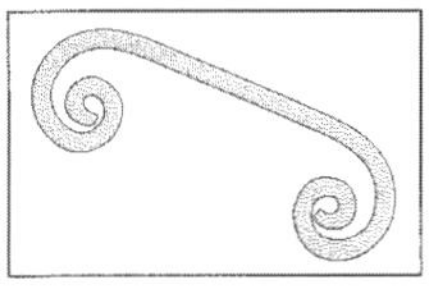

⑥

（２）えみこさんたち５人は，収穫《しゅうかく》したりんごを，〔図１〕のような直方体の箱につめ，１人５箱ずつ組み合わせて，〔図２〕のような立体になるように床《ゆか》の上に置きました。〔図２〕のように箱を置いたときにできる立体の，すべての面の面積の合計が，最も大きくなるように置いた人と，最も小さくなるように置いた人の名前をそれぞれ答えましょう。また，その面積の差は何cm^2か，書きましょう。答えは，解答欄《らん》の名前をそれぞれ選んで，線で囲み，面積の合計の差は解答欄《らん》に数を書きましょう。

ただし，面のうち，床《ゆか》や箱の面どうしが接している部分はふくまないものとします。また，箱はつねに〔図１〕の面Ａが上になるように置くこととし，面どうしを接して置く場合は，〔図２〕のように面どうしがずれないように置くものとします。

解説

神奈川県立の中等教育学校２校（相模原中・平塚中）は同じ問題で検査をします。適性検査Ⅰ・Ⅱでは、これからの社会に必要な力をはかるとされていて、他者の考えや発言を類推し、わかりやすく表現する力、資料を見ながら論理的に分析し、順序立てて表現、説明する力、身のまわりの事象に対する課題意識の有無などをみます。

適性検査Ⅰ・Ⅱは国・算・社・理、４教科の融合問題で、検査時間に比べてボリュームがあります。家庭にあってもふだんから新聞やニュースに触れ、問題点を読み取ったり自分の意見をまとめ、筋道立てて説明できるようにしたいものです。家庭でもさまざまな角度から話し合うような習慣をつけるとよいでしょう。

なお、2010年度まで実施していた「作文」は取りやめ、検査の日程が１日に短縮されています。

「グループ活動による検査」については、平塚中等教育学校の項（108～109ページ）をご参照ください。

神奈川県立 平塚《ひらつか》中等教育学校

■中等教育学校　■2009年開校

かながわから世界とつながる
次世代のリーダーを育てる

鈴木《すずき》　靖《やすし》　校長先生

2009年（平成21年）に神奈川県初となる公立中高一貫校として誕生した平塚中等教育学校。「かながわ次世代教養」をとおして世界へ羽ばたく人材を育てています。

3つのLで次世代のリーダーを

【Q】御校は2009年（平成21年）4月に、神奈川県初の公立中高一貫校として開校されましたが、沿革をお教えください。

【鈴木先生】 本校は県立大原高等学校の敷地内に開校し、今年で7年目を迎えました。今年の3月に1期生が初めての卒業生として巣立っていきました。

取り組みの柱のひとつに、「かながわ次世代教養」があります。

これは総合的な学習の一貫として次世代のリーダーを育成し、神奈川（平塚）から日本や世界を支えていこうというものです。そこで「表現コミュニケーション力」「科学・論理的思考力」「社会生活実践力」という3つの力の育成・伸長を重視した教科指導を行っています。そのなかでも本校は「表現コミュニケーション力」の育成に力を入れています。

【Q】教育理念である3つのLについてお教えください。

【鈴木先生】 これは創立当初から

学校プロフィール

開　　校…2009年4月

所 在 地…神奈川県平塚市大原1-13

Ｔ Ｅ Ｌ…0463-34-0320

Ｕ Ｒ Ｌ…http://www.hiratsuka-chuto-ss.pen-kanagawa.ed.jp/

アクセス…JR東海道本線「平塚」バス10分徒歩7分または徒歩30分、小田急線「伊勢原」バス18分

生 徒 数…前期課程 男子239名、女子239名
後期課程 男子233名、女子231名

1 期 生…2015年3月卒業

高校募集…なし

2学期制／週5日制／45分授業

入学情報

・募集人員…男子80名、女子80名
計160名

・選抜方法…適性検査（Ⅰ・Ⅱ）、グループ活動による検査、調査書

の学校理念です。次世代のリーダーとなれる人材、人間性豊かで社会貢献ができる人材を育てることをめざし、そのための理念として「生きる（Live）―深い洞察と鋭い感性―」、「慈しむ（Love）―高い志と豊かな人間性―」、「学ぶ（Learn）―幅広い教養と光る知性―」という「3つのL」を掲げました。この教育理念は生徒たちにしっかりと浸透し、クラス写真を撮影するときなど、みんな自然に、Lの字の指のポーズをつくっています。

【Q】御校の教育カリキュラムについてお教えください。

【鈴木先生】 2学期制、45分授業で1日7時間が基本のスタイルです。後期課程は単位制になっています。6年間を3期に分け、一貫した教育を行っています。

1～2年は基礎基本を充実させる「基礎・観察期」とし、1年のみ1クラス32名の少人数編成です。3～4年は「充実・発見期」として中高一貫の特徴を大切にし、中学と高校との〝線〟を引かずに学びます。そして、5～6年は「発展・伸長期」として、将来像を描きながら、つぎの進路をめざした取り組みを行っています。

中学校段階では、学習指導要領に定められている標準時間より、週4～5時間多くの授業を行っています。その増えた4～5時間は国語・数学・英語にあて、無理なく発展的な学習を行います。教科によっては、1・2年生で高校カリキュラムの内容を勉強することもあります。しかし、たんに上級の学年の学習範囲を先取りして勉強するということではなく、中高一貫の6年間で体系的に学ぶカリキュラムとなっています。5年次段階で高校課程を修了する科目もあり、6年次では、全体的な復習と、さらに深い発展的な学習を行っていきます。

数学と英語では習熟度別授業を取り入れ、少人数で段階に応じた学習を行い、ふだんの授業で論理的思考力の育成に力を入れています。昨年から3年生以降の学年の数学と英語はすべて習熟度別で行っています。今年度からは2年生を4クラスにし、さらに習熟度別授業を充実させています。

また、朝のショートホームルームの前に、〝モーニングタイム〟という10分間の「朝の読書活動」

特色ある

カリキュラム紹介

神奈川

1 多彩な取り組みが注目の「かながわ次世代教養」

「かながわ次世代教養」は、「伝統文化・歴史」、「地球環境」、「英語コミュニケーション」、「ＩＴ活用」の４つの分野を、かながわの地域の特性をいかしながら体系的に学ぶことで、未知の事態や新しい状況に対応できる力を養っていくことを目的としています。

平塚中等では、この４分野を１～６年まで週２時間ずつ学んでいきます。１年生では自分でプログラミングまでするロボットを制作。２年生は地球環境について学ぶ講演会が行われています。また、地元の相模人形芝居を体験したり、２泊３日英語だけを使って過ごすイングリッシュキャンプなど、授業だけではなく、さまざまな行事をとおして、各学年で好奇心を育み、子どもたちの世界を広げていく取り組みが行われています。そして、最終的に６年生で卒業論文にまとめていくことになります。

こうした取り組みをとおして、「かながわから日本へそして日本から世界へ」と、世界へ羽ばたいていく新しい時代のリーダーを育てています。

2 「英語コミュニケーション」は充実した行事が目白押し

国際的に活躍できる人材育成というキーワードのもと、「英語コミュニケーション」を１年生から取り入れ、６年間をとおして英語力を磨いていきます。

１年生で自由参加のイングリッシュワークショップが行われ、２年生では全員参加の２泊３日のイングリッシュキャンプがあります。ここでの会話はすべて英語で行われます。そのほか、４・５年生を対象としたエンパワーメントプログラムでは国内において日本に来ている留学生と小グループをつくってディベートを行います。４・５年生では希望制でイギリス語学研修があります。約２週間ホームステイを行い、現地の人と交流し、日本文化を紹介します。そして、集大成として５年生でグアムでの海外研修旅行があります。

こうした６年間のさまざまなプログラムにより、英語に慣れ親しみ、英語で発信し受け取れる力を磨いていきます。これらの経験から海外の大学への進学を希望する生徒もでてきています。

を行っています。

【Q】３つの力の育成というお話がありましたが、どのように学習に取り入れているのでしょうか。

【鈴木先生】 本校の学習活動では、授業や行事などに横断的に組み込み、〝キャリア教育グランドデザイン〟としてしめしています。

たとえば、「表現コミュニケーション力」の学びは、授業や特別活動など、あらゆる場面にあります。本校では1年生からグループや個人で発表する機会を多く設けています。文化祭での学習成果発表会や、弁論大会、課題研究の発表など、クラスごとに発表があり、優秀者は全校生徒の前で発表します。こうした発表を見聞きし、自分の考えをまとめて表現することの大切さを、それぞれの生徒が受けとめていると感じます。

世界にでるために日本の伝統文化を知る

【Q】「かながわから日本へ　そして日本から世界へ」というスローガンがありますが、具体的にどのような活動をされていますか。

【鈴木先生】 国際社会で活躍するためには、英語が使えるようになるのはもちろんですが、世界にでていく人間にとって、自分の国の伝統文化を知ることは必要不可欠です。そのために、1年生では地域の伝統芸能である相模人形芝居体験、2年生で鎌倉での歴史探訪、3年生で京都・奈良の伝統文化に触れ、百人一首大会や歌舞伎見学なども実施しています。

こうした取り組みは、「かながわ次世代教養」の時間を使って事前学習を実施し、文集や新聞形式にまとめる振り返り学習を行います。

このように身近なところから日本の伝統文化を知り、4・5年生のイギリス語学研修（希望制）や、5年生全員が参加するグアム研修旅行での平和学習や国際交流活動につなげていきます。

【Q】4年生での勉強合宿についてお教えください。

【鈴木先生】 これは2泊3日で行うもので、今年は4月に実施しました。中高一貫教育では高校受験という大きな山を越えることがないので、人生のひとつの緊張感をつくりだしてあげるのが目的のひとつです。〝真の学び〟を体験するために、授業を含めて1日10時

年間行事

おもな学校行事（予定）

4月	入学式 オリエンテーション合宿（1年）
5月	鎌倉歴史探訪（2年） 大学・博物館訪問（3年）
6月	翠星祭体育部門
7月	歌舞伎鑑賞（4年）職場体験（3年）七夕
8月	
9月	芸術鑑賞
10月	翠星祭文化部門
11月	かながわ探究　地域貢献デー
12月	研修旅行（3年：国内、5年：海外） イングリッシュキャンプ（2年）
1月	百人一首大会　合唱コンクール
2月	
3月	歩行大会　スポーツ交流会 イギリス語学研修（4・5年）

間の勉強に挑戦します。ふだんはなかなかこれだけ勉強できませんから、「10時間も勉強できた」という自信と達成感を身につけさせたいという意図があります。

あとは、ひとりではなく、みんなで切磋琢磨するという経験ですね。4年生で実施するのは、高校段階に入り10時間という物量的な勉強時間を乗りきり、自分の進路となる大学進学を意識させるためでもあります。

【Q】キャリア教育はどのようなことを行っていますか。

【鈴木先生】 授業を含め、さまざまな行事が生徒一人ひとりのキャリア教育につながっていると考えています。

わかりやすい例として、3年生で行う東京探訪では、裁判所を見学したり、教養を深めるために美術館や博物館にでかけます。また、東京大や慶應義塾大などのキャンパスを訪れ、大学のようすを学生さんにたずねたり調査したりします。ふつうの中学3年生であれば、高校受験を考えているわけですが、本校は中高一貫ですので、その期間にすでに大学のことを身近に考えるチャンスがあるわけです。

もちろん、それがすぐに将来の進路につながるわけではありませんが、大学のようすを知る（学ぶ）ことで憧れの対象となったり、大学を知るきっかけになります。多彩な取り組みを随所に配置し、体系的に継続したつながりを持った中高一貫教育を行っています。

【Q】今後どのような生徒さんに入学してほしいですか。

【鈴木先生】 私は日ごろ、「夢を2つ3つ持ってほしい」と話しています。入学時分は、まだ中学生なので自分でも自分のことがわからないと思いますし、夢が見つからない生徒もいるでしょう。〝夢に向かって生きる〟そのきっかけをここでつかんでほしいのです。

夢はこの学校だけで達成できるものではありませんから、将来に向かってやりたいことを追い求めて挑戦する、チャレンジャーになってほしいですね。

この学校は、成長段階に合わせた夢を見つけるための入り口が、いつでも、どこにでも転がっています。本校には6年間をとおしてそういう仕組みがあり、入学してくれた生徒たちに、そのお手伝いをしてあげたいと思っています。

グループで話し合いをする。 （35分）

（2）あなたの考えと，そのように考えた理由を，1分ぐらいで発表しましょう。

（3）それぞれの発表をもとに，旗づくりの「具体的な手順や方法」と「具体的なデザイン」を考え，そのくわしい内容について話し合いましょう。必要があれば，画用紙とフェルトペンを使いましょう。

（4）グループとして1つの案をつくりましょう。

第3回検査の課題

課題　次の文章を読んで，あとの（1）～（4）に取り組みましょう。

あなたは，神奈川県立中等教育学校の1年生とします。県立中等教育学校で毎年行われる体育祭では，1年生から6年生まで同じ色になった学級どうしでまとまって，色別で競《きそ》い合います。あなたの学級は，赤組に決まりました。
今年の体育祭では「学年をこえて自分たちの色の団結を高める」取り組みとして，自分たちの色の他の学年との団結を高めるための旗を学級ごとにつくることになりました。縦1m50㎝，横2mの大きな布を用います。旗には，学年をこえて団結を高めるのにふさわしい絵や文字をかくことになっています。
あなたの学級では，学級全員で協力して旗づくりをすることになりました。期間は1か月です。どのような手順や方法で作業を進めるのがよいか，そして，「学年をこえて自分たちの色の団結を高める」ためにふさわしいデザインとはどのようなものか，旗づくりについて具体的に計画しましょう。

【編集部・注】
2015年度入試では3回に分けて「グループ活動による検査」が行われましたが、最終組の「第3回検査」では、「応援し合う」という文言が、上記のように「団結を高める」との記述に差し替えられていました。

募集区分　一般枠
入学者選抜方法　適性検査Ⅰ（45分）、適性検査Ⅱ（45分）、グループ活動による検査（40分）、調査書

まず自分の考えを構築する
与えられた課題に対し、まず自分の考えを構築して、はっきりと述べられるようにすることが大切です。

みんなの意見としてまとめる
グループの考え（案）としてまとめようとする意欲、みんなで話しあう進め方もみられ、リーダー力も問われます。

2015年度 神奈川県立平塚中等教育学校 グループ活動による検査より（神奈川県立共通）

第１回・第２回検査の課題

課 題　次の文章を読んで，あとの（１）～（４）に取り組みましょう。

あなたは，神奈川県立中等教育学校の１年生とします。県立中等教育学校で毎年行われる体育祭では，１年生から６年生まで同じ色になった学級どうしでまとまって，色別で競《きそ》い合います。あなたの学級は，赤組に決まりました。

今年の体育祭では「学年をこえて自分たちの色を応援《おうえん》し合う」取り組みとして，自分たちの色の他の学年を応援《おうえん》するための旗を学級ごとにつくることになりました。縦１m 50 cm，横２mの大きな布を用います。旗には，学年をこえて応援《おうえん》し合うのにふさわしい絵や文字をかくことになっています。

あなたの学級では，学級全員で協力して旗づくりをすることになりました。期間は１か月です。どのような手順や方法で作業を進めるのがよいか，そして，「学年をこえて自分たちの色を応援《おうえん》し合う」ためにふさわしいデザインとはどのようなものか，旗づくりについて具体的に計画しましょう。

自分の考えをまとめる。（５分）

（１）みんなに発表できるように，あなたの考えと，そのように考えた理由を下の欄《らん》に書きましょう。

あなたの考えとその理由

○ 学級全員で協力して旗づくりをするには，どのような手順や方法で作業を進めるのがよいと思いますか。

○ 「学年をこえて自分たちの色を応援《おうえん》し合う」ためにつくる学級ごとの旗のデザインは，具体的にどのようなものにすればよいでしょうか。

解説

神奈川の中等教育学校２校（相模原中・平塚中）は同じ問題で検査をします。開校当初行われていた「作文」を取りやめ、検査の日程が１日に短縮されています。これは受検生の負担を軽減するのがねらいとのことです。

作文で評価していた「学習意欲」「表現力」については、「グループ活動による検査」のなかで見極めていきます。これにより、「グループ活動による検査」での評価の比重が高くなったのではないかと言われています。

「グループ活動による検査」は男女別に８人程度のグループで行われ、課題をふまえて40分で検査されます。出題のねらいは「与えられた課題について、自分の意見をまとめ、グループでの話しあいや作業を行い、活動へのかかわりをとおして、集団のなかでの人間関係構築力の基礎的な力をみる」とのことです。

適性検査Ⅰ・Ⅱについては、相模原中等教育学校（102～103ページ）でも解説しています。

横浜市立 南《みなみ》高等学校附属中学校

■併設型　■2012年開校

横浜から世界にはばたく 人材の育成

高橋《たかはし》　正尚《まさなお》 校長先生

バランスのよい学びで学力を向上。世界に通用する英語力をつけるとともに、高い学力と豊かな人間性を育み、高い志と幅広い視野をもって、グローバルに活躍する人間を育成します。

横浜市民に中高一貫という新たな教育サービスを

【Q】2012年（平成24年）4月に御校が開校されました。設立にいたった経緯をお教えください。

【高橋先生】 横浜市の教育委員会では高等学校の再編整備を行っており、そのなかで、2009年（平成21年）に横浜サイエンスフロンティア高校の開校、2010年（平成22年）に市立金沢高校への特進コースの設置、そして市立南高校に横浜市初の公立中高一貫校をつくることになりました。これは、横浜市民に対して、多様な選択肢を用意する行政サービスのひとつとなっています。

【Q】開校して3年が経ちました。現状をどのようにお考えですか。

【高橋先生】 学校側が考えていた以上に、学力レベルの高い生徒たちが入学してきています。そうした生徒たちが、9教科すべての学習にバランスよく取り組み、合唱コンクールや体育祭などの教育活動にも意欲的に取り組んでいます。

学校プロフィール

開　校…2012年4月
所在地…神奈川県横浜市港南区東永谷2-1-1
ＴＥＬ…045-822-9300
ＵＲＬ…http://www.edu.city.yokohama.jp/sch/hs/minami/jhs/
アクセス…横浜市営地下鉄「上永谷」徒歩15分、京浜急行・横浜市営地下鉄「上大岡」・横浜市営地下鉄「港南中央」バス
生徒数…男子225名、女子254名
１期生…高校１年生
高校募集…あり
2学期制／週5日制／50分授業

入学情報
・募集人員…160名（男女概ね各80名）
・選抜方法…調査書、適性検査（Ⅰ・Ⅱ・Ⅲ）

とくに英語力の上達は著しく、1期生は85%の生徒が3年の2月までに英語検定で準2級以上を取得するという偉業を達成しました。

さらに感じるのは、生徒たちはこの学校の生徒であることに誇りを持っているということです。

【Q】教育の柱としている「高い学力」「豊かな人間性」についてお教えください。

【高橋先生】 私たちは、現在、6年後の子どもたちに、「豊かな人間性」と「高い学力」、このふたつを兼ね備えた人間になってほしいという願いがあります。

このふたつの教育の柱を実現するために、「学びへの飽くなき探究心を持つ人材の育成」「自ら考え、自ら行動する力の育成」「未来を切り拓く力の育成」という3つの教育目標を掲げています。

中学校の開校にともなって、3つの中期目標を設定しました。それが「コミュニケーション力の育成に対応した教育内容への生徒・保護者の満足度を90%以上」、「生徒の授業満足度を90%以上」、「将来、国公立大学入学者80名以上（1学年160人）をめざし6年間で基礎学力・学習習慣・強い意志を育成する」の3つです。

現在、高1の1期生が中3のときには、「保護者の満足度」「生徒の授業満足度」ともほぼ90%と、目標値に近づいています。

高い学力の習得に向け国語教育の充実を重視

【Q】「高い学力の習得」に向けた具体的な内容をお教えください。

【高橋先生】 中高の6年間で一貫した教育を行うにあたり「養成期」（中1・中2）、「伸長期」（中3・高1）、「発展期」（高2・高3）と3期に分けています。「養成期」は、基礎を固め、学習習慣を確立させることを目的とし、「伸長期」は中学での学習をまとめ、高校への学習へとつなげていきます。そして、「発展期」で自分の進路について研究し、目的に向かって進んでいきます。

9教科すべてをバランスよく学ぶことを前提とし、そのなかで最も重視しているのが「国語教育の充実」です。

さまざまな学習の中心になるのは国語教育だと考え、読む、書く、話す、説明するなどの言語能力や

特色ある
カリキュラム紹介

1　横浜南高等学校附属中の総合的な学習「EGG」

中学３年間での総合的な学習の時間を、横浜南高附属中では「EGG…E（explore…探す、学びの探究）、G（grasp…掴む、自己の可能性発見）、G（grow…伸びる、人間性の成長）」と呼んでいます。さまざまな活動をとおして、コミュニケーション力を養い、自ら学び、自ら将来を切り開く力を育てるのが目的です。

木曜日の７校時と、月に２度の土曜日４時間を使い、「EGG体験」「EGGゼミ」「EGG講座」の３つのプログラムを実施しています。

「EGG体験」では、豊かなコミュニケーション力を育成する交流体験や研修が用意されています。プロジェクトアドベンチャー、グループエンカウンター研修、コミュニケーション研修といったプログラムでは、同じクラスの生徒同士や、別クラスの生徒同士、クラス全体などの組み合わせで、課題をクリアしていくために協力するなかで、コミュニケーション力を養っていきます。

開校から3年が経ち、さまざまな研修が実施されました。生徒たちは、クラス、学年集団、それぞれの場面で活発に意見をだしあい、交流し、課題に取り組んでいました。また、こうしたプログラムを継続するとともに、イングリッシュキャンプ、カナダ研修旅行などの国際交流活動にも取り組んでいます。

「EGGゼミ」では、論理的思考力を育成する多様な言語活動や、調査、研究、発表活動を行います。３年生での卒業レポート作成に向け、１年生は討議、インタビュー、スピーチなど論理的思考力を養う基礎的な講座があり、２年生ではそれがテーマ別のグループに分かれての調査、研究、発表となります。3年生では卒業研究を行います。

「EGG講座」は、幅広い教養と社会性を学び、将来の進路への興味・関心を引きだすための多様な講座です。

大きく分けて教養講座とキャリア教育（本文参照）のふたつがあり、教養講座ではJAXA（宇宙航空研究開発機構）による「宇宙開発講座」、「横浜市大国際理解講座」、「東大水中ロボット体験」など、独自の講座が多数用意されています。

また、月２回の土曜日のうち１回は、学力定着をはかるため国・数・英を中心とした集中補習を行っています。

神奈川

コミュニケーション能力を高める活動を各教科の授業のなかで実施しています。

中1から高1までの4年間は「国語・数学・英語」の授業を毎日行います。これにより中学3年間で385時間の授業時数増になります。

授業時数は週33時間です。また、中3では、国語・算数・英語の一部で高校の内容を先取りします。

さらに、総合的な学習の時間で、さまざまな言語活動を行っています。

中学校での総合的な学習を、本校では「EGG（エッグ）」と呼びます。これはE（explore…探す、学びの探究）、G（grasp…掴む、自己の可能性発見）、G（grow…伸びる、人間性の成長）の頭文字を取ったものです。

EGGは、木曜日の7校時と、月2回の土曜日（4時間）に実施しています。そのうち木曜日の7校時を言語能力、コミュニケーション能力の育成にあてています。

3年間の教科学習の集大成として卒業レポートに取り組みます。

ほかにも、年間で計画的に本を読む「読書マラソン」や、高校の学習内容につながる古典教育の充実、さらに高校の教師による書写の専門的な授業などが教育課程に位置づけられています。

数学での中高一貫校用教材「体系数学」の使用や少人数制授業、理科の実験授業におけるチームティーチングなど、きめ細やかな指導で理数系教育の充実にも力をそそいでいます。

英語教育でも少人数授業を実施しています。夏休みに各学年で3日間の英語集中講座を、2年生で英語集中研修と2泊3日のイングリッシュキャンプを実施します。そして3年生では、それまで培ってきた英語力とコミュニケーション力をいかすために、姉妹校提携をしているカナダ・バンクーバーの「ポイント・グレイ・セカンダリー・スクール」などへの研修旅行を行います。

【Q】家庭学習の習慣を身につける取り組みをされていますね。

【高橋先生】 学力向上のポイントとして「家庭学習の習慣を身につける」ことが大切であると考えています。家庭学習を定着させるために、「私の週プラン」を使って毎日の学習内容を記録させています。

「私の週プラン」とは、おもに

年間行事

おもな学校行事（予定）

4月	入学式　校外体験学習 （プロジェクトアドベンチャー）（1年） 構成的グループエンカウンター研修（1年）
5月	生徒総会 コミュニケーション研修（1年）
6月	体育祭　合唱コンクール
7月	英語集中研修（1・2年）
8月	英語集中研修（3年）
9月	南高祭（舞台・展示の部）
10月	イングリッシュキャンプ（2年） カナダ研修旅行（3年）
11月	コミュニケーション研修（1年）
12月	
1月	百人一首大会
2月	構成的グループエンカウンター研修（1年）
3月	修了式

5教科の家庭学習の時間を毎日記録し、週末に今週を振り返り、次週の家庭学習の目標や課題を書くシートのことです。学級担任が毎週確認し、家庭学習の状況把握に努めています。

さらに、英語のリスニングマラソン、国語の読書マラソン、数学の問題集など、宿題を多く課しています。

その結果、家庭学習の習慣が身についてきているようです。

【Q】併設型の中高一貫校ということで、高校からも1クラス（40名）募集がありますね。

【高橋先生】 高校から入学してくる生徒にとっても、附属中から進学してくる生徒にとっても相互によい刺激になると思っています。お互いに切磋琢磨して、活気あふれる学校にしていってほしいと願っています。

【Q】進路指導についてはどのように考えておられますか。

【高橋先生】 いろいろな分野の一流のかたを招いて講演や指導をしていただく「EGG講座」のなかで、キャリア教育を行います。横浜市立大や横浜国立大とはEGGをとおして交流をはかっていますし、また、中3で大学見学会を実施しています。このようにして、大学や、大学を卒業したそのさきにあるさまざまな職業について学習していくことで、自分の将来をしっかり考えさせる進路指導ができます。

【Q】行事は高校生といっしょに行うのでしょうか。

【高橋先生】 体育祭・文化祭・合唱コンクールなどの行事は中高合同で行います。中学生にとっては、高校生の取り組みが目標になり、高校生にとっても、自分たちが中学生のよい見本となりたいという意識が見られました。また、生徒会や部活動などの一部も中高合同で活動しています。

【Q】御校にはどのような生徒に入学してもらいたいですか。

【高橋先生】 本校では、高い志を持ち、国際社会の発展に貢献できる生徒の育成を教育方針としています。そのためには、「コミュニケーション力」や「論理的思考力」「数学的な見方や考え方」などの力をしっかりと身につけることが大切だと考えています。学ぶ意欲が高く、困難に立ち向かう積極的な姿勢をもった生徒の入学を希望しています。

横浜市立南高等学校附属中学校

募集区分
一般枠（横浜市内在住、県内生で市外在住者は30％以内）

入学者選抜方法
適性検査Ⅰ（45分）、適性検査Ⅱ（45分）、適性検査Ⅲ（45分）、調査書

【会話2】

> みなみさん：**【資料】**の**入力方法Ⅰ**で文字を入力してみましょう。「あめ」と入力したい場合は、「17777」と5回押せばいいってことね。
> まなぶさん：**入力方法Ⅱ**で「あめ」と入力したい場合は「1174」と4回押せばいいんだね。**入力方法Ⅱ**で「　X　」と入力したい場合は、「2503524261」を押せばいいんだね。
> たかしさん：試しに何か言葉を入力してみる？
> まなぶさん：このボタンを押せば、入力方法を選べるんだね。
> みなみさん：じゃあ、さっそく挑戦《ちょうせん》してみよう！

問題1　X　にあてはまる言葉を、すべて**ひらがな**で答えなさい。

問題2　みなみさんたちは、**入力方法Ⅰ**と**入力方法Ⅱ**のうち、ボタンを押す回数が少ない方法で、**「きれいなはなをみたい」**と入力しようとしています。入力方法を選んだ後にボタンを押す回数は何回になるか、回数を答えなさい。

問題3　みなみさんがリモコンを使ってある言葉を入力してみたところ、**入力方法Ⅰ**と**入力方法Ⅱ**の選択《せんたく》を誤《あやま》り、**「BきDああき」**と意味の通じない言葉になってしまいました。**みなみさんが**入力したかった言葉を、**ひらがな6字**で答えなさい。

数理的に分析する力をみる

数理的な問題を分析し考察する力や、解決に向けて思考、判断し、的確に理解する力をみます。想像力も問われます。

情報を素早く理解する力をみる

左ページでしめされた文字の入力方法を素早く理解していないと解答に時間がかかり、時間配分に窮してしまいます。

2015年度 横浜市立南高等学校附属中学校 適性検査問題Ⅲより

3 みなみさんたちは、あるリモコンについて話をしています。【会話１】【会話２】【資料】を見て、あとの問題に答えなさい。

【会話１】

みなみさん：あれ？そのリモコン、わたしの家のリモコンと少し違《ちが》うみたいだけど。
たかしさん：このリモコンは、文字を入力するときに使うんだ。
まなぶさん：どんなときに、文字を入力するの？
たかしさん：テレビで見たい番組を探《さが》すときなどに、入力するんだ。
みなみさん：この入力方法のボタンは何？
たかしさん：**入力方法Ⅰ**を選ぶと、ボタンを押《お》す回数によって文字が出て、**入力方法Ⅱ**を選ぶと、２回ボタンを押すことで文字が出るようになっているんだ。詳《くわ》しくは【資料】を見てみよう。

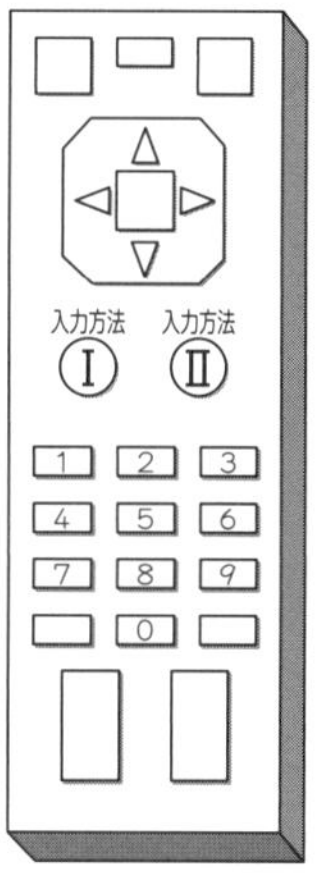

【資料】 リモコンの文字入力方法

入力方法Ⅰ

	ボタンを押す回数									
押すボタン	1	2	3	4	5	6	7	8	9	10
1	あ	い	う	え	お	ぁ	ぃ	ぅ	ぇ	ぉ
2	か	き	く	け	こ	A	B	C	D	E
3	さ	し	す	せ	そ	F	G	H	I	J
4	た	ち	つ	て	と	っ	K	L	M	N
5	な	に	ぬ	ね	の	O	P	Q	R	S
6	は	ひ	ふ	へ	ほ	T	U	V	W	X
7	ま	み	む	め	も	Y	Z	、	。	！
8	や	（	ゆ	）	よ	ゃ	ゅ	ょ	？	＃
9	ら	り	る	れ	ろ	／	％	＝	＋	－
0	わ	を	ん	゛	゜	～	＊	＠	・	￥

入力方法Ⅱ

	２回目に押すボタン									
１回目に押すボタン	1	2	3	4	5	6	7	8	9	0
1	あ	い	う	え	お	ぁ	ぃ	ぅ	ぇ	ぉ
2	か	き	く	け	こ	A	B	C	D	E
3	さ	し	す	せ	そ	F	G	H	I	J
4	た	ち	つ	て	と	っ	K	L	M	N
5	な	に	ぬ	ね	の	O	P	Q	R	S
6	は	ひ	ふ	へ	ほ	T	U	V	W	X
7	ま	み	む	め	も	Y	Z	、	。	！
8	や	（	ゆ	）	よ	ゃ	ゅ	ょ	？	＃
9	ら	り	る	れ	ろ	／	％	＝	＋	－
0	わ	を	ん	゛	゜	～	＊	＠	・	￥

※濁音《だくおん》「゛」や半濁音「゜」をつけたいときは、つけたい文字を入力した後に入力する。

解説

横浜市立南高等学校附属中学校の入学者選抜では、調査書と適性検査Ⅰ、Ⅱのほかに適性検査Ⅲも行われるのが特徴です。これらの評価比率や配点は公表されておらず、適性検査の結果と志願者が提出した「調査書」による総合的選考を行う、とされています。適性検査Ⅰは文章を読解して自分の意見を表現します。文章やデータの内容を的確にとらえ、分析し表現する力をみています。2015年度入試でも250～350字の作文表現で、そこでは複数の段落構成で書くことを指示されました。また、新聞記事や新聞コラムのように書くことも要求されました。

適性検査Ⅱは、自然科学的な問題や数理的な問題を分析し考察する力や、解決に向けて思考、判断し、的確に表現する力をみるための算数・理科の問題でした。

適性検査Ⅲでは、社会科的な問題を含み、図や表、データなどで表された情報を読み解き、そこから得られる情報を理解する力をみました。2015年度の出題は、配分時間に比べ問題量が多くスピーディな解答作業が求められました。

神奈川

■併設型 ■2014年開校

川崎市立 川崎《かわさき》高等学校附属中学校

川崎市の未来をリードする人材の育成「かわさきLEADプロジェクト」

和泉田《いずみた》 政徳《まさのり》 校長先生

2014年（平成26年）、川崎市に新たな公立中高一貫校が誕生しました。川崎市立川崎高等学校附属中学校は、「体験・探究」「ICT活用」「英語・国際理解」を重視した独自の教育を行い、生徒の夢の実現をサポートします。

市立川崎高等学校に併設型中学校が誕生

【Q】川崎市立川崎高等学校に附属中学校が設立された経緯をお教えください。

【和泉田先生】 学校教育法が改正され、1999年度（平成11年度）より、中高一貫教育を選択的に導入することが可能となりました。これを機に川崎市でも中高一貫教育についての検討が行われ、2007年度（平成19年）、市立高等学校改革推進計画のなかで中高一貫教育の導入が決定し、川崎市立川崎高等学校に附属中学校が併設されることになりました。

【Q】母体である市立川崎高等学校はどのような学校でしょうか。

【和泉田先生】 市立川崎高等学校は100年を超える歴史ある学校です。普通科だけではなく、生活科学科、福祉科という専門学科を設置し、「こころ豊かな人になろう」を学校教育目標に掲げています。

中学校から入学した生徒は、高校の普通科に進みます。現在4クラスある普通科のうち、3クラス

学校プロフィール

開　校…2014年4月
所在地…神奈川県川崎市川崎区中島3-3-1
TEL…044-246-7861
URL…http://www.kaw-s.ed.jp/jh-school/
アクセス…京浜急行大師線「港町」徒歩10分、JR東海道線・京浜東北線・南武線「川崎」徒歩20分またはバス
生徒数…男子92名　女子146名
1期生…中学2年生
高校募集…あり
2学期制／週5日制／45分授業
入学情報
・募集人員…120名
・選抜方法…適性検査Ⅰ・Ⅱ・面接

西側校舎イメージ図

ぶん（120人）を中学校から、1クラスぶん（40人）を高校から募集します。

市立川崎高等学校には、複数の科があることや、6年間のなかで人間関係の活性化をはかるという点から併設型を取り入れました。

【Q】1期生・2期生の生徒さんのようすはいかがですか。

【和泉田先生】 本校で学びたいという高い意欲を持った生徒が集まったのを感じています。

入学してすぐの4月には、人間関係を築くために、八ヶ岳にある川崎市の施設で「自然教室」を実施しました。大自然のなかでともに過ごしたことによって、クラスだけでなく学年全体の親睦が深まり、学校として、とてもいいスタートがきれていると思います。

【Q】授業時数やクラス編制についてお教えください。

【和泉田先生】 授業は45分で1日7時間、週に35時間とじゅうぶんな授業時間数を確保しています。

1クラスは40人で、各学年3クラス編成で行っています。また、中1では、国語・数学・英語については週5時間行い、数学と英語は1クラスを2分割する少人数授業を毎時間行っています。

日々の授業では、グループワークを多く実施し、自分の考えをきちんと相手に伝え、相手の話をしっかりと聞く訓練をしています。

生徒を育てる 3つのキーワード

【Q】御校で行われている特徴ある教育についてお話しください。

【和泉田先生】 本校では、6年間を3つに分け、中1・中2は学ぶ楽しさを見つける「定着期」、中3・高1は学びを広げる「充実期」、そして高2・高3は学びを深める「発展期」と位置づけています。段階に応じた学びにより充実した6年間を過ごすことができます。

また、本校の最も大きな魅力は「LEADプロジェクト」と呼ばれる教育です。これは「Learn（学ぶ）」、「Experience（体験する）」、「Action（行動）」、「Dream（夢）」の頭文字を取ったもので、川崎市の未来をリードしていく人材を育てることをめざしています。

このプロジェクトのキーワードは「体験・探究」、「ICT活用」、「英語・国際理解」の3つであり、これからの社会で活躍するために必

特色ある カリキュラム紹介

1 体験をつうじて学びを掘り下げる

川崎市の未来をリードする人材を育てる「かわさきLEADプロジェクト」。これは「Learn（学ぶ）」、「Experience（体験する）」、「Action（行動）」を大切にした教育をつうじて生徒一人ひとりの「Dream（夢）」の実現をサポートする独自の教育です。

その柱のひとつが「体験・探究」であり、中1では「農業体験」に取り組みます。

「農業体験」では、大豆を育てます。種まきから始まり、大豆になる前の段階である枝豆の収穫や味噌づくりまで、1年以上をかけた取り組みです。

まず、中1の5月に千葉県の君津市から外部講師を招いて枝豆についての話を聞き、7月には実際に君津市へ赴き、種まきをします。君津市の畑のようすはインターネットをつうじて画像がアップされるので、いつでも見ることができます。

また、校内ではプランターを使って大豆を育てていきます。

君津市の露地栽培と校内でのプランター栽培はどのようにちがうのか、そのちがいはなぜ生まれるのか、生徒は体験をとおして学んでいきます。

秋には収穫のために再び君津市へ行き、その後、さらに3～6カ月ほど大豆を成熟させ、最後に味噌づくりに挑戦します。

このような実際の体験をとおして、生徒は学ぶ力や探究する力を身につけていくのです。

要とされる「学ぶ力」、「探究する力」、「コミュニケーション力」、「実行力」、「体力」を身につけていきます。

【Q】「体験・探究」、「ICT活用」、「英語・国際理解」とはどのような内容なのでしょうか。

【和泉田先生】「体験・探究」では、体験をとおして学びを深く掘り下げていきます。中1では農業体験、中2では職場体験、中3では川崎市を外部に発信するという取り組みに挑戦します。大学や企業との連携、研究施設の見学なども今後検討していきます。

「ICT活用」としては、日々の授業でパソコンや電子黒板を活用し、学習の効率化をはかっています。たとえば、授業中生徒が自分の意見を黒板に書くのではなく、パソコンに打ちこみます。すると、それがクラスメイトのパソコン、電子黒板にすぐに反映されるので、時間を有効に使うことができます。

「英語・国際理解」では、1年生の7月に、20名のALT（外国語指導助手）を招いたイングリッシュキャンプを行います。生徒6名とALT1名のグループをつくり、英語漬けの3日間を過ごします。中1は通学形式で行い、宿泊はしませんが、中2では、2月に宿泊形式で実施します。

ほかにも、イングリッシュチャレンジという英語を活用したパフォーマンスを行います。

国際理解教育の要は人権教育です。人に対する思いやりの心や相手を尊重する態度を育てていくことが大切だと考えます。

新校舎が完成 充実の学習環境

【Q】魅力的な教育が今後は新校舎で行われていくのですね。

【和泉田先生】電子黒板機能つきのプロジェクターを各教室に設置し、無線LANを完備しています。中2まではそれぞれのクラスで学び、中3からは各教科専用の教室に移動して、授業を受けるかたちとなります。移動することによって気持ちを切り替え、専用の教室で学ぶことにより各教科の授業に集中してのぞむことができます。

ほかにも教員にすぐに質問ができる教科教員ステーションや教科ごとに生徒の作品を掲示したり、資料を置く教科メディアスペース

年間行事

おもな学校行事（予定）

4月	入学式　自然教室
5月	体育祭
6月	
7月	農業フィールドワーク（中1） イングリッシュキャンプ（中1） 職場体験（中2）
8月	
9月	生徒会選挙
10月	文化祭　合唱コンクール
11月	川崎市学習診断テスト
12月	イングリッシュチャレンジ
1月	
2月	イングリッシュキャンプ（中2）
3月	フィールドデイ　学習発表会

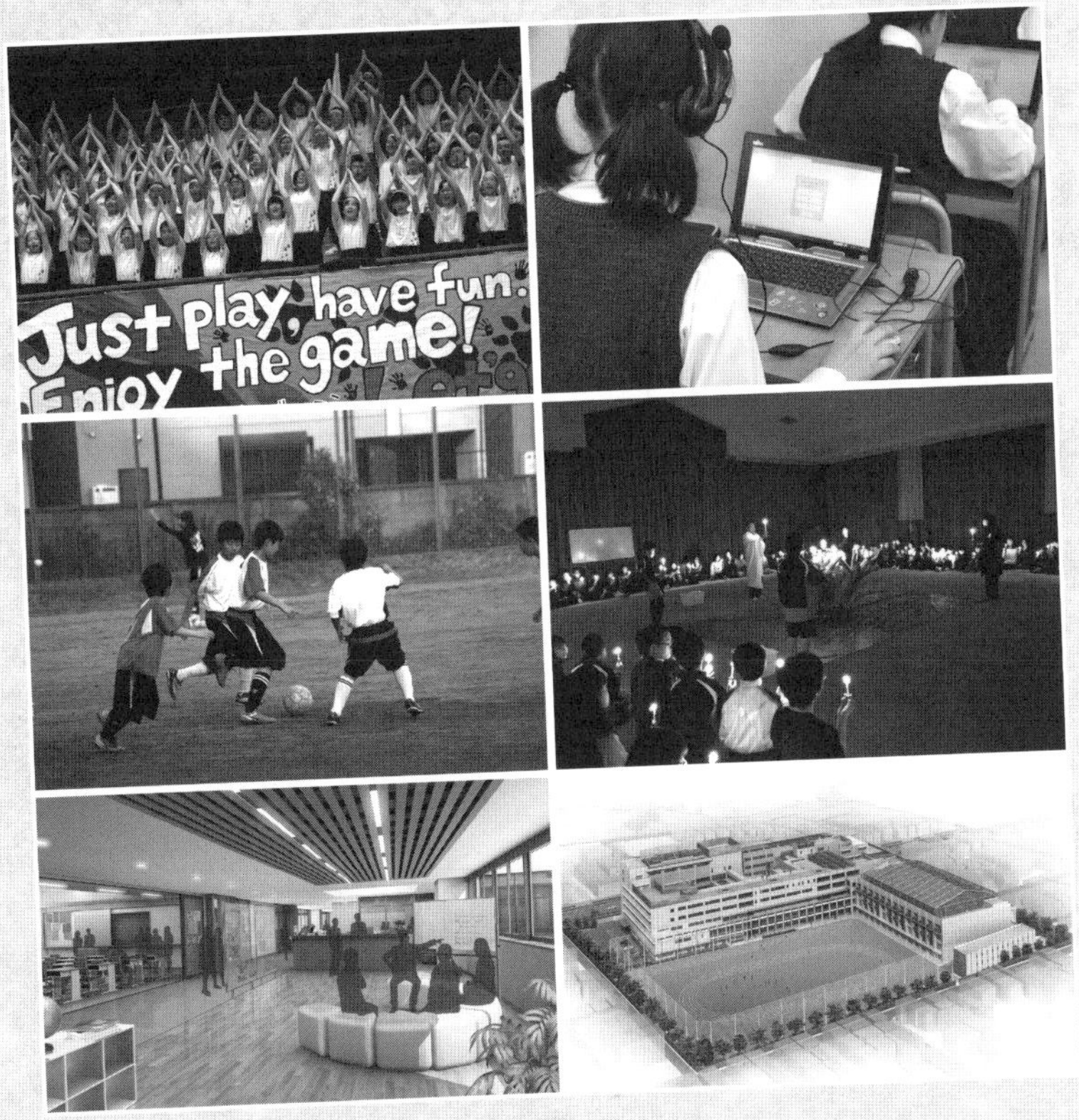

などの環境が整えられています。

また、バスケットコート3面ぶんの広さを持ち、屋上にはテニスコートを有する体育館もあります。グラウンドは現在工事中ですが、7月末には人工芝の新しいグラウンドが完成します。

【Q】中学生と高校生の交流はありますか。

【和泉田先生】 同じ校舎で生活しているので、高校の掲示物などを中学生も見ることができます。先輩のレベルの高い作品から、よい刺激を受けるでしょう。

ほかにも行事や部活動は中高合同で行うものがあります。今年の5月に行った体育祭では、高校の生徒会が中心となって中学生を受け入れる準備をしてくれていましたし、部活動でも高校生が中学生の面倒をよくみてくれているようです。とてもよい関係が築けています。

【Q】現在活動している部活動や今後行われる予定の行事にはどのようなものがありますか。

【和泉田先生】 運動部はサッカー・ソフトテニス・バドミントン・バスケットボール・陸上の5つ、文化部は茶道・書道・吹奏楽・美術・放送の5つ、合わせて10の部があり、9割以上の生徒が入部しています。今後、生徒、職員が増えていくにしたがって、部の数もさらに増やしていく予定です。

行事は10月に文化祭があります。中学は、学習内容の展示と合唱コンクールを行い、高校の展示や発表を見学しようと考えています。修学旅行など、ほかの行事も順次決定していきます。

【Q】最後に御校を志望するお子さんや保護者にメッセージをお願いします。

【和泉田先生】 受け身ではなく、自ら積極的にものごとに取り組む気持ちを持っている、やる気のある生徒を待っています。

本校では生徒に探究心を求めているので、ふだんから疑問をそのままにしないで、自分のなかで解決していくという姿勢を大切にしてください。

学校での授業をしっかりと受けて、こつこつと勉強を積み重ねていくことが大事です。

われわれ教職員は、使命感を持って、日々の授業を行い、生徒の夢の実現をバックアップしていきます。

川崎市立川崎高等学校附属中学校

はなこさん：長野県ではレタスをどのくらいの量を出荷しているの。
じろうさん：18 万 5400 トンだよ。
たろうさん：ということは･･･、全国ではおよそ［　（あ）　］トン出荷されているということだね。
はなこさん：すごい量だね。私たちもよく食べるものね。ところで、どうして長野県はレタスの生産がさかんなの。
じろうさん：それはね、２位の県と比較《かく》した**〔資料２〕**を見てみると理由が考えられそうだ。
たろうさん：あれ。入荷状況《きょう》の時期がずれているよ。生産時期にもずれがありそうだね。
はなこさん：この前お母さんが、レタスはいたみやすいって言っていたけど関係があるかな。
じろうさん：そうなんだよ。レタスは、暑さに弱いから、涼《すず》しい気候で降水量もあまり多くない所で栽培《さいばい》されているんだ。しかも、長野県の、高原特有の霧《きり》と昼夜の気温の差がレタスに適しているんだって。
はなこさん：長野県の気候は、川崎と比べると、どうなんだろう。
たろうさん：この資料集に、②<u>八ヶ岳周辺の気温と降水量のグラフ</u>がのっているよ。
じろうさん：川崎の資料は見あたらないけど、横浜の月別の平均気温と降水量の資料はあるよ。グラフをつくって八ヶ岳と比べてみよう。
たろうさん：八ヶ岳少年自然の家では、地元の方たちとの交流会があるらしいよ。
じろうさん：どんなことをするの。
たろうさん：八ヶ岳周辺の自然の紹介《しょうかい》や、地元の特産品を紹介してくださるそうだよ。
じろうさん：わあ、楽しみだな。
はなこさん：わたしたちも川崎市について何か紹介しましょうよ。
たろうさん：そうしよう。川崎市について知っていただくよい機会になるといいね。
じろうさん：じゃあ、ぼくは地図を作るよ。

（1）下線部①で、川崎市立川崎高等学校附属中学校から、八ヶ岳少年自然の家がある長野県までバスで通る道を線で引きましょう。なお、線の引き方は下の**〔例〕**にならいましょう。

〔例〕

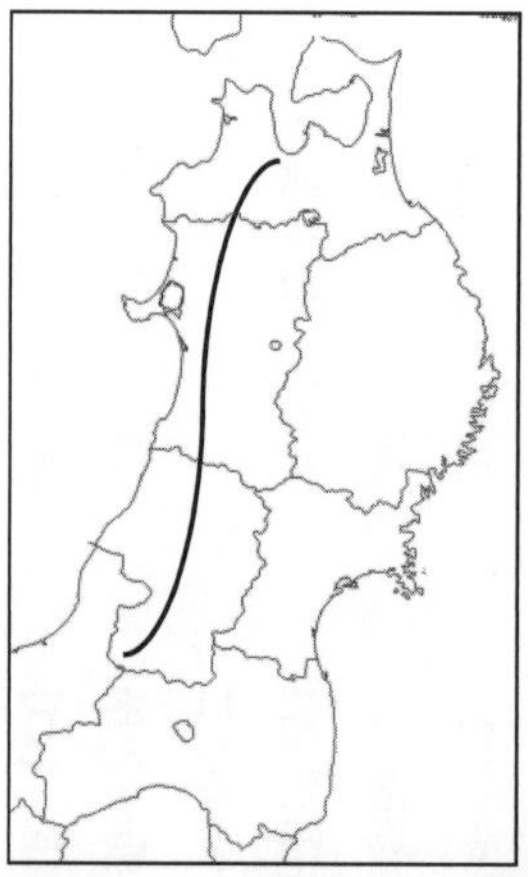

【編集部・注】
解答用紙に関東甲信越の白地図が描かれており、道順を記入します。

会話文から内容を読み解く

近道的な手法を習得していることより、小学校での学習事項を本質的に理解しているかどうかが問われています。

数理的に分析・考察する力をみる

これにつづく問題で、算数の内容を言葉でとらえたり、PISA的な「日常をふまえた数字」の考え方が問われたりしました。

募集区分
一般枠（川崎市内在住）

入学者選抜方法
適性検査Ⅰ（45分）、適性検査Ⅱ（45分）、調査書、面接

川崎市立 川崎高等学校附属中学校

2015年度 川崎市立川崎高等学校附属中学校 適性検査問題Ⅱより

問題１　たろうさんたちは、４月に川崎市立川崎高等学校附属中学校の自然教室で八ヶ岳《やつがたけ》に行くことになり、そのことについて話をしています。下の会話文を読んで、あとの（１）～（６）の各問いに答えましょう。

たろうさん：自然教室、楽しみだね。
はなこさん：八ヶ岳少年自然の家だよね。５年生の時、行ったことがあるよ。空気がおいしかったなあ。
じろうさん：自然が豊かだったね。八ヶ岳は長野県だよね。どうやって行くのかな。
たろうさん：学校に集合して、そこからバスで行くそうだよ。
はなこさん：学校の近くにある川崎大師近くの高速道路の入り口から乗って行くそうよ。
じろうさん：八ヶ岳までの道すじ（ルート）は、どうなっているの。
たろうさん：①高速道路の出入り口は、ぼくたちの学校がある県だよね。すぐに多摩川を渡《わた》って、東京都に入るんだよ。東京都をしばらく走って、神奈川県の相模湖あたりを通る。それから山梨県を通って、長野県まで行くんだよ。
じろうさん：え、遠いなぁ。
はなこさん：そうでもないよ。地図で見てみよう。
たろうさん：ぼくは、初めて行くんだけど、長野県ってどんな所なの。
じろうさん：ぼくは長野県の農業について調べて**〔資料１〕**を作ったよ。長野県はレタスの出荷が日本一なんだよ。

〔資料１〕レタス出荷の割合（2012 年）

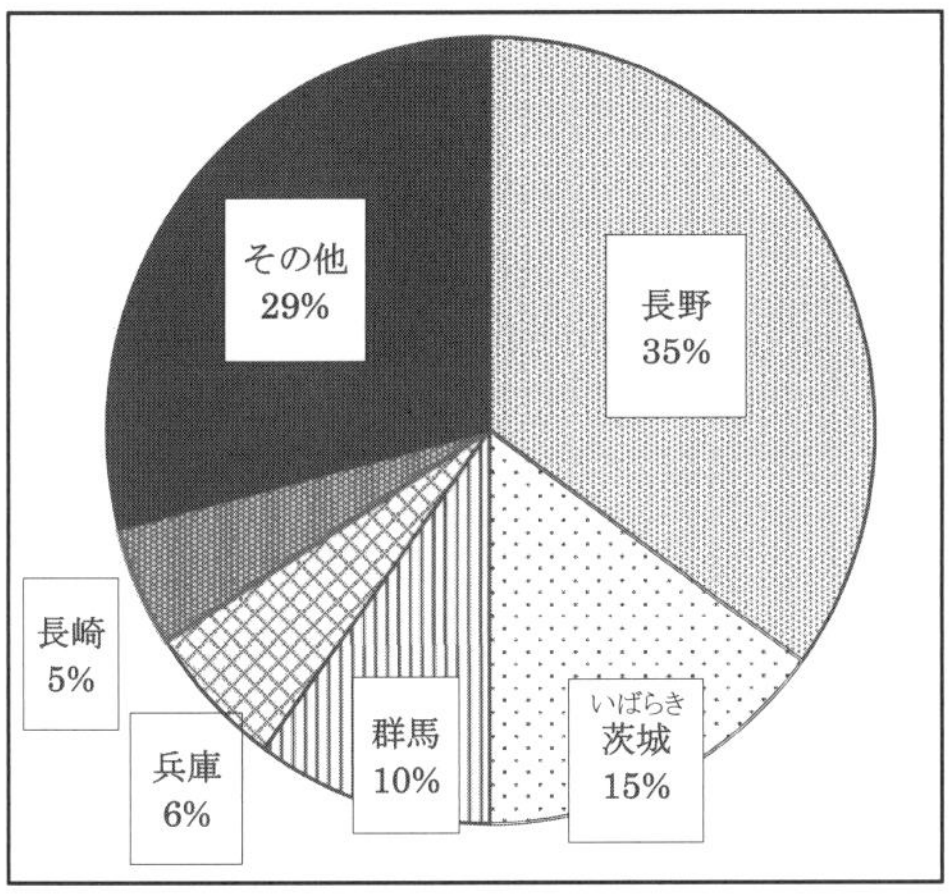

（農林水産省統計より作成）

〔資料２〕レタスの東京卸《おろし》売市場への入荷状況（2013 年）

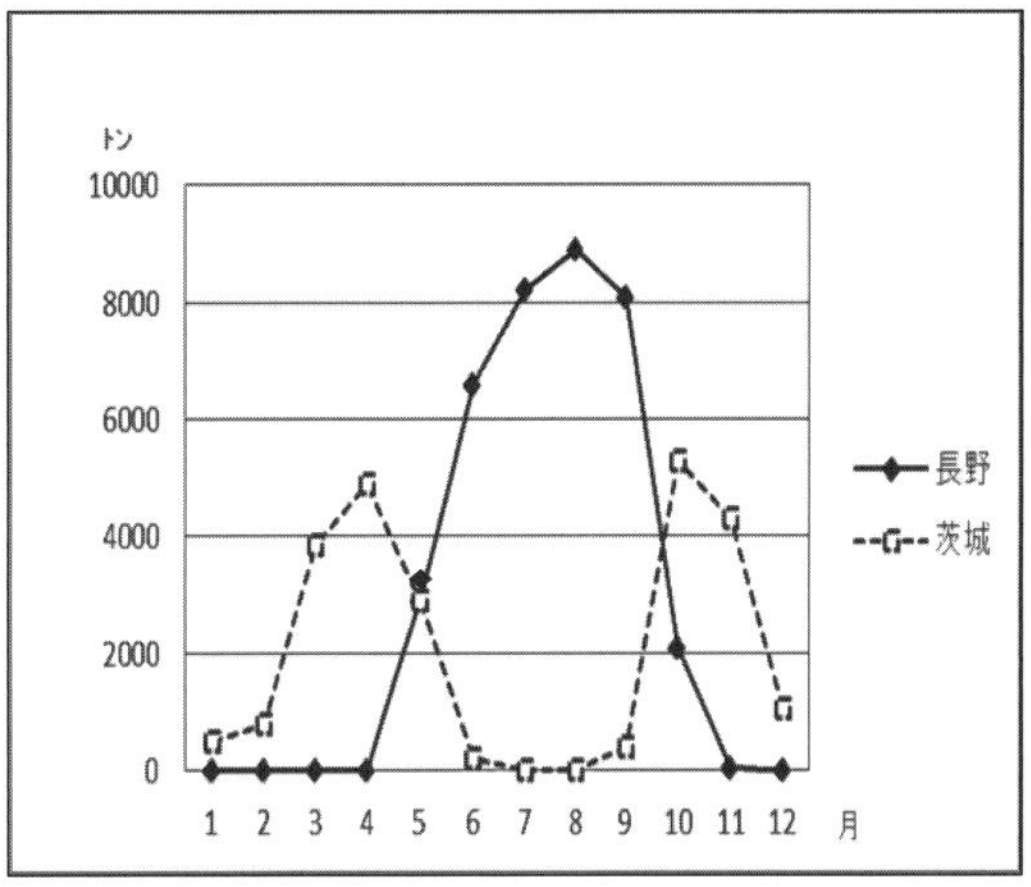

（東京卸売市場ホームページ等より作成）

解説

川崎市立川崎高等学校附属中学校の入学者選抜では、適性検査Ⅰと Ⅱが行われます。適性検査Ⅰでは、「文章や図や表・データの内容を的確にとらえ情報を読み解き、分析し表現する力をみる。また、作文も含む」ことを、適性検査Ⅱでは「自然科学的な問題や数理的な問題を分析し考察する力や、解決に向けて思考・判断し、的確に表現する力をみる」ことを出題の基本方針としています。

この春の出題をみると、適性検査Ⅰは国語的要素の問題で作文（最大文字数360字以上400字以内を記述）があり、この作文表現では三段落の構成を求められました。また、社会科的な問題でも記述式解答が含まれました。

適性検査Ⅱは算数、社会、理科の融合問題で、データや表を読み取る力が試されます。また、ここでも記述式で答える問題が多くでています。算数では上記のように割合の問題がでていますが、答えがでればよいというわけではなく、長い問題文の読解力が求められています。

千葉市立 稲毛《いなげ》高等学校附属中学校

■併設型 ■2007年開校

日本人としての自覚を持ち 世界で活躍できる真の国際人を育成

植草《うえくさ》 茂生《しげお》 校長先生

2007年（平成19年）の開校から9年目。1～3期生を難関大学、国際系大学をはじめとしたそれぞれの進路に送りだし、ひとつの節目を迎えました。すべての教育活動をとおして、「真の国際人」の育成をめざします。

学校プロフィール

開　　校…2007年4月

所 在 地…千葉県千葉市美浜区高浜3-1-1

T E L…043-270-2055

U R L…http://www.inage-h.ed.jp/infjuniorhigh/

アクセス…JR京葉線「稲毛海岸」徒歩15分、JR総武線「稲毛」バス

生 徒 数…男子120名、女子120名

1 期 生…2013年3月卒業

高校募集…あり

2学期制／週5日制／50分授業

入学情報

・募集人員…男子40名、女子40名 計80名

・選抜方法…報告書、適性検査（Ⅰ・Ⅱ）、面接、志願理由書

独自の設定科目と充実の英語教育が特徴

【Q】御校の沿革と教育方針についてお教えください。

【植草先生】本校の設立母体である千葉市立稲毛高等学校の創立は、1979年（昭和54年）です。中学校は2007年（平成19年）4月に千葉県内初となる公立の併設型中高一貫校としてスタートしました。今年2015年（平成27年）で開校から9年目です。1～3期生が卒業し、ひとつの節目を迎えました。

「確かな学力」「豊かな心」「調和のとれた体力」を身につけた真の国際人の育成を教育目標に、校訓「真摯《しんし》」「明朗」「高潔」の3つを掲げています。

教育のいちばんの特徴は、常日頃から、「真の国際人とはなにか」を生徒にも先生がたにも問いかけていることです。真の国際人は英語教育だけでは育ちません。まず、日本をよく知り、日本人としての自覚を持ったうえで世界で活躍できる人材を育てていくことが、本

校の役割だと思っています。

【Q】学校独自の選択科目、活動を取り入れることで、よりその特徴がいきていますね。

【植草先生】 中1から中3にかけて、独自の選択科目である「総合科学」「英語コミュニケーション」「世界と日本」を設けています。

「総合科学」では、理科の実験やコンピューターを使った情報技術を学びます。「英語コミュニケーション」では、ネイティブの講師による実践的な英語の授業を展開しています。そして、「世界と日本」では、世界の国々と日本をさまざまな観点から比較して、異文化理解を深めます。

また、「国際人プロジェクト」という、校外学習などで積極的に外国人に話しかける活動も実施しています。それにより、海外のかたとも自信を持ってコミュニケーションがとれる生徒が育っています。

このように、本校独自の選択科目や活動は、教育目標である「確かな学力」「豊かな心」を持つ真の国際人の育成につながっているのです。

【Q】英語教育についてお教えください。

【植草先生】 中学校では、CALL教室でコンピューターを活用し、個人のレベルに合わせたリスニング教材で、「聴く・話す」力を強化しています。ネイティブの講師が常駐しているので、チームティーチングや、パワーポイントを使った英語のプレゼンテーションにも注力できています。3年次の京都・奈良修学旅行後には、生徒が訪れた名所を英語でスピーチする機会も設けています。

高等学校では2年次、オーストラリア語学研修に行きます。昨年度も4班に分かれ、14日間のホームステイをしながら、クイーンズランド州にある4つの高校に通いました。研修中は現地の先生や生徒たち、帰国後は父兄や近隣のかた、後輩たちの前で、全員がプレゼンテーションを披露し、思考力・判断力・表現力を鍛えています。

目標は、GTECで全員が高校2年次に英検2級レベル、卒業までにTOEIC650点レベルを達成することです。1～3期生は、約7割の生徒がその目標を達成しました。

このように、「真の国際人の育

特色あるカリキュラム紹介

1 実践的なコミュニケーション能力の育成をめざす英語教育

設置母体校の稲毛高校は、2003年（平成15年）より2期6年間にわたり、スーパーイングリッシュランゲージハイスクール（SELHi）に指定されていました。

その際に得られた先進的な英語教育の研究成果が、中学校のカリキュラムや学習法にもいかされています。コンピューターを使用した最新の音声指導や、ネイティブスピーカーの講師による実践的なコミュニケーション授業などが一例です。

また、留学生を積極的に受け入れており、日常的にふれあうことによって、さらに英語能力は高められます。身についた英語力は、高2で実施されるオーストラリアの海外語学研修で発揮することができます。それをきっかけに生徒はまた新たな目標を持って学習にのぞんでいくのです。

2 真の国際人を育成する「国際人プロジェクト」

総合的な学習の時間「国際人プロジェクト」では、国際理解のための考え方や表現力を身につけ、自国・地域の文化を積極的に発信し、意欲的に交流することができる「真の国際人」になることをめざします。

たとえば、1年次は「i千葉n（いちばん）PROJECT」と称し、生徒が千葉県の市町村について調べ、日本語でプレゼンテーションをするところからスタート。2年次には、成田空港で海外から来た一般人に英語でインタビューする「成田PROJECT」、3年次には、外国人への東京案内ツアーを企画して発表する「東京ABC PROJECT」などを実施します。生徒はこうした活動によって自信をつけ、たとえ失敗してもそこからまた学んでいくことができるのです。

大切なのは、世界を知る前にまず、自分の身のまわりを知ることです。有志の生徒が集まり、千葉市内の産業祭りや老人ホームで沖縄芸能のエイサーを踊るなど、千葉市の取り組みにも貢献しています。

千葉

成」へつながるものとして、さまざまなプログラムが計画、実施されています。

一貫教育で育てるバランスのとれた学力

【Q】中高一貫教育のカリキュラムについてお話しください。

【植草先生】 50分授業の2学期制で、月曜日と水曜日は7時限、ほかの曜日は6時限まで授業を行い、土曜日は部活動などに活用しています。

併設型中高一貫校の特色をいかした編成で、週32時間の授業を設定し、一般の公立中学校より週あたり3時間ほど多い授業時間数を確保しています。そして、中高の学習内容を継ぎ目なく実施しています。

カリキュラムの特徴としては、6年間を発達段階に応じて、「基礎学力定着期」（中1～中2）「充実期」（中3～高2）「応用発展期」（高3）の3期に分け、一貫した教育を行っていることです。このカリキュラムは、「基礎学力定着期」の中学生に、まず学習方法を身につけてもらい、そのうえで基礎学力を養成していく仕組みになっています。

そして、「充実期」には、高校入試がないぶん、授業時間数をほかの公立中学校より多く確保して学習しています。「応用発展期」には、文系と理系に分かれて、それぞれの目標に向けた学力の向上をめざします。

【Q】具体的にはどのような教育を展開されていますか。

【植草先生】 一部の科目で、少人数制授業を取り入れています。その特徴はジュニア・セミナールームという少人数用の教室を使用できることです。大教室ではなく、専用の教室で授業を行うため、すべての生徒に目が届くというメリットが最大限にいかされます。

中学校は、1学年は2クラスで、1クラスの生徒数は男女半々の40名です。英語と1・2年次の数学は1クラスを半分に分け、3年次の数学は2クラスを3展開した習熟度別授業で指導しています。

高等学校は、1学年8クラスで、普通科7クラスと国際教養科1クラスで構成されています。中学からの内進生は全員が普通科へ進学し、高校から入学した外進生とは2年次まで別クラス編成となりま

年間行事

おもな学校行事（予定）

4月	入学式　スタートアップセミナー（中1） 交通安全教室　校外学習（中2・中3）
5月	
6月	陸上競技大会　職場体験（中2）
7月	飛翔祭（文化祭）　夏期講習
8月	夏期講習
9月	生徒会役員選挙　前期終業式
10月	修学旅行（中3）自然教室（中2） 校外学習（中1）
11月	異文化理解講座
12月	テーブルマナー講座（中3）
1月	百人一首大会
2月	マラソン大会
3月	茶道・合気道講座（中1）　卒業式

す。また、1年次と2年次で英語と数学を2クラス3展開にし、数学は習熟度別授業にしています。

本校は、中高合わせた110人を超える教職員が一体となって、6年間の一貫教育の利点をいかし、継続的な指導で一人ひとりの力を最大限に伸ばしていきます。文系・理系に偏らないバランスのとれた学びで「確かな学力」を養い、職場体験や海外語学研修などのさまざまな体験学習活動をとおして、個人の価値を尊重し異文化を受容できる「豊かな心」を持った生徒を育てていきます。

また、生徒にはよく「ゴールを定めなさい」と言っています。大学に入るということだけではなく、そのさきの目標を立て、そのためにはなにをすべきか、ということを自覚して、学習に取り組んでいってほしいです。

【Q】学校行事や施設についてお教えください。

【植草先生】 入学してすぐの1年生には、1泊2日のスタートアップセミナーを用意しています。ここでグループワークなどを行い、生徒同士の親交を深めます。陸上競技大会や飛翔祭（文化祭）、マラソン大会などは中高合同で行われます。

施設・設備面においては、蔵書数4万冊を超える図書館、国際交流の場としても利用している第2特別教室棟、部活動の合宿に利用している朋友館のほか、すべての普通教室に空調設備を設置するなど、学習環境も充実しています。

【Q】御校へ入学を希望する生徒へメッセージをお願いします。

【植草先生】 生徒のみなさんは、入学後、課題や体験活動、学校生活の忙しさに戸惑うかもしれません。しかし、安心してください。本校の先生がたは、みなさん一人ひとりを尊重し、とてもよく面倒を見ます。ですから、期待に応え、忙しいなかでもがんばれる生徒さんにぜひ入学してほしいです。

また、本校は真の国際人の育成に力を入れており、在校生の先輩は、ネイティブの方と自然なコミュニケーションがとれるように成長しています。海外から来た留学生ともほんの数時間で仲良くなれる姿を見て私も驚くほどです。

世界に飛びだしたい、世界で活躍したい、というかたにはとても合う学校だと思います。

問3　表１には「大さじ」や「小さじ」という言葉が書いてあります。下の写真は実際の大さじと小さじです。大さじ１ぱいは 15mL であり、大さじ１ぱいと小さじ１ぱいの分量の比は３：１です。はかるものが水である場合１mL の重さは１g となります。しかし、はかるものが変われば重さが変わるので同じ大さじ１ぱいでも重さが異なります。

下の表２は食塩、油、はちみつの水に対する重さの割合を示したものです。例えば、大さじ１ぱいの水の重さと大さじ１ぱいの食塩の重さを比かくした場合、食塩の重さが水の重さの 1.1 倍あるということです。

写真

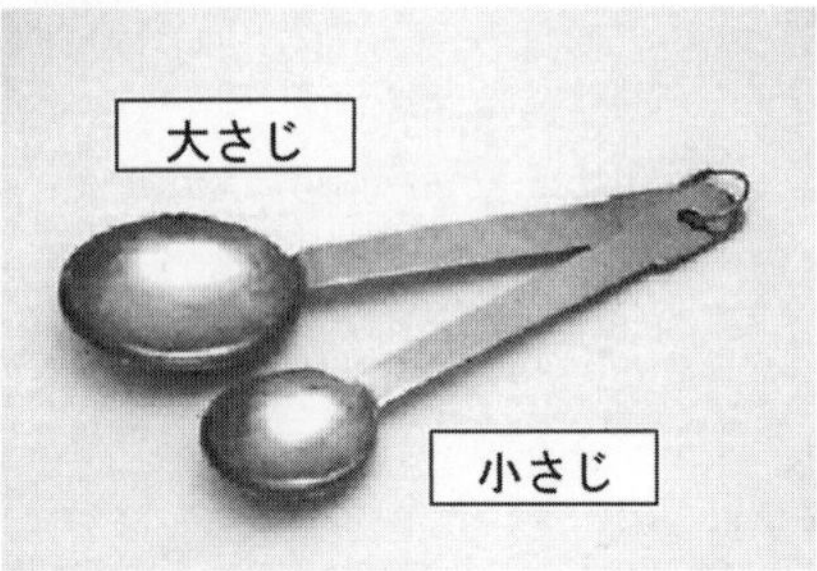

表２

種類	水に対する重さの割合
食塩	1.1 倍
油	0.9 倍
はちみつ	1.5 倍

表１に示されたはちみつ 60g を大さじや小さじではかると、何ばいになるか答えを整数で一つ書きなさい。また、表１に示された油の量は何 g か答えなさい。

与えられた課題の理解度をみる

それぞれの問いについて、与えられた課題の理解がなければ答えられません。想像力や計算力も試されます。

数理的なものの考え方をみる

小学校では比重は学びませんが、その考え方を数理的に分析し、解決していく力が問われています。

募集区分　一般枠（千葉市在住）

入学者選抜方法　適性検査Ⅰ（45分）、適性検査Ⅱ（45分）、集団面接、報告書、志願理由書

2015年度 千葉市立稲毛高等学校附属中学校 適性検査問題Ⅰより

1　良夫さんは、いつもとはひと味ちがう「野菜たっぷりカレー」をつくることにしました。そこで、良夫さんはインターネットでカレーに必要な材料を調べ、野菜の量が多くなるように修正し、表１のような材料・分量の表を作成しました。

表１：カレーに必要な材料・分量（６人分）

材料	分量
じゃがいも	５個
にんじん	$3\frac{1}{2}$ 本
たまねぎ	$2\frac{3}{5}$ 個
肉	350ｇ
水	900mL
食塩	３ｇ
はちみつ	60g
油	大さじ１　小さじ１
カレールウ	適量

問１　良夫さんは分量を６人分から８人分にしたいと考えました。８人分にしたときの「じゃがいも」「にんじん」「たまねぎ」の分量をそれぞれ答えなさい。ただし、答えが分数になる場合は仮分数を用いずに帯分数で答えなさい。

問２　良夫さんは８人分のカレーをつくるために家にある野菜を調べたところ、ちょうど「じゃがいも６個、にんじん４本、たまねぎ３個」が足りないと判断しました。そのため、ある店で足りない野菜を買うことにしました。その店では以下のような値段《ねだん》で売られていました。

野菜セット

Ａセット	じゃがいも２個、にんじん１本、たまねぎ１個	150 円
Ｂセット	じゃがいも１個、にんじん２本、たまねぎ２個	200 円
Ｃセット	じゃがいも２個、にんじん３本、たまねぎ２個	300 円
Ｄセット	じゃがいも５個、にんじん１本	210 円

単品売り

じゃがいも　１個　42 円　　にんじん　１本　58 円　　たまねぎ　１個　66 円

良夫さんが足りない野菜を買うために使った金額は 534 円でした。このとき、どのような買い物をしたか考えられる場合を２通り考え、解答らんの表に数を書きなさい。ただし、足りない野菜の個数と同じ数を買ったものとし、消費税は値段にふくまれているものとします。

解説

適性検査Ⅰは、４教科のバランスよい融合問題で、思考力や判断力、課題発見や問題解決能力をみます。グラフや表、地図を読み取り、課題に対する理解をみる問題が多くなっています。満点は100点です。

適性検査Ⅱは、私立中学校の国語の出題に似た問題で、ボリュームは多くはありませんが、作文で力をみる形式となっています。テーマに基づいて自分の考えや意見を文章にまとめ、しっかり表現できる力をみます。記述する際、どのような内容を書くべきかを想定し、その課題に沿って作文を構成する力が求められます。満点は50点です。

希望により、英文の質問による適性検査、英語の発問による面接でも受検が可能です。

検査日の午後には面接（15分、グループ）があり、自らの将来、進路に対する目的意識、進学後に学ぼうとする意欲、さらに、聞く力・話す力などもみます。

千葉県立 千葉《ちば》中学校

日本、そして世界へ羽ばたく 心豊かな次代のリーダーを育成

■併設型　■2008年開校

鈴木《すずき》　政男《まさお》 校長先生

千葉県内トップの進学校・県立千葉高等学校に併設され、県内初の県立中学校として開校した千葉中学校。多くの人材を輩出してきた高校の伝統ある「自主・自律」の精神を受け継ぎ、真のリーダーへの教育が行われています。

学校プロフィール

開　校…2008年4月

所在地…千葉県千葉市中央区葛城1-5-2

ＴＥＬ…043-202-7778

ＵＲＬ…http://www.chiba-c.ed.jp/chiba-h/chibachu/

アクセス…JR外房線・内房線「本千葉」徒歩10分、京成千葉線「千葉中央」徒歩15分

生徒数…男子119名、女子120名

１期生…2014年3月卒業

高校募集…あり

3学期制／週5日制／50分授業

入学情報

・募集人員…男子40名、女子40名 計80名

・選抜方法…(1次検査) 適性検査(1-1･1-2)
(2次検査) 適性検査(2-1･2-2)、集団面接、報告書

県立高校再編の一環として誕生

【Q】御校がつくられた経緯をお教えください。

【鈴木先生】 中学校は、千葉県の県立高等学校の再編計画の一環でつくられました。

　最近の子どもたちの傾向として、「考えることが苦手になっている」「指示を待つ子どもが多くなっている」ということがあげられ、お互いに教えあい、学びあうといった力が劣ってきていると言われています。こうした課題に対し、県として取り組んだ学校づくりの一環として、2008年（平成20年）に千葉県立千葉高等学校を母体に、併設型中高一貫校として中学校が開校しました。今年の春に2期生が卒業しました。

　中学校では、千葉高校の培ってきた伝統をいかしつつ、教育課程上の先取りをせず、6年間の一貫教育のなかで質の高い体験をたくさん行うことにより、「豊かな人間力」を育み、千葉高校の目標である「重厚な教養主義」をふまえ

ながら、「心豊かな、人の痛みのわかるリーダーの育成」をめざしています。

これまでも本校は、千葉県の高校教育のリーダーとしての自負と誇りを持ちながら教育活動に取り組んできました。今後は中学校からの進学者と他の中学校からの進学者との切磋琢磨が行われることによって、よりいっそう活性化することを期待しています。

【Q】御校の校風はどのようなものですか。

【鈴木先生】本校の全活動の精神的基盤となっているのは千葉高校の校訓でもある「自主・自律」です。実際、厳しい生徒指導はなく「自由な学校」というイメージが強いですが、生徒は千葉中生としての自覚を持って行動しています。

この「自主・自律」の精神に裏打ちされた教育は、次代に生きるみなさんに必要不可欠な力をつけていきます。なにが問題になっているのか、なにが原因なのか、なにをすべきなのか、どうしたらみんなと協力できるのかなど、すべて自分たちの頭で主体的に考えながら3年間を過ごします。教師もそのような指導をしていますから、本校に入学すれば自然と「自主・自律」の精神が身につくことになります。

この精神をもとに、中学校では新しく「篤学《とくがく》・協同・自律」という校訓を掲げています。「篤学」は、熱心に学問に励むこと。「協同」は互いに力を合わせてものごとを行うこと。そして「自律」は自分自身で立てた規範に従って行動することです。

また、高等学校の伝統として、「重厚な教養主義」が教育方針の柱として確立しています。これは日々の授業を大学受験に特化するのではなく、すべての教科で基礎・基本を大切にしながらも、教科書を超えた発展的な授業を展開することで、広く深く学習するというものです。中学校でも、先取りではなく、深く、多角的に課題について考えるよう、ていねいに指導しています。

豊かな人間力を育成する さまざまな教育課程

【Q】県内トップ校である千葉高校に進学するわけですが、ハイレベルな授業を行ううえで、中学校段階でどのような工夫が行われて

特色ある カリキュラム紹介

1 人間力育成のための総合的学習の時間 「学びのリテラシー」「ゼミ」「プロジェクト」

千葉中学校では、県内トップレベルの千葉高校の伝統をいかした「学びのリテラシー」、「ゼミ」、「プロジェクト」という人間力育成のための独自のプログラムが展開されています。

「学びのリテラシー」とは、探究的な学びの基礎となる力を育てる学習です。「ゼミ」や「プロジェクト」で必要となる話しあう力や発表の技術を学んでいきます。具体的には、レポート・論文の書き方や調査時のアポイントメントの取り方、相手への接し方などを学びます。

「ゼミ」はいわゆる大学のゼミナールと同じ形式で、個人研究を行います。それぞれのテーマで1年から3年まで縦割りで所属し、研究を行っていきます。年度末に発表が行われ、3年生では論文にまとめ、卒論発表会が実施されます。

「プロジェクト」は社会に参加する力をつけるためのプログラムです。各学年ごとに社会人講演会（1年）、職場体験学習（2年）、夏季ボランティア（3年）を行います。これらは生徒が企画・運営を任されます。そのため、講演者や企業へのアポイントも生徒が行います。

こうした経験が企画力を育み、社会でどんなことができるのか、社会からどのような力が受け入れられるのかということがわかってきます。

そして、これら3つのプログラムが、千葉高校へ進学したのちの「千葉高ノーベル賞」へとつながっていくのです。

この「千葉高ノーベル賞」とは、総合的な学習の時間から生まれたもので、4つの分野（人文科学・社会科学・自然科学・芸術）に分かれて、個別に調査・研究をし、まとめたもののなかから最もすぐれた作品に与えられる賞です。

千葉高校入学後、1年生から約2年間かけて研究したものを3年生の9月に発表します。各分野で優秀作品に選ばれたものは「千葉高ノーベル賞論叢《ろんそう》」として冊子にまとめられ、全校生徒に配られます。

こうして中学校で研究に関する基礎を学び、高校でのハイレベルな研究にすぐにつなげていくことができるのです。県立のトップ校である千葉高校の教育と密接に結びついた総合的な学習の時間となっています。

千葉

いるのでしょうか。

【鈴木先生】スパイラル学習と呼んでいますが、螺旋《らせん》階段を登るように段階的に繰り返し学習しています。学年があがるにつれ、より高度な内容で学び、少しずつ理解を深めていきます。

また、数学と英語では、20名の少人数クラスで授業を行っていますが、習熟度別で分けているわけではありません。中学校では家庭科、技術科の一部でも少人数で授業を行っています。習熟度でクラスを分けるより、いろいろな生徒がいた方がおもしろいのです。生徒それぞれの自然な発想を大切にしたいですし、同じような成績の生徒だけ集めてしまうと発想が豊かになりません。そういうところを大切にしたいと考えています。

【Q】補習や講習は行われていますか。

【鈴木先生】夏休み中や休日に「勉強会」を設定しています。基本的に参加は自由ですが、進度が遅れた生徒については義務づけている場合もあります。それ以外には制度的なものではなく、臨機応変に個別対応するという方法でフォローしています。

高校では、夏休みは、教科によってさまざまなかたちで夏期講習を行っています。

ただ、きちんと講座を決めてスケジュールを固めるのではなく、先生がたが自由に行っています。

協同することで養う豊かな人間性

【Q】「人間力を培う3つの協同」についてお教えてください。

【鈴木先生】「学びの協同」、「社会との協同」、「家族との協同」として、本校では「協同」という言葉を意識した行事を行っています。

たとえば、1年生は4月にオリエンテーション合宿を実施します。鴨川青年の家で3日間、生徒による自主運営でワークショップや野外炊飯などを行います。

生徒たちは、テレビも電話もゲームもない生活のなかで、友だちと会話し、協力しながら食事をつくっていきます。そういう体験をすることによって、人間と人間のコミュニケーションがより深くなります。

生徒は合宿から戻ってくるとなかなか逞《たくま》しくなっている気がします。

年間行事

おもな学校行事（予定）

4月	入学式　オリエンテーション合宿
5月	全校防災避難訓練
6月	文化祭
7月	
8月	職場体験（2年） 夏季ボランティア（3年）
9月	
10月	体育祭　国内語学研修（3年） 伝統文化学習（2年）
11月	合唱祭
12月	
1月	
2月	マラソン大会 卒業論文発表会（3年）
3月	総合学習発表会（1・2年） 卒業式

また、文化祭では、クラス全員で協力して、毎年演劇などの発表を行っています。

これらの行事には、昨今の家庭教育においてなんでも用意されすぎている子どもたちの自立をうながす意味もありますが、自分たちで一生懸命いろいろな工夫をして生活していくために協同することを学びます。友だち同士がなにもないなかで協同してつくりあげていくのです。それは教員もそうですし、家庭にもいっしょにお願いしています。また、社会のかたとも協同する必要があるのです。

【Q】高校ではすばらしい進学実績をお持ちですが、進学指導はどのように行っていますか。

【鈴木先生】 キャリア教育はきちんとしていきたいと思っています。世の中のことをよく知ってもらって、少なくとも高校を卒業するときには、「この大学のこの学部に行きたい」「この先生に学びたい」といった自分のこれからの学びに対する明確な目標を持ってもらいたいです。

とくに大学でなくてもいいのですが、「こういうことをやりたい」と自分自身でわかったうえで進路選択をしてほしいのです。ただ慶應義塾大に行きたいからちがう学部を3つ受験するとか、東京大がむずかしいから東京工大にしてしまおう、ということにはならないように、しっかりとした進路選択をしてもらいたいですね。そして大学に入って、すぐに研究活動に入れるような生徒を育てたいです。

【Q】では最後に、どのような生徒に入学してほしいかをお教えください。

【鈴木先生】 本校の開校の理念は、「千葉から、日本でそして世界で活躍する心豊かな次代のリーダーの育成」です。そのためには、将来、社会に貢献しようとする志のある生徒、いろいろなことに興味や関心を持ち勉強したい、とことん考えてみたいという強い学習意欲のある生徒、そして、友だちと協力してものごとに取り組むことができる生徒に入学してほしいです。

また、将来、東京大に入るだけが目的ではなく、本校の教育方針を理解して第1希望で来ていただける生徒さんを、学校と家庭で連携していねいに伸ばしていきたいと思います。

募集区分 一般枠

入学者選抜方法 【一次検査】適性検査1-1(45分)、適性検査1-2(45分)、【二次検査】適性検査2-1(45分)、適性検査2-2(45分)、集団面接、報告書、志願理由書

ちえさんたちは，よりわかりやすい説明になるように，**資料2**をもとに食品ロスの割合《わりあい》(食品ロス率)を計算して，原稿に付け加えることにしました。

資料2　1人1日あたりの食品使用量と食品ロス量

単位：g

食品区分	食品使用量	食品ロス量 計	内訳(うちわけ) 食べ残し	直接はいき	過じょう除去
穀(こく)類　※1	164.1	1.6	1.3	0.3	—
野菜類	231.9	20.2	3.2	2.2	14.9
果実類	72.3	6.4	0.4	1.1	5.0
肉類	47.2	1.0	0.5	0.2	0.3
牛乳・乳製品	87.7	0.6	0.2	0.4	—
魚介(ぎょかい)類　※2	40.2	2.4	0.7	0.1	1.6
調理加工食品	205.9	4.6	2.4	2.3	—
その他	267.1	4.2	2.4	0.7	0.9
計	1116.4	41.0	11.1	7.3	22.7

※1　穀類：種などを食用とする農作物。米，麦など。
※2　魚介類：魚類や貝類などの海産物。
(農林水産省「平成21年度食品ロス統計調査(世帯調査)結果の概要《がいよう》」より作成。四捨五入《ししゃごにゅう》の関係で，合計が合わない場合がある。)

$$\text{家庭での食品ロス率} = \frac{\text{食品ロス量(食べ残しの重さ＋直接はいきの重さ＋過じょう除去の重さ)}}{\text{食品使用量※}} \times 100$$

※　食品使用量：家庭における食事において，料理の食材として使用，またはそのまま食べられるものとして提供《ていきょう》された食品の重さ(バナナの皮など通常食べない部分を除いた重さ)をいう。

⑵　**資料2**をもとに次の**下書き原稿**の文章中にある［あ］と［い］にあてはまる数を書きなさい。ただし，小数第1位を四捨五入《ししゃごにゅう》して整数で書くこと。

下書き原稿

(食品ロス率の計算方法について説明した後に)
例えば，家庭での1人あたりの食品ロス量は，1年間で約［あ］kgとなり，これを茶わん1杯《ばい》分のごはんの量を250gとすると，約［い］杯分にあたります。食品区分別の食品ロス率を求めると，食品ロス量が最も多い野菜類は約8.7％となります。また，食品全体の食品ロス率は，約3.7％になります。

資料を読み解く力を試す

与えられた資料と、それを説明した文章を読み解き、課題となる対象の意味を分析、整理する力が求められます。

与えられた課題への理解をみる

ふたつの資料を分析、整理した情報から、本質を見極め他者にわかるように表現するための算数の力も試されています。

2015年度 千葉県立千葉中学校 適性検査問題１－１より

1　ちえさんの班《はん》は，総合的な学習の時間で「食べることができるのに捨《す》てられている食品（食品ロス）」について学習した成果を学級内で発表するために，資料と発表原稿《げんこう》を作っています。あとの(1)～(7)の問いに答えなさい。

資料１　ちえさんたちが食品ロスについてまとめた資料

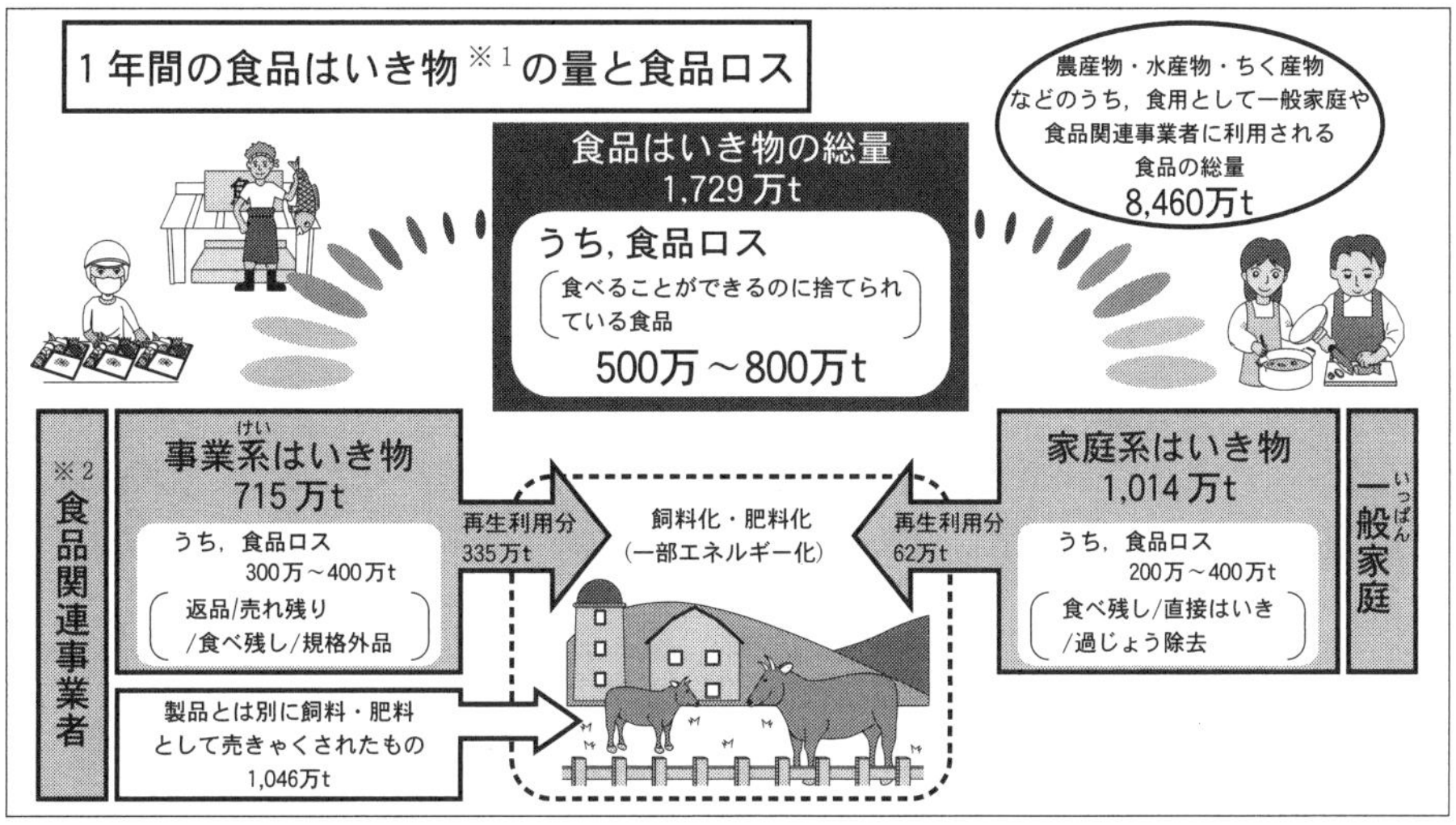

※1　食品はいき物：この資料では，「食品のうち，ごみとして捨てられたもの」を指す。
※2　食品関連事業者：食品の製造・流通に関わる業者，飲食店やスーパーなど。
（農林水産省ホームページ「食品ロス削減《さくげん》に向けて」（平成26年）より作成）

ちえ：**資料１**を説明する発表原稿を考えてきたから最初の部分を読んでみるね。

　食品ロスは，一般家庭と食品関連事業者から発生します。一般家庭での食品ロスの原因には，①「食べ残し」という食事に出た食品を捨てること，②「直接はいき」という賞味期限切れなどによって食品を調理したり食卓《しょくたく》に並《なら》べたりすることなく捨てること，③「過じょう除去《じょきょ》」という調理の時に食べられる部分を余分に取り除《のぞ》くことの３つがあります。

(1)　ちえさんたちは，「食べ残し」，「直接はいき」，「過じょう除去」の具体例として次の**ア～エ**を考えました。「食べ残し」の例には①，「直接はいき」の例には②，「過じょう除去」の例には③，食品ロスではないものには④を書きなさい。

ア　アサリを使った料理を作る時に，アサリの貝がらを取り除いて捨てたこと。
イ　給食に焼き肉が出たが，あぶら身がきらいなので取り除いて捨てたこと。
ウ　買ってきた玉子を冷蔵庫《れいぞうこ》に入れる時，以前に買った玉子を捨てたこと。
エ　大根の皮をむく時に，食べられる部分までも厚くむいて捨てたこと。

解説

千葉県立千葉中学校は一次検査と二次検査を行います。一次で倍率が４倍程度まで下がるように選抜し、二次で80名（男女40名ずつ）を選抜します。一次の段階で、倍率が30倍を超えると抽選があります。ただし、なるべく抽選を行わないように「受検希望者を減らす努力をする」ことになっています。2011年度から少し落ちつきをみせ、2015年度の一次では909人が受検し、二次には326人（うち11人欠席）がのぞみました。

県立千葉中の適性検査は、いずれもよく練られた問題で、なかなかの厳しさです。小学校で学習する内容や私立中学校入試で求められる学力とは異なります。また、適性検査は県立東葛飾中と共通問題です。

その内容は、与えられた文章や資料などを読み取り、課題を発見し、自然科学的な問題、数理的な問題等を理解し、解決に向けて筋道立てて考え、表現する力をみます。

二次の適性検査2-2では「聞き取り」をして作文をする問題があります。面接は集団面接です。

千葉

千葉県立 東葛飾《ひがしかつしか》中学校

千葉に新たな公立中高一貫校が誕生
学力・人間力・教養を高めて世界へ

■併設型　■2016年開校

加茂《かも》 進《すすむ》 副校長先生
千葉県立東葛飾高等学校
東葛飾中学校開設準備室

2016年（平成28年）、千葉県に3校目となる公立中高一貫校が誕生します。「自主自律」を校是に掲げ、グローバル社会で活躍できる人材の育成をめざす東葛飾中学。こだわりの授業をとおして、学力・人間力・教養を高めます。

独自の4つの教育方針「自主自律」の完成へ

【Q】千葉県立東葛飾高等学校に併設型中学校が設立されることとなった経緯を教えてください。

【加茂先生】母体となる千葉県立東葛飾高等学校は、1924年（大正13年）に創立。90年以上の歴史と伝統を誇ります。これまで、「自主自律」を校是に掲げ、学力・人間力・教養を高め、グローバル社会で活躍できる人材の育成をめざしてきました。2014年（平成26年）には、「医歯薬コース」を新設し、将来の地域医療を担う人材育成にも注力し始め、さらなる進化をつづけています。

そして2016年（平成28年）、併設型中学を新設します。中高一貫教育のスタートです。きっかけは、千葉県教育委員会の取り組みで、「社会の変化に対応し、活力があり、生徒それぞれの豊かな学びを支え、地域のニーズに応える魅力ある県立学校づくり」をするなかで、中高一貫教育校の開設が決まったことにあります。200

学校プロフィール

開　校…2016年4月
所在地…千葉県柏市旭町3-2-1
TEL…04-7143-8651（千葉県立東葛飾高等学校内 東葛飾中学校開設準備室）
URL…http://cms1.chiba-c.ed.jp/tohkatsu/
アクセス…JR常磐線・東武アーバンパークライン「柏」徒歩8分
高校募集…あり
2学期制／週5日制／50分授業
入学情報
・募集人員…男子40名、女子40名（計80名）
・決定方法…（一次検査）適性検査（1-1･1-2）（二次検査）適性検査（2-1･2-2）面接等、報告書

新校舎完成イメージ

8年（平成20年）に開校した千葉県立千葉中学校につづく2校目の開設について検討した結果、地域的なバランスを考え、伝統と実績がある本校が選ばれました。

【Q】どのような教育理念・方針をもって開校されるのですか。

【加茂先生】中学校の新設にあたっては、千葉県教育委員会から大きな理念が与えられています。それは、「世界で活躍する心豊かな次代のリーダーの育成」です。「豊かな人間力を培う」ことと、「揺るぎない学力を育む」ことを教育方針として、理念達成をめざします。

本校独自の教育目標としては、「未来への志」「確かな学力」「豊かな心」「健やかな体」の4つを掲げています。なかでもいちばん大切にしているのが、「未来への志」です。未来を見据え、よりよい社会の実現をめざすあくなき向上心や探究心を育成すること。すなわち、高いコミュニケーション能力や情報活用能力、グローバルな視点、豊かな知的好奇心を身につけることで、高校から入学してくる仲間たちとも相乗効果を生みだし、各々の「自主自律」を完成させる、と考えています。

【Q】「自主自律」という言葉には、さまざまな解釈があると思います。加茂先生の考える「自主自律」とはどのようなものですか。

【加茂先生】「自主自律」とは、だれかからの指示を待つのではなく、自ら考えて適切に行動することです。本校には、非常に活動的で、何事にも熱心に取り組む生徒たちが集まっています。そのエネルギーを社会に向け、自ら考え動き、そして律することのできるおとなになってほしいと思います。

3つの力を高めさせ生徒を育てる「授業」

【Q】掲げた目標を達成するために、中学ではどのような教育を展開されますか。

【加茂先生】「学力」「人間力」「教養」の3つを高める教育です。

本校では学びの〝本質〟を追究する授業を行い、生徒たちに「揺るぎない学力」を身につけさせます。小手先のテクニックを駆使したり、知識の暗記を重ねたりするのではありません。アクティブラーニング（能動的な学習方法）や少人数授業、多くの理科実験など、体験を重視した授業を展開し

特色ある

カリキュラム紹介

1 スペシャリストが教養を育む「東葛リベラルアーツ講座」

東葛飾中校の教育目標のひとつは、教養を高めること。その一助となっているのが、「東葛リベラルアーツ講座」です。大学教授や各分野のスペシャリストを招いたり、同校教員による特別授業を行ったりするなど、土日を中心に開講しています。

「一般教養講座」と「医療系関係講座」の2構成で、1年で約50講座が開講されます。テーマは、「世界で起きていること・起きること」「流星と流星群」「アフガニスタンの人と暮らし」など、さまざま。

幅広い分野から選び、興味ある内容に触れることができます。各方面の専門家24名を招いて実施された「東葛生のためのハローワーク」には、150名以上の生徒が参加。また、場所は校内だけでなく、街道を歩いたり、研究所や博物館に訪問したり、なかには宿泊をともなう内容もあります。

生徒たちはあらゆる講座をとおして、ふだんでは体験できない真の学び、教養を得ています。

高度な知識、技能に触れることで、早期に自分の将来像を描けるよう、中学生も受講できる体制づくりをめざしています。

2 2014年、高校に「医歯薬コース」新設 柏市の協力を得て活発な取り組みを実施

高校2年次、生徒たちは自らが希望する進路に合わせ、4コースに分かれます。選択肢は、既存の「文コース」「理コース」「文理コース」に加え、2014年度（平成26年度）に新設された「医歯薬コース」です。

「医歯薬コース」は、千葉県の医師不足の実態をふまえ、将来の地域医療を担う人材の育成を目的に、医学、歯学、薬学、看護などの医療の世界をめざす生徒へ向けて、新たに設置されました。同校が所在する柏市の医師会がプランニングやアドバイスなど、全面的に協力していることが特徴で、生徒たちは嬉々として、活発な学習に取り組んでいます。インターンシップなど、医療系職業のリアルな現場を学ぶ機会もあり、早期に適性を見極め、進路を検討できるのです。

東葛飾中学校からの生徒も、高入生たちと同様に、高校2年次にコース選択をする予定です。自身の進路に合わせて、最適なコースを選ぶことができます。

ます。調べたことを共有することで課題を解決したり、1時間で習ったことを1分にまとめてプレゼンしたり、生徒たち自らが「学びたい」と意欲をもてる内容のアクティブラーニングを導入します。

このように、本校では「授業」を非常に大切にしています。授業は、「学力」だけでなく、「人間力」や「教養」も高め、人を育てる場です。生徒同士がかかわりあい、知識や技能を共有しながら高めあうこと、そして、そこで得た「人間力」をよりよい社会の実現に役立てることを意識してほしいと思っています。

【Q】ほかに特徴的な取り組みはありますか。

【加茂先生】「教養」を高める取り組みとして、高校で行っている「東葛リベラルアーツ講座」や「自由研究」を、中学にも導入したいと考えています。

「自由研究」は、高校で40年以上つづく、伝統ある取り組みです。総合的な学習の時間を活用し、生徒自らが設定したテーマで、1年かけて論文を完成させます。さらに、アウトプットする力を身につけさせるため、発表会も行います。最近のものでは、「ジェリーフィッシュの生態について」「髪の毛の研究」「カフェインとリラックス効果の研究」など、生徒が日常生活で興味を持ったこと、不思議に思ったことがそのままテーマになっています。中学では、まず論文の書き方から教え、無理のないよう取り入れていく予定です。

【Q】先取り教育は行いますか。

【加茂先生】本校では、学びを「先取る」ことよりも、「深める」ことを重視します。ものごとの本質を見抜く力を第一に考え、「揺るぎない学力」を定着させるためのカリキュラムを構築する予定です。

日本で、世界で 自らの生き方を考える

【Q】御校はキャリア教育にも注力されてきましたが、中学新設により新たに予定されていることはありますでしょうか。

【加茂先生】本校は2009年（平成21年）より千葉県教育委員会から「進学重点校」、本年度からは「中高一貫教育重点校」の指定を受け、独自の進学指導理念を構築してきました。中学校では、3年次

年間行事

おもな学校行事（予定）

4月	前期始業式　入学式 オリエンテーション合宿（1年）
5月	授業参観
6月	伝統文化学習旅行（2年）
7月	合唱祭
8月	補習
9月	文化祭
10月	後期始業式
11月	授業参観
12月	
1月	自由研究発表会
2月	社会科見学（1年）
3月	海外研修（3年）　修了式　卒業式

東葛飾高等学校のようす

に原則全員参加の海外研修を行います。また、1年次の社会科見学、2年次の伝統文化学習旅行等をとおして、自らが生活している日本の知識を深める予定です。自国を学び世界を学ぶという流れのなかで、「自分はどう生きるのか」というキャリアイメージを明確にしていってほしいと思っています。

また、現在高校で行っている魅力的なキャリア教育の数々は、今後、中学校にも積極的に取り入れていく予定です。マサチューセッツ工科大との交流やインターンシップ、職場体験など、中学生の発達段階に応じた指導を検討しています。

【Q】学校生活について教えてください。行事や部活動は、中高いっしょに行うのでしょうか。

【加茂先生】行事や部活動では、可能なかぎり中高で交流する機会を設けたいと思っています。ただし、それぞれの体力面・精神面の発達段階に応じて、適切な安全確保が必要です。バランスを考慮し、これから調整していきます。

中学校独自の行事としては、入学当初に1泊2日のオリエンテーション合宿を予定しています。学級づくりや学校生活の仕方を学びながら、教員や友人と親交を深める機会とする考えです。

3月には、4階建て・教室は冷暖房完備の新校舎が完成します。真新しい教室や体育館、特別教室など、勉強に集中できる環境が整う予定です。なお、美術室や音楽室など、一部の特別教室は高校の校舎のものを使用します。高校の先輩と交流できるよい機会となるのではないでしょうか。なお、昼食に関しては、高校生はお弁当、中学生は給食を予定しています。

【Q】御校を志望する生徒さんにメッセージをお願いします。

【加茂先生】学校生活における大半の時間は、「授業」です。本校では、授業を学習の場としてだけではなく、人を育てる場として考え展開しています。真剣に取り組むことのできる生徒さんには、最適な環境となるのではないでしょうか。私たちは、意欲ある生徒さんがしっかり学習に取り組めるような指導を行い、「揺るぎない学力」を身につけさせたいと考えています。また、ほんとうの意味で「自主自律」のできる人材を育てていきたいと考えています。

千葉県立東葛飾中学校

募集区分 一般枠

入学者選抜方法 【一次検査】適性検査1・1（45分）、適性検査1・2（45分）、【二次検査】適性検査2・1（45分）、適性検査2-2（45分）、集団面接、報告書、志願理由書

みおさんは，あやさんと2人で電車に乗り，席にすわっていたところ，ある駅で大勢の人といっしょに初老の女性が乗車してきました。車内はすでに満席で，その女性は2人から少し離《はな》れたところに立ちました。それを見た2人は，小声で次のような会話をしました。

みお：あの人，年をとっているみたいだから，席をゆずった方がいいよね。
あや：わたし，以前お年寄りに席をゆずろうと声をかけたら，年寄り扱《あつか》いするなって，逆に文句を言われたんだ。だから，もう A席をゆずるのなんてこりごりだよ。それに，ここ B優先席《ゆうせんせき》じゃないし。
みお：［ い ］。

(3) 次のア，イの問いに答えなさい。

ア 席をゆずろうと考えたみおさんは，あやさんにもいっしょに行動するように，［ い ］と言って説得しました。下線部A，Bのように考えているあやさんを納得《なっとく》させるように，［ い ］にあてはまる内容を書きなさい。

イ この場面で，お年寄りに席をゆずる際に，あなたなら快くすわってもらうためにどのような点に気をつけて話しかけますか。具体的な話し方をまじえ，下の**例**のように書きなさい。

例

「(具体的な話し方)」のように，・・・・・・・・・・・・。

課題を設定する力をみる

なにを求められているのかについて、課題を見つけ、資料等を活用しながら、解決のために計画・実行する力をみます。

考えを筋道立てて表現する力を試す

与えられた問題の解決のために計画・実行する力をみます。同時に自分の考えや意見を筋道立てて表現する力も試されます。

2015年度 千葉県立千葉中学校 適性検査問題2－1より ※東葛飾中と千葉中は共通問題のため、千葉中の前年問題を掲載しています。

2 次の文章を読んで，あとの⑴～⑶の問いに答えなさい。

小学生のみおさんは，家族で食事に出かけました。そして，あるレストランに入ろうとしたところ，**写真１**のような看板《かんばん》がかかっているのを目にしました。以下は，それを見たみおさんたちの会話です。

写真１

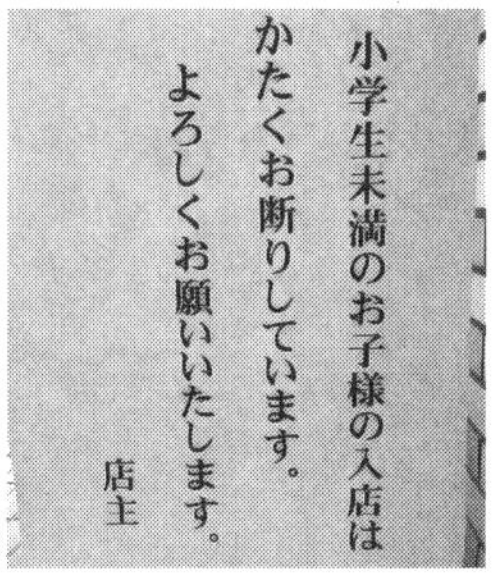
小学生未満のお子様の入店は
かたくお断りしています。
よろしくお願いいたします。
店主

みお：このお店，小さい子がいる家族は入れないんだね。
母　：あなたは小学生だから，大丈夫《だいじょうぶ》よ。
父　：でも，小さな子ども連れの家族の中には，あきらめた人もいるかもしれないね。
みお：何で勝手にそんなきまりをつくるのかな。

⑴　みおさんは，お店がこのような看板を出すことについて，入店できるお客さんが限られてしまうのに，それ以上にお店にとってのメリット(利点)があるのではないかと考えました。そのメリット(利点)について説明しなさい。

みおさんは，ある日同級生のあやさんとインターネットの投稿《とうこう》写真について，次のような会話をしました。

写真２

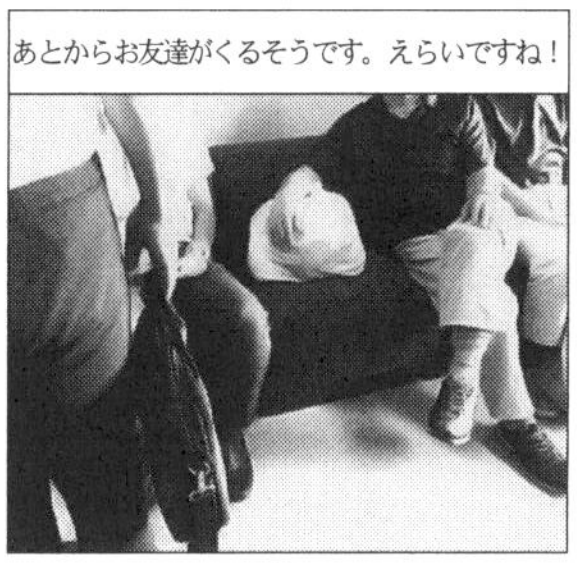
あとからお友達がくるそうです。えらいですね！

みお：インターネットを見ていたら，こんな電車内の写真(**写真２**)を見つけたんだ。
あや：何，この投稿写真のタイトル，「えらいですね！」って，そんなわけないでしょ。
みお：これは，あえてそう言っているのよ。
つまり，［　　あ　　］。
そのせいか，かなり話題になったみたいよ。
あや：電車に乗るといろんな人がいるよね。

⑵　［ あ ］は，**写真２**につけられたタイトルに，どのような効果があるのかが述べられています。［ あ ］にあてはまる内容について，写真の様子をあわせて説明しなさい。

解説

千葉県立東葛飾中学校は一次検査と二次検査を行います。一次で倍率が４倍程度にまで落ちつくように選抜し、二次で80名（男女各40名）を選抜し合格とします。一次で倍率が30倍を超えるときは抽選もあります。ただ、なるべく抽選は行わないようにする方針です。適性検査は県立千葉中との共通問題で実施されますが、二次検査の面接等については両校でちがいがあるとのことです。適性検査出題の基本方針は「①文章や資料等の内容を読み取る力をみる。②課題を明確にし、解決に向けて論理的に思考する力をみる。③自分の考えをまとめ、筋道立てて的確に表現する力をみる」とされています。一次検査の適性検査では【1−1】と【1−2】がそれぞれ45分で実施され、二次検査も【2−1】と【2−2】がそれぞれ45分で行われます。とくに【2−2】では「聞き取り」が実施され聞き取った内容と読み取った内容から、課題を明確にし、経験に基づいて、自分の考えや意見を筋道立てて表現する力が試されます。

埼玉県立 伊《い》奈《な》学《がく》園《えん》中学校

一人ひとりの個性や才能を伸ばす 特色あるシステムが魅力

■併設型 ■2003年開校

金子《かねこ》 隆《たかし》 校長先生

普通科ながら、「学系」と呼ばれる特殊なシステムを持つ伊奈学園総合高等学校。この高校を母体に生まれた伊奈学園中学校は、幅広く確かな学力を身につけ、生涯にわたり自ら学びつづける人間を育成します。

超大規模校につくられた併設型中高一貫校

【Q】2003年（平成15年）に埼玉県内初の併設型公立中高一貫校として開校されました。設置母体である埼玉県立伊奈学園総合高等学校はどのような学校なのでしょうか。

【金子先生】 伊奈学園総合高等学校は、1984年（昭和59年）に創立され、現在は在籍生徒数が2400人にものぼる超大規模校です。普通科ですが総合選択制をとっており、専門学科に近いようなかたちで7つの学系（人文・理数・語学・スポーツ科学・芸術・生活科学・情報経営）に分かれて学びます。

1学年800名のうち、本校から80名の生徒が一般的な普通科にあたる人文系と理数系に進学します。なお、伊奈学園中学校から進学した生徒は高校から入学した生徒とは3年間別クラスを編成します。

総合選択制では、大幅な選択科目を導入しており、大学のように

学校プロフィール

開　校…2003年4月

所在地…埼玉県北足立郡伊奈町学園4-1-1

TEL…048-729-2882

URL…http://www.inagakuen.spec.ed.jp/

アクセス…埼玉新都市交通ニューシャトル「羽貫」徒歩10分、JR高崎線「上尾」・JR宇都宮線「蓮田」バス

生徒数…男子81名、女子158名

1期生…2009年3月卒業

高校募集…あり

3学期制/週5日制/50分授業

入学情報

・募集人員…男女計80名

・選抜方法…一次選考　作文（Ⅰ・Ⅱ）
　　　　　　二次選考　面接

講義を選んで受講することをイメージしていただけるとわかりやすいと思います。

【Q】中学校においても高等学校の校訓「自彊創生《じきょうそうせい》」を継承していますが、この意味についてお教えください。

【金子先生】 意味は「自ら努め励み、自らをも新しく創り生み出すこと」です。わかりやすく言うと、努力を積み重ねることで個性を開花させ、新しい自分を育てるという意味になります。そうして、高い志を持ち、将来社会のさまざまな分野でリーダーとなる生徒を育てていきたいと思います。

本校は高校入試がありません。6年後の大学進学を到達点とするのではなく通過点と考え、社会にでてからの自分の理想の姿を思い描き、つねに将来を見据えて努力をしようと生徒たちには伝えています。

【Q】教育のカリキュラムで特徴的なところをお教えください。

【金子先生】 一般の中学校の授業は週29時間標準で行われていますが、本校では独自の教育課程により、2時間多い31時間で実施しています。

増加ぶんの2時間（3年間で6時間）は、1年生は英語1時間と数学1時間、2年生は数学2時間、3年生は国語1時間と学校独自の選択科目1時間です。

英語の授業では、すべての学年で1クラスをふたつに分けた少人数指導を取り入れているほか、週1時間はコンピューター教室で授業を行っています。また、ALTと日本人教師とのチームティーチングを実施し、「聞くこと」「話すこと」を重視した授業も展開しています。

数学では、1・3年生は2クラス3展開の習熟度別授業を、2年生は1クラスをふたつに分けた少人数指導を実施しています。高校でも、必修教科の数学では2クラス3展開をそのまま継承しています。また中高一貫校のメリットをいかし、数学では中3の2学期から高校の内容を先取りして学習しています。

【Q】中3で行われる「総合的な学習の時間」の「表現」「国際」「科学」とはどのような授業なのでしょうか。

【金子先生】 3年生で行う「表現」「国際」「科学」は、ふたつの教科

特色ある カリキュラム紹介

1 学校のなかに存在する小さな学校「ハウス」で生まれるアットホームな雰囲気

中高合わせて2600人以上もの生徒を擁する大規模校の伊奈学園は、生徒の生活の場が6つの「ハウス」に分かれて構成されています。

ハウスは、建物自体が独立し、生徒は学系などの区別なくいずれかのハウスに所属します。同様に、180名を超える先生がたも教科・専門の区別なくいずれかのハウスに所属します。ひとつのハウスにそれぞれ職員室が設けられ、ハウス長（教頭先生）以下30名程度の教員が所属しています。

中学生は6つのハウスのひとつである第1ハウスにおいて生活することになります。

高校生は第2～第6ハウスで、伊奈学園中学校卒業生は高校段階で第2ハウスに入ります。ハウスはそれぞれ1～3年生の各学年4クラスずつ、計12クラスで構成されます。卒業まで同じハウスで、同じ担任の指導のもと、自主的な活動を展開しています。

また、学園祭、体育祭、修学旅行などの行事や生徒会活動なども、すべてハウスが基本単位で行われます。ハウスごとにカラーが決まっており、体育祭や文化祭、校章などにもシンボルカラーとして使われています。

6つのハウスは、それぞれが「小さな学校」であり、毎日の「生活の場」としての親しみやすいアットホームな雰囲気が生みだされています。

2 国際性を育てる語学教育と国際交流

ALT（外国人英語講師）とのチーム・ティーチングによる充実した語学研修と積極的な国際交流が行われています。

NHKの基礎英語の講師が伊奈学園に勤務していたことから、授業では、NHKラジオ講座を取り入れた英語の学習を行っています。

1～3年生のすべての生徒が「基礎英語」を毎日家でヒアリングすることを前提として、英語の授業が進められています。

また、夏休みには、姉妹校であるオーストラリアのケアンズの現地校において、中学3年生の希望者30名が2週間のホームステイをしながら、語学研修と異文化交流会を行います。

を融合させた学習の時間です。3年次にこのなかからひとつを選択して学習します。

「表現」は、国語と英語の融合科目です。たとえば、英語の文章をただ和訳するのではなく、日本語で訳した際の文章表現をよりよいものにしていきます。

「国際」は社会と英語の融合科目です。日本の文化を英語で伝えていくことや、海外で起こっている政治・経済の動きを英語で学びます。

「科学」は、理科と数学の融合科目です。理科で行った実験について、数学の知識を使って分析をして結果をだします。科学技術振興機構、JAXAなどの外部機関と連携して高度な内容を学びます。

「表現」「国際」「科学」のいずれも、それぞれの教科の教員によるチームティーチングで授業を進めます。

実際に社会にでて自ら問題解決に取り組むとき、ひとつの知識だけで対応できることはほとんどありません。これらの授業では、ひとつの教科であつかうことができないような題材で、幅広い知識を身につけます。

【Q】授業以外での学習の取り組みについてお教えください。

【金子先生】 朝の10分間を利用して、読書とスキルアップタイム（計算・漢字・英単語など）を実施し、基礎基本の定着をはかっています。

この活動をいかすために、本校では漢字検定、英語検定、数学検定の受検を推奨しており、ほとんどの生徒が高い目標を持ってこれらを受検しています。

通常時に補習はないのですが、1学期の成績状況によって、「夏季補習」を実施しています。また、夏休みの期間には自習室を用意しています。自習室には指導員がおり、質問できるようにしています。中高一貫校らしく高校生が指導員を務めることもあります。

加えて、3年生を対象に、8月の後半から2月まで高校進学へ向けた「サタデーセミナー」を実施しています。数学と英語が必修で、国語・社会・理科のなかから1教科選び、土曜日に4時間行います。

【Q】体験学習を重視されていますが、どのようなことをされているのでしょうか。

【金子先生】 まず、1年生は入学

年間行事

おもな学校行事（予定）

4月	入学式　対面式　宿泊研修
5月	授業参観　修学旅行　実力テスト
6月	三者面談　各種検定試験
7月	自然体験研修、夏季補習
8月	オーストラリア交流事業 （ホームステイ／3年生30名）
9月	学園祭　体育祭 サタデーセミナー開始
10月	
11月	体験授業　ミニコンサート 各種検定試験
12月	
1月	百人一首大会　各種検定試験
2月	球技大会 いきがい大学伊奈学園との交流会
3月	3年生を送る会　校外学習　卒業式 イングリッシュセミナー（3年）

直後に2泊3日の日程で長野県に行き、体験研修を行います。本校は埼玉県全域から生徒が集まっており、最初はだれも友だちがいないという状況ですので、この研修は仲間づくりという意味も兼ねています。

1年生ではこのほかに社会体験チャレンジとして、飲食店、美容院、保育所、消防署などで職業体験を行います。

2年生では、夏休み期間中に群馬県みなかみ町にでかけ、農家に泊めていただきながら、農業体験や自然体験を積む取り組みを昨年から始めました。農と食について考えたり、環境を守ることの大切さを深く認識してほしいと思っています。

3年生では、一昨年度より修学旅行で広島県と京都府へでかけています。平和と日本の伝統及び文化を学習することを主たる目的としています。広島における平和学習と京都における日本の伝統文化学習をつうじて、人間的成長をうながす取り組みです。

これからも生徒の興味や、そのときどきの社会の趨勢《すうせい》をみながら、体験的な学習を創意・工夫していきたいと考えています。

努力する姿勢を身につけ 6年間をかけて伸ばす

【Q】作文試験ではどのようなところを見られるのでしょうか。

【金子先生】 学力試験ではないので、ただ数字ではかれる知識ばかりを見るわけではありません。これまでに習得してきたものをいかに組み合わせて解答につなげるか、それを自分なりに表現することができるか総合力を見ています。子どもが持っている可能性や得意分野などを多面的に見られるような問題にしています。

【Q】どのような生徒さんに入学してもらいたいですか。

【金子先生】 自分でなにかをがんばってみようという意欲があり、これからの伸びしろを感じさせるみなさん、困難なことにぶつかってもそれに臆することなく、つねに前向きに考えられるみなさんに来ていただきたいです。

伊奈学園の特徴は自ら進んで学ぶ生徒をきっちり支えるシステムにあります。本校でがんばることによってどんどん成長していってほしいと願っています。

埼玉県立伊奈学園中学校

募集区分　一般枠

入学者選抜方法　作文Ⅰ（50分）、作文Ⅱ（50分）、面接（10分程度）、調査書

［問７］　ゆうきさんとひかるさんが、雨の日の車の様子を見て話をしていました。

ゆうきさん「雨の日は、どの車も運転席から前や後ろが見えやすくなるように、*ワイパーが動いていたね。ワイパーは一度にどれぐらいの広さのガラスをふくことができるのかな。」

ひかるさん「わたしの家にある車には、前に大きいワイパーが２つと、後ろに小さいワイパーが１つあるよ。」

ゆうきさん「ふくことができる広さがわかりやすいように、ワイパーの動いたあとを円の一部と考えてみると、どのような図になるかな。」

ひかるさん「図をかいてみるね。ワイパーの太さは考えないようにするね。」

ゆうきさん「ありがとう。これで、ワイパーが一度にふくことができる広さがわかりそうだね。」

*　ワイパー　…　車のガラス外側表面についた雨や雪、よごれなどをふいて視界《しかい》をきれいにするもの。

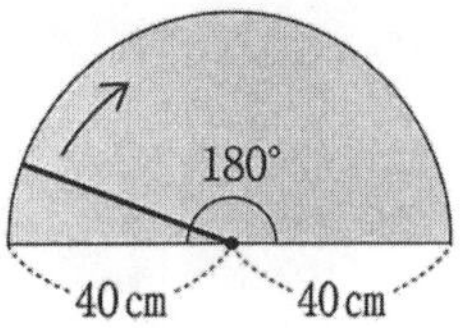

図１　後ろの小さいワイパー

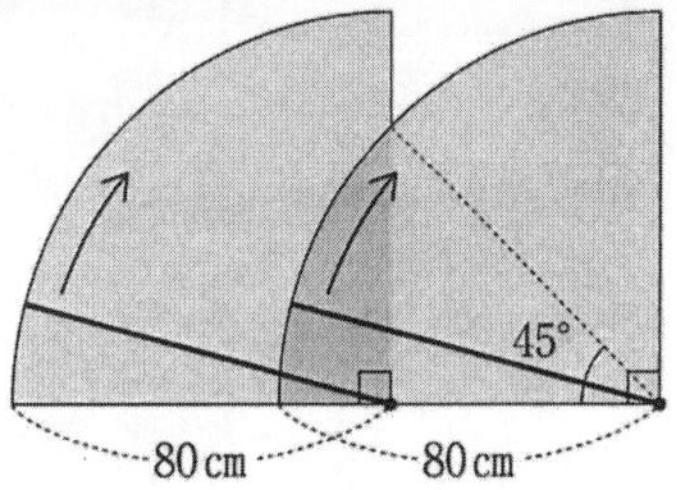

図２　前の大きいワイパー

（１）小さいワイパーが一度にふくことのできるガラスの面積（図１の色がぬられている部分）を求めましょう。また、その求め方を６０字以内で書きましょう。ただし、円周率は３．１４とします。

ひかるさん「２つの大きいワイパーは、一度にどれぐらいの広さのガラスをふくことができるのかな。」

ゆうきさん「２つの大きいワイパーが重なってふくところを除《のぞ》かないといけないね。」

（２）２つの大きいワイパーは、一度にどれぐらいの広さのガラスをふくことができるか、その面積（図２の色がぬられている部分）を求めましょう。また、その求め方を書きましょう。（字数の制限はありません。）その際、解答用紙の図に数や記号、言葉をかいて、それを用いて説明してもよいものとします。ただし、円周率は３．１４とします。

状況に応じた見方、考え方をみる

日常のさまざまな場面で現れる課題に対して、理科（グラフ）や算数理解の力を使った具体的な解決能力が試されています。

学校で学んだことの理解度をみる

円や扇型の面積を求めるための考え方は小学校で学んでいます。その理解の深さをはかり他者に説明する表現力もみています。

2015年度 埼玉県立伊奈学園中学校 作文Ⅱより

［問６］　ゆうきさんとひかるさんは、ある晴れた日に校庭でかげふみ遊びをしています。

ゆうきさん「ひかるさんはかげがどちら側にできるかわかっているみたいだね。」
ひかるさん「太陽の向きがわかっていれば簡単《かんたん》にわかるよ。」
ゆうきさん「そうだね。かげは太陽の光をさえぎるものがあるとできるからね。」
ひかるさん「だから、かげができる向きとかげの長さを調べれば、太陽の向きと太陽の高さがわかるよ。」
ゆうきさん「今はちょうど北の向きに短いかげができているね。」

（１）ゆうきさんとひかるさんが校庭で会話をしているのは何時ごろでしょうか。また、そう考えられる理由を８０字以内で書きましょう。

次の日、晴れていたので、ゆうきさんとひかるさんは、方位をかいたカードの中心に棒《ぼう》を立てたものを実際の方位に合わせて校庭におき、時間ごとにかげのできる向きやかげの長さを記録しました。

ゆうきさん「棒のかげの向きと棒のかげの長さを記録したから、１日の間に太陽がどのように動いていたのかわかるね。」
ひかるさん「記録したカードに太陽の向きを矢印でかきこんでみよう。」
ゆうきさん「やっぱり太陽が１日の間で動いているから、かげのできる向きやかげの長さも１日の間で変わっていくね。」
ひかるさん「そうだね。これで太陽の１日の間の動きが記録できたね。」

（２）ある時間の棒のかげの様子をカードに記録したところ、右の図のような記録がとれました。この時間の太陽の向きを解答用紙の図に矢印でかきましょう。矢印は定規を使わずに手でかきましょう。ただし、向きがわかるようにカードの中心から細い線の矢印（→）でていねいにかきましょう。

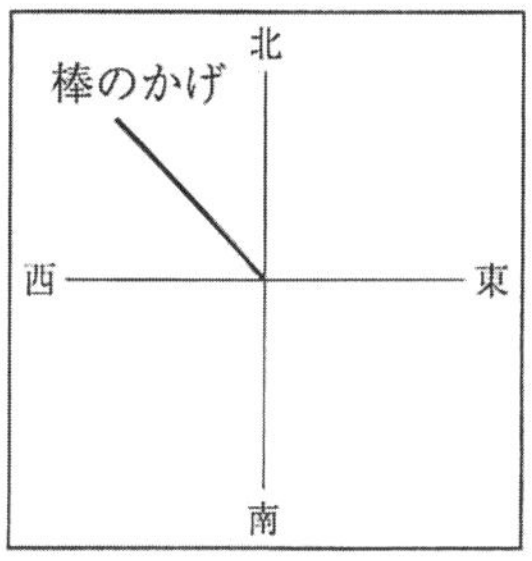

記録カード

（３）かげの向きやかげの長さが１日の間で変化するのは、太陽が１日の間でどのように動いているからでしょうか。朝出てから夕方しずむまでの太陽の向きと高さについて、４０字以内で書きましょう。

解 説

県立伊奈学園中学校の入学者選抜では、作文ⅠとⅡ、面接、調査書によって入学候補者を決めます。第２次選考の面接は10分程度の個人面接です。第１次選考の作文は２種類ありますが、首都圏の他都県でいう適性検査の内容をすべて記述式で答えるものという理解でよいでしょう。そのためか他の都県のものより５分多い検査時間が設けられています。出題にあたって学校では、作文Ⅰは思考力や表現力をみる作文を、作文Ⅱでは課題を発見し解決する力をみる作文を求めています。

2015年度の出題をみると、作文Ⅰは国語と社会の力を試しながら資料の読み取りや、歴史的事実の理解度も確認しています。作文Ⅰでは、与えられた単語から短文をつくる問題が２問ありました。

作文Ⅱでは算数と理科の力をみる問題が柱となっていて、課題を発見し、その課題解決の力もみています。そのすべてを記述で答えなければなりませんので、表現力、文章力もおおいに問われることになります。作文の配点はそれぞれ50点満点となっています。

さいたま市立 浦和《うらわ》中学校

埼玉

6年一貫教育の強みを存分に発揮するさまざまな教育活動

■併設型　■2007年開校

鶴巻《つるまき》　一郎《いちろう》 校長先生

3期生が卒業した今春も、すばらしい大学合格実績を残したさいたま市立浦和中学校。高校進学後を意識し、併設校の強みを存分にいかした、高校とのさまざまな連携教育が特色です。

3期生が2015年春に卒業

【Q】御校の教育目標についてお話しください。

【鶴巻先生】「高い知性と豊かな感性・表現力を備えた国際社会に貢献できる生徒の育成」を掲げています。

【Q】この3年間に卒業した1～3期生は見事な大学合格実績を残しました。

【鶴巻先生】そうですね。立派な結果だと思います。これは内進生だけではなく、高入生も一丸となってがんばった結果ですが、内進生の目標に向かって粘り強く努力する姿勢に高入生も刺激を受ける好循環がありました。

【Q】2013年（平成25年）の春で、1期生が入学してからの6年間というひとつのサイクルが終わりました。

【鶴巻先生】これまでは、われわれ教員側も、6年後はこうなってほしい、こうなるのではないかというビジョンはありましたが、それはあくまでイメージでしかあり

学校プロフィール

開　校…2007年4月
所 在 地…埼玉県さいたま市浦和区元町1-28-17
T E L…048-886-8008
U R L…http://www.m-urawa.ed.jp/
アクセス…JR京浜東北線「北浦和」徒歩12分
生 徒 数…男子120名、女子120名
1 期 生…2013年3月卒業
高校募集…あり
3学期制／週5日制（年12回土曜授業あり）／50分授業
入学情報
・募集人員…男子40名、女子40名
・選抜方法…（第1次選抜）適性検査Ⅰ・Ⅱ（第2次選抜）適性検査Ⅲ〈作文〉、個人面接・集団面接

ませんでした。それが、1期生を送りだし、ひとつのかたちが見えましたので、すべての面で具体的に評価、反省をしながら、さらに教育活動を充実させているところです。

ますます充実する「つなぎ学習」

【Q】6年一貫教育の流れについてお教えください。

【鶴巻先生】前期課程の中1・中2は「基礎」、中期過程の中3・高1は「充実」、後期課程の高2・高3は「発展」とそれぞれ位置づけし、3期に分けた中高一貫教育を行っています。

【Q】なかでも中期過程の「つなぎ学習」が特徴的です。

【鶴巻先生】せっかくの中高一貫校ですから、中学校から高校への移行をスムーズにするために行っています。年々実施科目を増やしながら、いろいろなかたちで充実させてきています。1期生のときは、しっかりとかたちが定まっておらず、正直まだまだうまくできていない部分も多かったようです。そういった反省をしっかりとふまえてきました。

中学は少人数授業やチームティーチング（TT）、双方向の授業も多いですが、高校になれば講義形式が増えます。

また、中学では受け身の生徒が多く、学習進度が遅れていたり、提出物がきちんとだせていない生徒にはこちらからすぐ声をかけますが、高校では生徒が自分から積極的に学んでいかないといけません。こういった部分も高校の先生に入ってきてもらうことで準備ができます。

以前はかぎられた先生がただけでしたが、一昨年ぐらいからかなり充実してきて、主要5教科に関しては、それぞれ週4時間のうち、かならず1時間は高校の先生に授業をしてもらいます。

しかも、TTのメインです。理科では生物と物理の先生に成績をだすところまで見てもらっています。社会科では歴史分野を中心に、実技教科でも家庭科、美術などは高校の先生です。

本校はどんどん先取りをしていくかたちではないので、高校の先生には各教科でより深く学んだり、補充的な部分をお願いしています。余談も含めてふだんよりもさらに

特色ある カリキュラム紹介

1 独自の教育活動 「Morning Skill Up Unit」(MSU)の展開

生徒ひとりにつき1台のノート型パソコンを活用し、週3日、1時限目に60分の時間を設けて国語・数学・英語の各教科を20分ずつ学習するものです。

国語（Japanese Plusの学習）は、すべての学習の基礎となる「国語力」の育成がはかられます。短作文、暗唱、書写、漢字の書き取りなどに取り組み、基礎・基本を徹底する授業です。

数学（Mathematics Drillの学習）は、日常生活に結びついた「数学的リテラシー」の向上をめざします。四則計算や式の計算といった基礎的な学習、数量や図形に対する感覚を豊かにする学習です。

英語（English Communicationの学習）は、英語での「コミュニケーション能力」の育成が目標です。日常会話やスピーチなどの生きた英語を聞く活動、洋書を使った多読活動、英語教師との英語によるインタビュー活動や音読活動を行うなど、バリエーションに富んだ多彩なプログラムが用意されています。

2 ICT(Information and Communication Technology)教育の充実

生徒それぞれのパソコンは無線LANで結ばれており、いつでもどこでも情報を共有しながら活用できます。調べたものをパソコンでまとめたり、インターネットを使って情報を自分のパソコンに取りこむことができます。

図書室は「メディアセンター」と呼ばれていて、生徒は「メディアセンター」でインターネットを使いながら、必要な情報を探しだしています。

家庭では、学校からの「お知らせ」を見ることができ、その日の授業内容をいかした家庭学習が行えます。

また、このパソコンがより高度なものになり、ディスプレイ部分が回転するようになったことでひとつの画面を見ながらのグループ学習が簡単に。さらにさいたま市の嘱託を受けた教育プログラム開発のために、さまざまな学習ソフトを利用して、主要教科だけではなく、実技教科も含めていろいろな場面でパソコンをいかした授業が展開されています。その成果が市にフィードバックされ、さいたま市立中学校全体の教育の質向上にも貢献しています。

埼玉

専門的な授業になっています。

【Q】生徒の知的好奇心もかなり喚起されそうですね。

【鶴巻先生】 やはり高校の先生がやれば授業のスタイルも変わるので、刺激になり、生徒の学習意欲にもつながっています。手探りでやってきたことがうまくできるようになってきました。

たとえば、夏休みに中高とも夏期講習があります。中学は夏休みの初めに復習的な内容で行っているのですが、発展的な内容のものとして、希望すれば、高1の夏期講習の講座に参加できるようにしています。

中高一貫で教育を行うことのメリットが学校全体で認識できてきて、先生がたもいっしょにするなかで「あれもできる」「これもやってみたらいいんじゃないか」という話ができ、つぎの段階に進んできていることが感じられます。

少人数制授業と特徴的な学習プログラム

【Q】少人数制授業も中学の大きな特色ですね。

【鶴巻先生】 本校では、数学、英語で中1から1クラスをふたつに分ける少人数制授業を行っています。ほかの教科でもできればいいのですが、教員の定数もありますからなかなかむずかしく、そのかわり、40人の授業でも高校の先生といっしょにTTを実施していますし、英語であれば週1回のALTがいる授業では、これに少人数制授業用にさいたま市から増員されている1名を加えた3名の先生がいるというパターンもあります。

【Q】自分の言葉で表現する活動が充実していますね。

【鶴巻先生】 国語や社会では、討論やスピーチ、ディベート、パネルディスカッションなどの学習を計画的に取り入れています。また、こういった積み重ねの集大成が中3で実施する海外フィールドワークでの日本文化の紹介などにつながります。さらに英語では、校内で英語のスピーチコンテストを行っていて、上位の生徒が市や県の大会に参加しています。毎年、市、県のレベルで1位をはじめ優秀な成績を残しています。

このスピーチコンテストは、英語の知識や表現力を養うことにつながるのですが、なんといっても、本校では高校でその力をさらに伸

年間行事

おもな学校行事（予定）

4月	入学式　実力テスト 新入生歓迎会
5月	部活動本入部　管弦楽鑑賞教室（2年）
6月	英語 Recitation Contest 芸術鑑賞教室　文化祭
7月	球技大会　自然の教室（1年） 夏季講習会
8月	課題テスト サマーイングリッシュセミナー
9月	体育祭　写生大会　人権講演会
10月	実力テスト　プラネタリウム（2年）
11月	博物館実習　科学館実習
12月	修学旅行（2年）
1月	
2月	ロードレース大会 海外フィールドワーク（3年）
3月	未来くるワーク体験（1年） 卒業式　球技大会（1・2年）

ばす場が多く用意されているところが大きいと思います。もともと高校自体が英語教育や国際交流に力を入れている学校ですから、中学で得た英語力や興味を高校でさらに育てていくことができます。交換留学も毎年実施されていて、内進生で高校入学後、留学している生徒もいます。

　大学進学の面で結果がでるのももちろんすばらしいことですが、こういった面でもがんばっている子がいるのも本校の中高一貫教育の成果だと思います。

学校生活全体で中高一貫教育を実践

【Q】学校行事や部活動も中高いっしょに行われていますね。

【鶴巻先生】 たとえば、体育祭は中高6学年を縦割りにします。別々の時期もありましたが、現在は高校が8クラスと、中学の各学年2クラス80名ずつを、8つに分けます。お互いを応援し、席を隣にすることは、中学生、高校生ともに貴重な経験になっているようです。

　部活動も中高いっしょに行う部も多いですし、現在は運動系の部活動を中心に、中3が公式戦がなくなったあとに、早めに高校の活動に参加できるようになっています。

　勉強の面だけではなく、学校生活全体でいっしょに活動する場面を増やしています。

【Q】施設・環境も立派ですね。

【鶴巻先生】 校舎は中学校開校時に新築していて、窓が大きく、明るめの色調できれいです。図書室が高校にあり、さらに中学用にメディアセンターというものもあり、両方とも使えます。高校側にある理科系の実験室も利用できますし、学習環境は整っています。

【Q】最後に受検生に向けたメッセージをお願いします。

【鶴巻先生】 6年間を見通して、自分でしっかりとした目標を持ち、粘り強くがんばった生徒が伸びて成果をだすことがよくわかりました。ですから、高い志を持って、努力しつづけられる生徒さんに入学してもらいたいですね。

　そして、高校に進学したあとは、高入生を引っ張りながら切磋琢磨し、たくましくがんばっている先輩たちにつづいてくれるような生徒さんを待っています。

さいたま市立浦和中学校

埼玉

募集区分　一般枠（さいたま市在住）

入学者選抜方法　【第1次選抜】適性検査Ⅰ(45分)、適性検査Ⅱ(45分)、調査書
【第2次選抜】適性検査Ⅲ(45分)、面接

2

太郎くんは、所属しているサッカークラブの友だち４人とコーチ１人の合わせて６人でサッカーの試合を見に行くことにしました。
前日、太郎くんが友だちに試合会場の座席を質問すると、次のような説明を受けました。

次の**友だちの説明**をもとに、問１～問３に答えなさい。

友だちの説明

僕《ぼく》たちの席は、**図１**の**座席表**の中にあります。●の席を（1，1）、▲の席を（5，3）とするとき、僕たちの席は、（15，5）、（15，6）、（16，5）、（16，6）、（17，6）、（18，6）です。
席がどこだかわかるかな？

図１　座席表

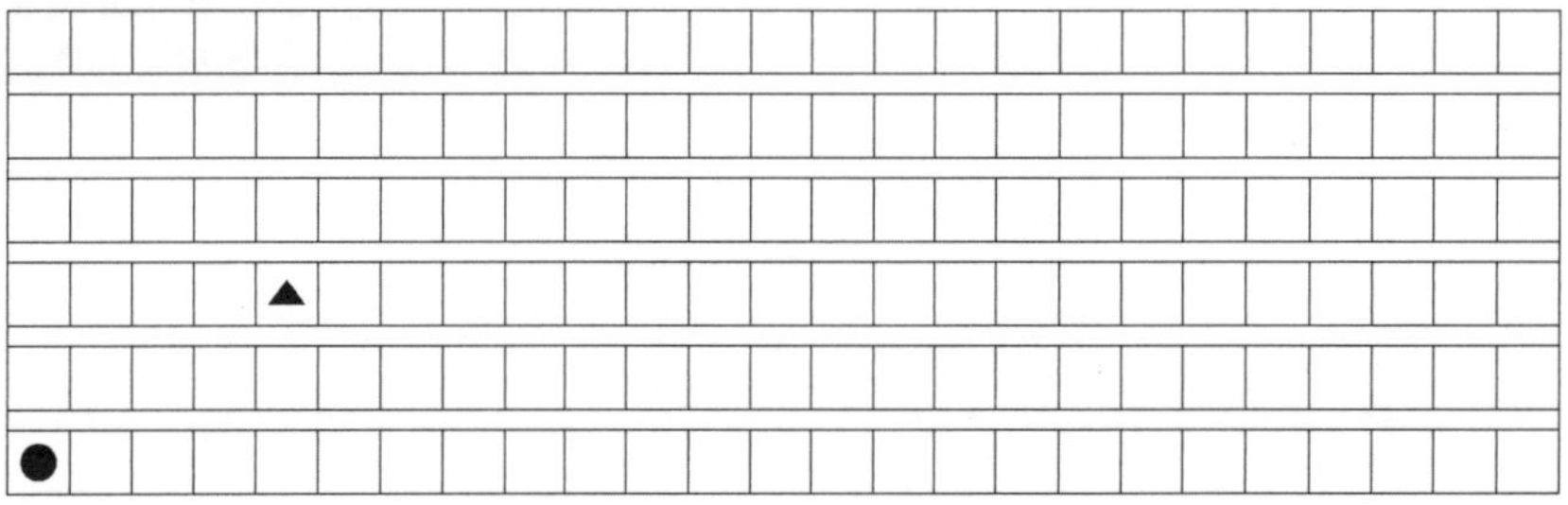

問１　太郎くんと友だちやコーチが座る６つの座席を、解答用紙に○で示しなさい。

問２　試合当日、太郎くんは試合を見ながらコーチに質問をしようと思い、コーチに「隣《となり》に座っていいですか」と頼《たの》みました。太郎くんたちの席の中で太郎くんとコーチが隣どうしに座る場合、６人の座り方は全部で何通りになりますか。数字で答えなさい。

問３　試合が終わり、帰る途中《とちゅう》、太郎くんが「次は前後２列で３人ずつの座席になるといいね」と言いました。**図１**の中で、**図２**のような座席のとり方は全部で何通りになりますか。数字で答えなさい。

図２

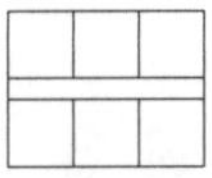

数理的なものの考え方を試す

問題文から必要な要素を正確に読み取る力が必要です。グラフを観察し、知識を駆使して考察し、処理する力をみます。

条件を理解し考える力をみる

与えられた条件を整理してみると、単純な問題ではないことに気づきます。根気強く課題をクリアする力が求められます。

2015年度 さいたま市立浦和中学校 適性検査問題Ⅱより

花子さんは、おばあさんの家へ行くときに利用する新幹線が途中《とちゅう》に停《と》まるA駅からC駅までの速さや道のりについて調べて、グラフにしてみました。

縦軸《たてじく》を速さ（時速）、横軸を時間（分）として、新幹線がA駅からB駅を通ってC駅まで走行したときの速さと時間を表した**A駅からC駅までの時間と速さの関係を表したグラフ**と、**時間と速さの関係を表すグラフの性質**をもとに、問２～問３に答えなさい。

A駅からC駅までの時間と速さの関係を表したグラフ

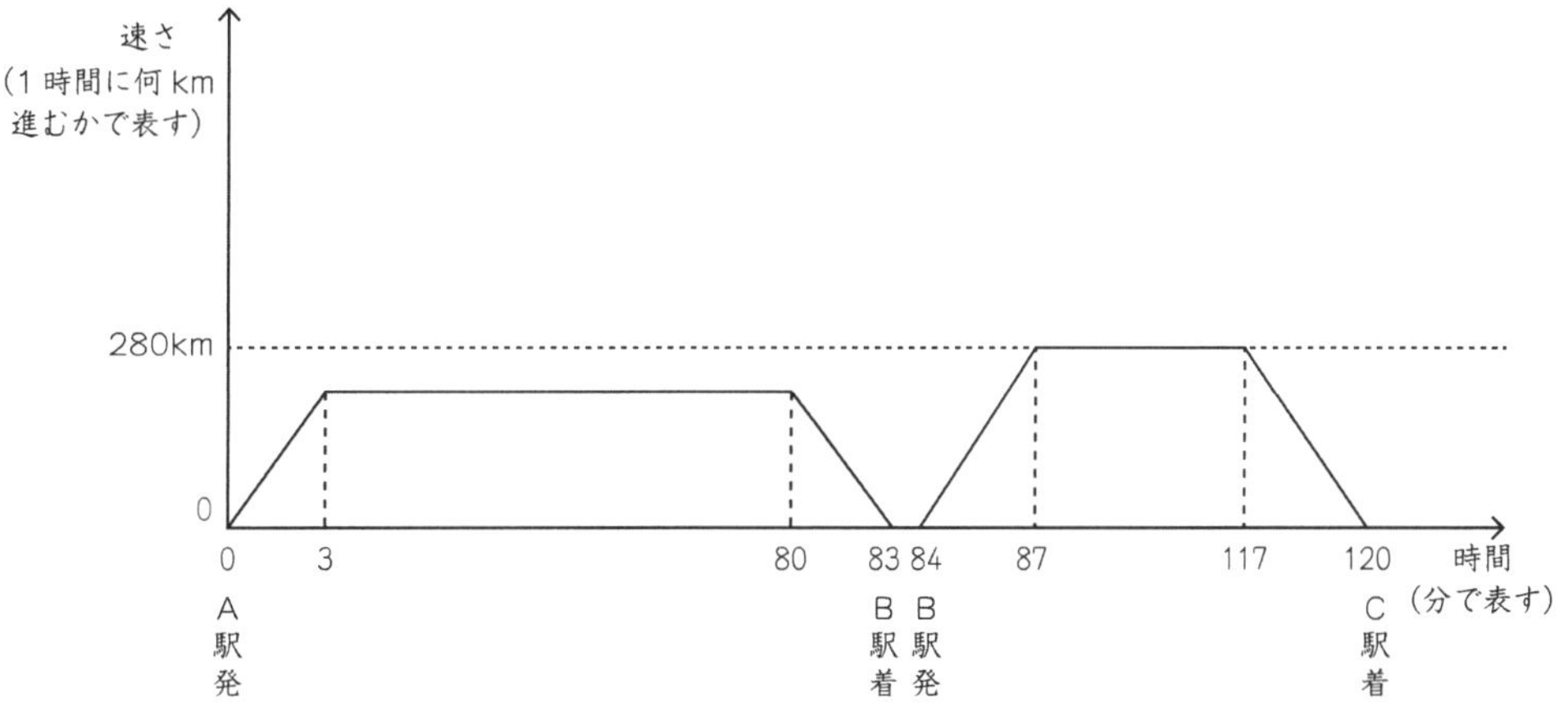

時間と速さの関係を表すグラフの性質

斜線部《しゃ》の面積は、進んだ道のりを表します。次のグラフは、速さを（１秒間で何ｍ進むか）で表し、時間を（秒）で表したときの例です。

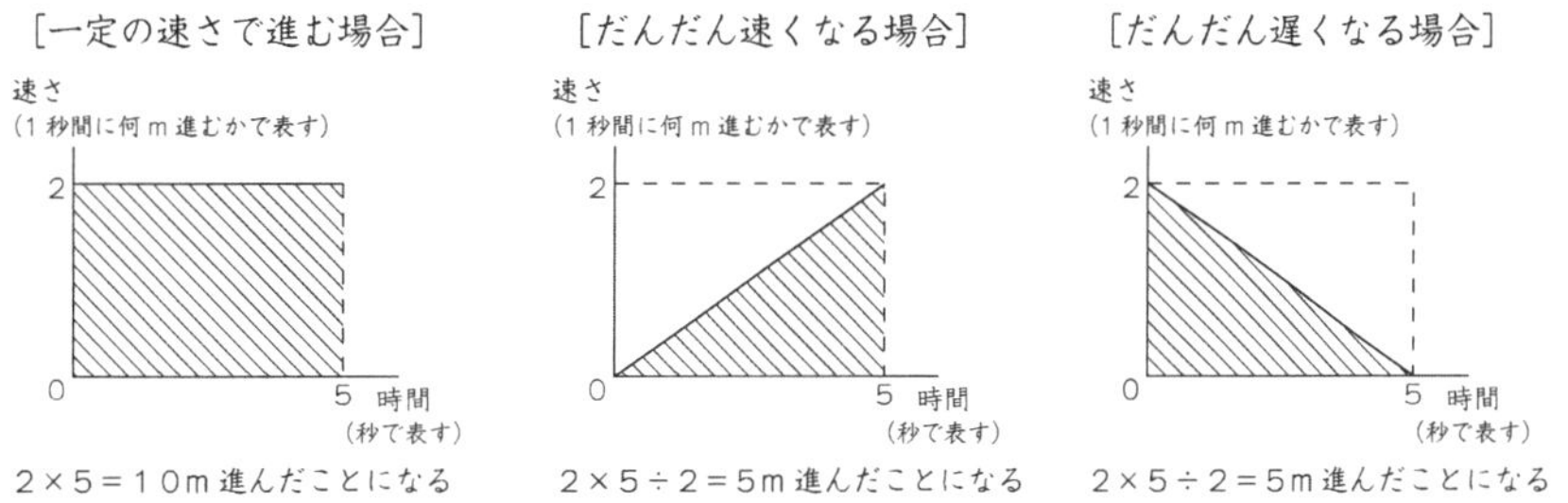

問２　A駅を発車してからと、B駅に到着する前の３分間は、それぞれ６９５０ｍ走行したとします。A駅からB駅までの道のりを３４５kmとしたとき、A駅を発車して３分後から８０分後までの速さは、時速何kmですか。数字で答えなさい。

問３　B駅からC駅までの道のりは何kmですか。数字で答えなさい。

解説

さいたま市立浦和中学校の入学者選抜には第１次と第２次があります。2015年度まででは、第１次で男女各100人程度にしぼり、第２次で募集人員男女各40人の入学候補者を選んでいます。

第１次では、適性検査Ⅰ（45分）と適性検査Ⅱ（45分）、調査書で検査を行います。第２次は約１週間後に適性検査Ⅲ（45分）と個人面接（10分程度）、集団面接（８人程度）を行います。

適性検査はⅠ、Ⅱ、Ⅲとも課題の問題点を整理し、論理的に筋道を立てて考え解決する過程を、多様な方法で表現する力をみます。とくに第２次の適性検査Ⅲでは作文の字数が多く、文章や図表などを読み取り、課題にしたがって250字以内の作文１題と300字以内の文章にまとめる作文が２題でました。作文をとおして適切な表現力をみます。

2015年度の集団面接は、８名の児童で構成するグループに課題を与え、解決に向けて一人ひとりについて、どのようにリーダー性、協調性、国際社会への貢献を含めたコミュニケーション能力等を発揮できているかをみました。

あとがき

首都圏には、この10数年、つぎつぎと公立の中高一貫校が誕生しました。現在、首都圏（東京、神奈川、千葉、埼玉）では、昨年春に開校した川崎市立川崎高等学校附属を含め、19校の中高一貫校があります。さらに来春には千葉県立東葛飾中学校が開校するなど、今後も新たな中高一貫校が誕生する動きがあります。

４年前、春の大学合格実績で、都立白鷗高等学校附属が初の中高一貫生ですばらしい実績をしめし、以降の大学合格実績でも都立白鷗、都立小石川、都立桜修館、今春の神奈川県立相模原、神奈川県立平塚など、公立中高一貫校は期待どおりの実績をあげています。

いま、中学受験を迎えようとしている受験生と保護者のかたは、私立にしろ、公立にしろ、国立にしろ、これだけ学校の選択肢が増えた、その真っただなかにいるのですから、幸せなことだと言えるでしょう。

ただ、進路や条件が増えるということは、それはそれで悩ましいことでもあります。

お手元にお届けした『2016年度入試用　首都圏　公立中高一貫校ガイド』は、そんなみなさんのために、各学校のホンネ、学校の素顔を校長先生のインタビューをつうじて探りだすことに主眼をおきました。

また、公立中高一貫校と併願することで、お子さまとの相性がマッチするであろう私立の中高一貫校もご紹介しています。

学校選択の基本はお子さまに最も合った学校を見つけることです。その学校がご家庭のポリシーとも合っていれば、こんなによいことはありません。

この本をステップボードとして、お子さまとマッチした学校を探しだせることを祈っております。

『合格アプローチ』編集部

営業部よりご案内

『合格アプローチ』は、首都圏有名書店にてお買い求めになることができます。

万が一、書店店頭に見あたらない場合には、書店にてご注文のうえ、お取り寄せいただくか、弊社営業部までご注文ください。

ホームページでも注文できます。

送料は弊社負担にてお送りいたします。代金は、同封いたします振込用紙で郵便局よりご納入ください。

ご投稿・ご注文・お問合せは

株式会社グローバル教育出版

【所在地】〒101-0047
東京都千代田区内神田2-4-2 グローバルビル

【電話番号】03-3253-5944《合格しよう》(代)

【FAX番号】03-3253-5945

URL：http://www.g-ap.com
e-mail:gokaku@g-ap.com
郵便振替　00140-8-36677

中学受験　合格アプローチ　2016年度入試用

首都圏　公立中高一貫校ガイド

2015年8月5日　初版第一刷発行　　**定価 1000 円**（＋税）

●発行所／株式会社グローバル教育出版
〒101-0047 東京都千代田区内神田2-4-2 グローバルビル
電話 03-3253-5944（代）　FAX 03-3253-5945
http://www.g-ap.com　郵便振替00140-8-36677